Wirtschaftsförderung in Lehre und Praxis

Herausgeber
André Göbel
FB Verwaltungswissenschaften
Hochschule Harz
Halberstadt, Deutschland

Die Buchreihe ergänzt das Studium der Wirtschaftsförderung an der Hochschule Harz und wurde unter der Leitung von Professor Dr. André Göbel in enger Kooperation mit Partnern aus der Wissenschaft und Praxis entwickelt. In einem modularen Aufbau werden Grundlagen-, Methoden- und Schlüsselkompetenzen vermittelt. Neue Bedingungen im kommunalen, regionalen und internationalen Standortwettbewerb erfordern eine moderne Verwaltungsinfrastruktur mit ausgezeichnet qualifiziertem Nachwuchs an Fach- und Führungspersonal. Eine hohe Serviceorientierung, effektive Methoden und Technologien und eine immer stärkere Verzahnung mit der kommunalen Entwicklung prägen das Bild der heutigen Wirtschaftsförderung. Als Bindeglied zwischen Verwaltungen und Unternehmen bieten Wirtschaftsförderungen ein vielseitiges Tätigkeitsfeld. Buchreihe und Zertifikatskurs richten sich an MitarbeiterInnen aus der Wirtschaftsförderung, der kommunalen Verwaltung sowie an politische Mandatsträger und an Interessierte aus ähnlichen Berufsfeldern.

Weitere Bände in dieser Reihe http://www.springer.com/series/15091

Mattias Böhle

Methoden, Netzwerke und Steuerung der Wirtschaftsförderung

Grundlagen für die Praxis

Mattias Böhle
HRG-Hannover Region
Grundstücksgesellschaft mbH & Co. KG
Hannover, Deutschland

Wirtschaftsförderung in Lehre und Praxis
ISBN 978-3-658-12412-0   ISBN 978-3-658-12413-7 (eBook)
DOI 10.1007/978-3-658-12413-7

Die Deutsche Nationalbibliothek verzeichnet diese Publikation in der Deutschen Nationalbibliografie; detaillierte bibliografische Daten sind im Internet über http://dnb.d-nb.de abrufbar.

Springer Gabler
© Springer Fachmedien Wiesbaden GmbH 2017
Das Werk einschließlich aller seiner Teile ist urheberrechtlich geschützt. Jede Verwertung, die nicht ausdrücklich vom Urheberrechtsgesetz zugelassen ist, bedarf der vorherigen Zustimmung des Verlags. Das gilt insbesondere für Vervielfältigungen, Bearbeitungen, Übersetzungen, Mikroverfilmungen und die Einspeicherung und Verarbeitung in elektronischen Systemen.
Die Wiedergabe von Gebrauchsnamen, Handelsnamen, Warenbezeichnungen usw. in diesem Werk berechtigt auch ohne besondere Kennzeichnung nicht zu der Annahme, dass solche Namen im Sinne der Warenzeichen- und Markenschutz-Gesetzgebung als frei zu betrachten wären und daher von jedermann benutzt werden dürften.
Der Verlag, die Autoren und die Herausgeber gehen davon aus, dass die Angaben und Informationen in diesem Werk zum Zeitpunkt der Veröffentlichung vollständig und korrekt sind. Weder der Verlag noch die Autoren oder die Herausgeber übernehmen, ausdrücklich oder implizit, Gewähr für den Inhalt des Werkes, etwaige Fehler oder Äußerungen.

Coverdesign: deblik Berlin unter Verwendung der Grafik der © Hochschule Harz

Gedruckt auf säurefreiem und chlorfrei gebleichtem Papier

Springer Gabler ist Teil von Springer Nature
Die eingetragene Gesellschaft ist Springer Fachmedien Wiesbaden GmbH
Die Anschrift der Gesellschaft ist: Abraham-Lincoln-Str. 46, 65189 Wiesbaden, Germany

Reihenvorwort des Herausgebers

Prof. Dr. André Göbel
(Foto: Hochschule Harz)

Der vorliegende dritte Band in der neuen Schriftenreihe zur „Wirtschaftsförderung in Lehre und Praxis" soll einen Beitrag zur weiteren Professionalisierung der kommunalen Wirtschaftsförderung im deutschsprachigen Raum leisten. Die Schriftenreihe ist dabei prominent eingebettet in die Entwicklungen und angewandt-wissenschaftlichen Auseinandersetzungen beteiligter Forscherinnen und Forscher am Fachbereich Verwaltungswissenschaften der Hochschule Harz auf dem Campus Halberstadt in Sachsen-Anhalt.

Der Forschungs- und Ausbildungsbereich zur Wirtschaftsförderung ist ein interdisziplinärer Themencluster mit starkem Bezug zur öffentlichen Verwaltung. Am Fachbereich Verwaltungswissenschaften der Hochschule Harz wird dieser Themencluster unter anderem als eigenständiger Forschungsschwerpunkt intensiv bearbeitet. Der junge Fachbereich entstand durch die Externalisierung der nicht-technischen Ausbildung zum gehobenen Verwaltungsdienst in Sachsen-Anhalt im Jahre 1997 – ein damaliges Innovationsmodell zur Öffnung der Verwaltungsausbildung und Überführung in eine öffentliche Hochschule. Bis heute wird diese Vorgehensweise als „Halberstädter Modell" bezeichnet und wurde in späteren Jahren auch von anderen deutschen Bundesländern umgesetzt (Bundesvereinigung Hochschullehrerbund 1998, S. 21). Diese Öffnung der Ausbildung ließ erstmals eine breitere Denomination der Professuren und damit auch eine Ausweitung der Ausbildung zu. Mit der Berufung des heutigen Dekans Prof. Dr. Stember auf die Professur für Verwaltungswissenschaften im Jahre 1999, folgte ein erfahrener Wirtschaftsförderer dem Ruf an die Ausbildungsstätte im Harz. Auch durch andere Kolleginnen und Kollegen wurden immer wieder Themen der kommunalen Wirtschaftsförderung in die Ausbildung integriert.

Aus diesem Nukleus heraus entstanden erste Forschungsprojekte bis hin zum Aufbau des heute bundesweit viel beachteten Labors für angewandte IT in der Wirtschaftsförderung. Dieses „Wirtschaftsförderungslabor" führt inzwischen vertraglich mehr als 50 kommunale Wirtschaftsförderungen und die deutschen Markführer von System- und Beratungslösungen für Wirtschaftsförderungen als Partner zusammen. Hier werden seit dem Jahr 2011 in einer einzigartigen Gemeinschaft neue Methoden und Technologien im Anwendungsfeld der Wirtschaftsförderung analysiert, diskutiert und im Praxiseinsatz erprobt. Hinzu kam im Jahr 2013 der Aufbau eines zugehörigen Lehrlabors zur besseren Verzahnung von Forschung und Ausbildung (vgl. Göbel 2014).

Diese Leistungen wurden durch eine erfolgreiche Teilnahme am Wettbewerb „Aufstieg durch Bildung: offene Hochschulen" honoriert. Hierdurch werden seit 2014 mit Förderung des Bundesministeriums für Bildung und Forschung, kofinanziert durch die Europäische Union mit Mitteln des Europäischen Sozialfonds, erste Zertifikatskurse zur berufsbegleitenden Weiterbildung in der Wirtschaftsförderung realisiert. Mit großem Bestreben werden ab dem Wintersemester 2016/2017 diese geförderten Weiterbildungsangebote nachhaltig zu einem berufsbegleitenden und modular angebotenen Masterstudium an der Hochschule Harz zusammengeführt. Hierdurch möchte die Hochschule Harz der bestehenden Nachfrage gerecht werden, welche die vorliegenden Anfragen und die bisherigen Teilnehmer von der Geschäftsführungsebene bis zur Sachbearbeitung bestätigen.

Um diesen Ausbildungsbeitrag zur Professionalisierung des Berufsbilds der Wirtschaftsförderinnen und Wirtschaftsförderer weiter zu stärken, werden mit der vorliegenden Schriftenreihe die gewonnenen Erkenntnisse aus Lehre und Praxis sowohl als Printmedium sowie auch in Form von digitalen Auszügen über moderne Kommunikationskanäle verfügbar gemacht. Die aktuell in sehr kurzen Zyklen produzierten Bände dieser Schriftenreihe folgen dem modularen Ausbildungsziel des oben genannten Zertifikatsstudiums an der Hochschule Harz. In diesem Rahmen werden je vier Bände mit dem Schwerpunkten Verwaltungswissenschaft, Geografie/Raumplanung sowie Wirtschaftswissenschaft entwickelt und in kurzen Abständen veröffentlicht. Somit soll eine modulare Weiterbildung für aktuell häufig vertretene Berufsgruppen in der kommunalen Wirtschaftsförderung ermöglicht werden. Hierzu gehören vor allem Geografinnen und Geografen mit möglichen Weiterbildungsbedarfen in Verwaltung und Wirtschaft; Soziologinnen und Soziologen sowie Studierende mit einem Abschluss in den Verwaltungswissenschaften mit jeweiligen Weiterbildungsbedarfen in Geografie und Wirtschaft; sowie Studierende der Volks- oder Betriebswirtschaft mit denkbaren Weiterbildungsbedarfen in Verwaltung und Geografie. Diese Bedarfe sollen mit der vorliegenden Schriftenreihe zur Wirtschaftsförderung in Lehre und Praxis aufgenommen und bearbeitet werden. Gleichermaßen gelten alle nachfolgenden Kernveröffentlichungen gleichzeitig als Basislektüre für das künftige Weiterbildungsangebot zur Wirtschaftsförderung an der Hochschule Harz. Die vorliegende Schriftenreihe umfasst dabei perspektivisch folgende Bände:

Im Spektrum „Verwaltungswissen für Wirtschaftsförderer" erscheinen:

- Grundlagen der Wirtschaftsförderung
- Steuerung, Methoden und Netzwerke in der Wirtschaftsförderung

- Serviceorientierte Verwaltung und Wirtschaftsförderung
- Neue Technologien in der Wirtschaftsförderung

Zum Themencluster „Geographie und Raumplanung für Wirtschaftsförderer" erscheinen:

- Entwicklung und Regionalökonomie in der Wirtschaftsförderung
- Wissen- und Innovationsgeografie in der Wirtschaftsförderung
- Standortmanagement in der Wirtschaftsförderung
- Standortmarketing in der Wirtschaftsförderung

Im Bereich „Wirtschaftswissen für Wirtschaftsförderer" werden aktuell vorbereitet (Arbeitstitel):

- Existenzgründung und Existenzförderung in der Wirtschaftsförderung
- Unternehmensfinanzierung und -förderung aus Sicht der Wirtschaftsförderung
- Unternehmensführung und Innovation aus Sicht der Wirtschaftsförderung
- Unternehmensführung und Wandel aus Sicht der Wirtschaftsförderung

Neben diesen Aspekten werden auch Querschnittsthemen in die Reihe einfließen, wie zum Beispiel aktuelle Themen der Strategieentwicklung zur Organisation der Wirtschaftsförderung und weitere Aspekte.

Mit all diesen thematischen Facetten soll ein Beitrag zur breiten öffentlichen Diskussion über die Chancen der Professionalisierung sowie über die notwendigen Kompetenzen, Ausstattungen und künftigen Aufgaben der kommunalen Wirtschaftsförderung geleistet werden.

Ich freue mich daher Ihnen als Leserin und Leser nun gemeinsam mit Mattias Böhle diesen Übersichtsband zu „Methoden, Netzwerken und Steuerung in der Wirtschaftsförderung" in der Schriftenreihe zur Wirtschaftsförderung in Lehre und Praxis anbieten zu können. Wir freuen uns auf Ihre Rückmeldungen und wünschen Ihnen eine angenehme Lektüre.
Ihr
Prof. Dr. André Göbel
Vertreter der Professur für Verwaltungsmanagement und Wirtschaftsförderung, Hochschule Harz Leiter der Labore für angewandte IT in der Wirtschaftsförderung

Literatur

Bundesvereinigung Hochschullehrerbund. (1998). Halberstädter Modell der FH Harz ist bundesweit einzigartig. *Die neue Hochschule*, *39*(1), 21.

Göbel, A. (2014). Möglichkeiten einer gezielten Förderung der Zusammenarbeit von Hochschulen, Wirtschaft und Verwaltung. Darstellung am Beispiel des Aufbaus eines Innovationslabors für Wirtschaftsförderung an der Hochschule Harz. In D. Lück-Schneider & E. Kraatz (Hrsg.), *Kompetenzen für zeitgemäßes Public Management. HWR Forschung Bd. 56/57.* Berlin: Edition Sigma.

Inhaltsverzeichnis

1	**Einführung**	1
1.1	Wirtschaftsförderung im Spannungsfeld zunehmender Aufgabenkomplexität, Ressourcenbegrenzung und Qualitätsanforderungen	1
1.2	Ziele des Moduls Methoden – Netzwerke – Steuerung	5
1.3	Strukturierung des Moduls Methoden – Netzwerke – Steuerung	6
	Literatur	6
2	**Methoden**	9
2.1	Beratungsarbeit	11
	2.1.1 Lotsenfunktion	17
	2.1.2 Beratung in Verwaltungs- und Genehmigungsverfahren	18
	2.1.3 Standortberatung	20
	2.1.4 Finanzierungs- und Fördermittelberatung	22
	2.1.5 Technologie- und Innovationsberatung	24
	2.1.6 Krisen- und Sanierungsberatung	26
	2.1.7 Existenzgründungsberatung	28
	2.1.8 Ansiedlungsberatung	31
2.2	Projektarbeit	33
	2.2.1 Projektaufbau und -umsetzung	35
	2.2.2 Entwicklungsprojekte	38
	2.2.3 Infrastrukturprojekte	41
2.3	Grundlagenarbeit	43
	2.3.1 Regionalwirtschaftliche Analyse	44
	2.3.2 Themen- und Trendanalyse	49
	2.3.3 Best-Practice	53
	2.3.4 Konzepte	54
	2.3.5 Entwicklung und Pflege organisatorischer Grundlagen	56

	2.4	Marketing	60
		2.4.1 Vermarktung des Standorts – Standortmarketing	61
		2.4.2 Vermarktung der Wirtschaftsförderung und ihrer Leistungen	64
	Literatur		69
3	**Netzwerke**		71
	3.1	Vernetzung – Teil der Arbeitsweise von Wirtschaftsförderung	73
		3.1.1 Partnernetzwerke in der Beratungsarbeit	75
		3.1.2 Projektnetzwerke	79
	3.2	Unternehmensnetzwerke als Ansatzpunkt für Wirtschaftsförderung	84
		3.2.1 Branchencluster	85
		3.2.2 Kreative Milieus – Kreativwirtschaft	93
		3.2.3 Lokale Ökonomie – Stadtteilökonomien	94
	3.3	Interkommunale Netzwerke zur regionalen Entwicklung	96
	Literatur		104
4	**Steuerung**		105
	4.1	Steuerung durch Zielsetzung	107
		4.1.1 Zielsystem – Strategiediskussion Gesamtverwaltung	109
		4.1.2 Ziele der Wirtschaftsförderung	111
		4.1.3 Kennzahlen	115
		4.1.4 Strategien als Steuerungsinstrument in der Wirtschaftsförderung	120
	4.2	Steuerung durch Erfolgskontrolle	122
		4.2.1 Zielerreichungskontrolle	124
		4.2.2 Wirkungskontrolle	124
		4.2.3 Planmäßigkeitskontrolle	125
		4.2.4 Evaluation	126
	4.3	Neues Steuerungsmodell	130
	4.4	Steuerung mit Standards	139
	Literatur		145
5	**Gesamtresümee und Abschlusskontrolle**		147
	5.1	Gesamtresümee	147
	5.2	Abschließende Kontrollfragen	150

Über den Autor

Mattias Böhle, Jahrgang 1961, Diplom-Geograph
Der Autor ist nach ersten Berufsjahren im Analyse- und Researchbereich bei mehreren Unternehmen seit 1993 in der Wirtschaftsförderung tätig, zunächst 5 Jahre als Geschäftsführer der Strukturentwicklungsgesellschaft mbH für den Landkreis Hersfeld-Rotenburg, dann von 1998 bis 2012 als Leiter des Fachbereichs Wirtschafts- und Beschäftigungsförderung der Region Hannover. Seit April 2012 ist er Geschäftsführer der Hannover Region Grundstücksgesellschaft mbH & Co. KG.

Seine langjährige Berufserfahrung in der Wirtschaftsförderung umfasst eine inhaltliche Bandbreite von Arbeitsgrundlagen, Beratungsleistungen, Entwicklung von Gewerbeflächen, Clusterprojekten, Beschäftigungsförderung bis Standortpositionierung und Konzeptarbeiten, in kleinen wie in großen Organisationen.

Ergänzt wird seine Tätigkeit durch eine umfangreiche Arbeit in Fachgremien: NEWIN (Netzwerk der Wirtschaftsförderer in Niedersachsen), Fachkommission Wirtschaftsförderung des Deutschen Städtetages, DVWE e. V. (Dt. Verband der Wirtschaftsförderungs- und Entwicklungsgesellschaften) sowie zahlreiche Vorträge u.a. in der Hochschule Hannover und der Hochschule Harz zu Fragen der Wirtschaftsförderung. Seit 2007 ist er zudem Lehrbeauftragter der Hochschule Harz.

Abkürzungsverzeichnis

AK   Arbeitskreis
EA   Einheitlicher Ansprechpartner
EU-DLR   EU-Dienstleistungsrichtlinie
HWK   Handwerkskammer
IHK   Industrie und Handelskammer
KGSt   Kommunale Gemeinschaftsstelle für Verwaltungsmanagement
UB   Unternehmerbüro

Einführung 1

1.1 Wirtschaftsförderung im Spannungsfeld zunehmender Aufgabenkomplexität, Ressourcenbegrenzung und Qualitätsanforderungen

Wirtschaftsförderung ist in den vergangenen Jahrzehnten zu einem relevanten Aufgabengebiet auch auf der kommunalen Ebene geworden. Sie ist die operative Umsetzung kommunaler Wirtschaftspolitik als der Teil der Daseinsvorsorge, der sich um das wirtschaftliche Wohlergehen am Standort kümmert (Götz 1999, S. 18). Im Rahmen von Wirtschaftsförderung sollen die Unternehmen im Einzelnen wie auch in der Gesamtheit in ihrer Entwicklung unterstützt werden, um auch zukünftig eine gute Basis für das wirtschaftliche Wohlergehen zu haben. Dabei steht die Wirtschaftsförderung vor immer neuen und zunehmenden Herausforderungen, die durch die Entwicklungen in der Wirtschaft, gesamtgesellschaftliche Entwicklungen und den zunehmenden Wettbewerb der Kommunen vorangetrieben werden.

Ausgangspunkt ist dabei die Tatsache, dass die Unternehmen auch in den entwickelten Volkswirtschaften nach wie vor und weiterhin in einem anhaltenden strukturellen Wandlungsprozess stehen. Nachdem in den 70er und 80er Jahren der Wandel von der Industriegesellschaft zur Dienstleistungsgesellschaft vollzogen wurde, läuft jetzt der Transformationsprozess zur Wissensgesellschaft (Floeting 2007, S. 367). Die Veränderung wurde in der Vergangenheit stärker als sektorale Schwerpunktverlagerung betrachtet, von z. B. dem sekundären zum tertiären Sektor mit entsprechenden Veränderungen der Beschäftigtenzahlen in den jeweiligen Wirtschaftssektoren. Jetzt zeigt sich der strukturelle Wandel stärker durch Veränderungen in allen Sektoren.

Maßgebliche Treiber der Entwicklung der Unternehmen und der Wirtschaft insgesamt sind Markt- und Kostenaspekte. Die Globalisierung und Internationalisierung ist eine der maßgeblichen Strategien für Entwicklungen in der Wirtschaft zur Erschließung neuer

Märkte und Kostenoptimierung. Internationale Arbeitsteilung und Globalisierung haben auch eine Neuorientierung der Kapitalmärkte, eine Verknappung von Ressourcen sowie Forcierung des Klimawandels mit sich gebracht (Deutscher Städtetag 2012, S. 3). Aufgrund des zunehmenden Wettbewerbsdrucks auf die Unternehmen steigen aber auch die Anforderungen an den Standort (Deutscher Städtetag 2012, S. 3).

In den Unternehmen werden zudem immer stärker ausdifferenzierte Innovationsstrategien zur Sicherung der Wettbewerbsposition erforderlich, sowohl als strukturelle Veränderungen wie auch als Produktinnovationen. Technologische Entwicklungen verstärken oder initiieren diese Entwicklungen. Outsourcing einerseits und die Konzentration auf Kernkompetenzen andererseits, vor allem in großen Unternehmen, führen zu neuen Unternehmensstrukturen (Floeting 2007, S. 367). Aus Querschnittsfunktionen entwickeln sich eigene Branchen, wie z. B. im IT-Bereich oder in der Logistik. Entstehende Dienstleister übernehmen ein zunehmend breites Aufgabenspektrum entlang der Wertschöpfung. Im Hinblick auf Produktinnovation werden Forschung und Entwicklung und damit das entsprechende Humankapital zu wesentlichen Schlüsselfaktoren für die Entwicklung der Wirtschaft (Floeting 2007, S. 367). Dabei erhalten die Nähe bzw. der Zugang zu Hochschulen und Forschungsinstituten, die den nötigen Wissenstransfer ermöglichen, eine entscheidende Bedeutung (Deutscher Städtetag 2012, S. 6).

Allgemeiner gefasst werden Innovationen und Kreativität eng miteinander verbunden und seit Jahren als wichtiger Entwicklungstrend wahrgenommen. Richard Florida hat in seinem Thesenpapier „The Rise of the Creative Class" das wirtschaftliche Wachstum auf den 3 T's begründet: Technologie, Talent und Toleranz (Florida und Tinagli 2004/2006, S. 21). In diesem Dreiklang verschieben sich Bewertungen klassischer Faktoren und wirtschaftlicher Entwicklung. Neben die Technologie tritt das Talent als Synonym für gut gebildete Arbeitskräfte, die unabdingbarer Erfolgsfaktor von Unternehmen sind und Toleranz als Synonym für günstige Standortrahmenbedingungen. Hier wird vor allem auf weiche Standortfaktoren, wie kulturelle Vielfalt und Offenheit in der Gesellschaft gesetzt (Florida und Tinagli 2004/2006, S. 21).

Als gesamtgesellschaftlich großes Thema beeinflusst zudem der demografische Wandel die Wirtschaft. Die starke Einwirkung auf die Unternehmensentwicklung besteht in der Frage des zukünftig zur Verfügung stehenden Fachkräftepotenzials. Trotz z. T. relativ hoher Arbeitslosigkeit und Vermittlungsschwierigkeiten von Arbeitslosen im Zuge des Strukturwandels haben sich seit einigen Jahren zunehmende Personalengpässe entwickelt. Diese betreffen derzeit primär spezifische Qualifikationen. Die demografische Entwicklung in der Bevölkerung trägt dazu bei, dass es für die Unternehmen immer schwieriger wird, geeignetes Personal zu finden (Deutscher Städtetag 2012, S. 9).

Neben den Innovationsaspekten, Globalisierung, Fachkräftethema wirken alle klassisch betriebswirtschaftlichen wie auch neu hinzutretenden Aspekte auf die Wettbewerbsfähigkeit der Unternehmen ein. Für die Wirtschaftsförderung stellt sich die Frage, wie sie in diesem Umfeld die Wirtschaft und ihre Entwicklung in der einen oder anderen Form unterstützen kann.

Grundsätzlich lässt sich zwischen der Wettbewerbfähigkeit von Unternehmen sowie von Kommunen und Regionen ein unmittelbarer Zusammenhang feststellen (Deutscher Städtetag 2012, S. 6). Betriebe sind v. a. dann wettbewerbsfähig, wenn sie die für sie wichtigen Produktionsfaktoren und institutionellen Rahmenbedingungen vor Ort finden. Umgekehrt hängt die Entwicklung einer Stadt oder Region von den ansässigen Unternehmen, d. h. vom qualitativen und quantitativen Niveau der ansässigen Betriebe, ab. Wettbewerbsfähigkeit ist die Grundlage für wirtschaftliches Wachstum und wirtschaftliches Wachstum ist die Grundlage für regionalen Wohlstand (Deutscher Städtetag 2012, S. 6).

Die Wettbewerbsfähigkeit eines Standortes hängt neben der unternehmerischen Kompetenz und im Weiteren von der Wissenschaftskompetenz auch von zahlreichen Faktoren ab, die als weiche Standortfaktoren beschrieben werden. Hier geht es um Aspekte, die die Attraktivität eines Standortes als Lebensraum ausmachen. Dies bildet sich zunächst ab in der Infrastrukturausstattung, bei Gesundheit, Bildung, Verkehr, Versorgung, Freizeit, Kultur und Sport. Dies beinhaltet auch Preisniveaus, Wohnqualitäten und Stadtgestaltung. Wirtschaftsförderung ist gefordert auch diese Aspekte in das eigene Tun soweit erforderlich mit einzubeziehen. Ebenso ist Wirtschaftsförderung gefordert, sich mit den Ergebnissen des strukturellen Wandels auseinander zu setzen und Lösungen für vielfältige Standortfragen zu entwickeln. Dies sind u. a. niedergehende Gewerbestandorte, Gewerbebrachen oder Leerstände z. B. in den Innenstadtrandlagen.

Seitens der Kommunen bedeutet dies, dass eine aktive Wirtschaftspolitik und somit eine aktive Wirtschaftsförderung wichtig sind für eine positive Standortentwicklung. Diese Erkenntnis hat sich in den letzten Jahrzehnten manifestiert und führte vielerorts zu einer Intensivierung der Bemühungen der Wirtschaftsförderung. Für die Wirtschaftsförderung stellen sich allerorten grundsätzlich die gleichen Aufgaben in den typischen Themenfeldern (Deutscher Städtetag 2012, S. 2):

- Sicherung und Pflege des Bestandes von Unternehmen am Standort;
- Förderung von Neugründungen;
- Akquisition von Ansiedlungen;
- Innovations- und Wissenstransfer; insbesondere Verbesserung der Innovationskraft bei KMU;
- Clustermanagement, branchenorientierte Netzwerkpflege und Innovationstransfermanagement;
- regionales Humanressource-Management/Fachkräftesicherung;
- Mitwirkung an Projekten der Standortentwicklung;
- Sicherung und Entwicklung der wirtschaftsnahen Infrastruktur (inkl. Flächen- und Forschungsinfrastruktur);
- Standortmarketing.

Auf der Grundlage der deutlich gestiegenen Komplexität der Anforderungen, auf der Seite der Wirtschaft, entwickeln sich die potenziell möglichen bzw. nötigen Aufgaben bzw. Tätigkeitsfelder der Wirtschaftsförderung. Der Wettbewerb der Standorte erhöht zudem den Druck auf die Wirtschaftsförderung.

Eine effektive und erfolgreiche Wirtschaftsförderung ist heute vielerorts eine Erwartung sowohl aus dem politischen Raum als auch von der Bürgerschaft. Andererseits wird der Rahmen der Wirtschaftsförderung durch die wirtschaftliche Leistungsfähigkeit der Kommune gesetzt. Hierdurch kann ein erhebliches Missverhältnis zwischen Erwartungen und Möglichkeiten für die Wirtschaftsförderung bestehen. Allein hieraus resultierend stellt sich die Frage nach der Aufstellung einer effizienten und Erfolg versprechenden Wirtschaftsförderung.

Es zeigt sich weiterhin, dass vor allem auf der kommunalen Ebene Arbeits- und Lebenswelt viel stärker als in der Vergangenheit als Ganzes betrachtet werden müssen, da zahlreiche Wechselwirkungen bestehen. Nur unter Berücksichtigung aller Faktoren und Entwicklungen kann eine nachhaltig erfolgreiche Standortpolitik betrieben werden. Dies erhöht die Komplexität für die Wirtschaftsförderung. Sie ist dabei zunehmend kooperativ ausgerichtet, entsprechend ihrer Querschnittsfunktion innerhalb der Verwaltung (Icks und Richter 1999, S. 19).

Insgesamt befindet sich die kommunale Wirtschaftsförderung in diesem Umfeld in einem steten und dynamischen Veränderungsprozess. Dieser erfordert eine hohe oder höhere Professionalisierung der Organisationseinheit und ihrer Beschäftigten.

Die Qualitätsansprüche an die Arbeit der Wirtschaftsförderung steigen damit sowohl aus Sicht der Kommune und ihrer Entscheidungsträger als auch Sicht der Kunden, der Unternehmerschaft. Auch wenn der Problemdruck grundsätzlich steigt und theoretisch ein immer breiteres Aufgabenspektrum bearbeitet werden könnte, setzen Ressourcenverfügbarkeit und Entscheidungsspielräume auf Seiten der Kommune begrenzend den Rahmen der Aufgabenwahrnehmung. Vor diesem Hintergrund kann Wirtschaftsförderung im kommunalen Aufgaben- und Finanzierungskontext nur mit einer anerkannten Leistung ihre Position und Aufgabenwahrnehmung längerfristig sichern.

Für einen neutralen Blick, auch auf die bislang erbrachten Leistungen oder den Aufbau neuer Tätigkeitsfelder, ist es wichtig, einen soliden methodischen und strategischen Unterbau zu haben. So lassen sich Tätigkeiten strukturieren und einordnen. Rahmenbedingungen werden formuliert und die Qualität der Arbeit kann so besser abgesichert werden. Inhaltliche Klarheit aber auch die Steuerung der Aufgabenwahrnehmung ist insofern eine wichtige Grundlage für eine erfolgreiche Gestaltung der Arbeit.

Das Modul „Methoden – Netzwerke – Steuerung" nähert sich dem Komplex Wirtschaftsförderung mit der Beschäftigung mit wesentlichen Grundstrukturen und Rahmenbedingungen. Es sollen damit Grundlagen bereitgestellt werden, Klarheit zu schaffen in dem sich immer weiter verzweigenden Aufgabenfeld der Wirtschaftsförderung. Hiermit lässt sich auch die Arbeit bestehender Wirtschaftsfördereinrichtungen besser einordnen, überprüfen und nachsteuern. Ebenso kann so eine zukünftige Aufgabenwahrnehmung fundiert eingeordnet, geplant und umgesetzt werden.

1.2 Ziele des Moduls Methoden – Netzwerke – Steuerung

Das Modul „Methoden – Netzwerke – Steuerung" soll wesentliche Grundstrukturen der Wirtschaftsförderungsinhalte aufzeigen und will Hilfestellung geben, eine Organisationseinheit Wirtschaftsförderung in den Grundzügen zu gestalten bzw. auszugestalten und weiter zu entwickeln. Es ist primär eine Aufbereitung für die praktische Anwendung auf der Grundlage von Praxiserfahrungen, die gleichwohl den aktuellen wissenschaftlichen Stand in der Wirtschaftsförderung abbildet bzw. einbindet.

Im Bereich Methoden wird eine inhaltliche Struktur von Wirtschaftsförderung vorgestellt, die über eine arbeitsmethodische Vorgehensweise eine praktische Ausgestaltung in allen Themenfeldern in unterschiedlicher Tiefe ermöglicht. Jedes Aufgabenspektrum kommunaler Wirtschaftsförderung lässt sich darauf zurückführen bzw. durcharbeiten.

Der Bereich Netzwerke vertieft die zentrale und grundsätzliche Methodik der Vernetzung in der Wirtschaftsförderung. Sie wird im Hinblick auf ihre Intensitäten und Wirkungsweisen über die methodisch beschriebenen Bereiche gelegt, um das Bild zu komplettieren.

Mit dem Bereich Steuerung wird das Gesamtbild von Wirtschaftsförderung aus einem anderen Blickwinkel betrachtet und gestaltet. Die Steuerung von Wirtschaftsförderungsaktivitäten stellt Fragen nach Zielen, Zielerreichung und dem Ressourceneinsatz sowie einer Strategie. In Zeiten knapper Kassen einerseits und sich verändernder Anforderungen an die Verwaltung aus der Wirtschaft anderseits ist dies von größerer Relevanz und Aktualität denn in früheren Zeiten.

In diesem Modul soll neben dem Einstieg in die einzelnen Themenfelder auch die Verknüpfung der Felder untereinander aufgezeigt werden. Daraus entsteht am Ende ein strukturiertes Bild von Wirtschaftsförderung im Überblick.

Ziel des Moduls „Methoden – Netzwerke – Steuerung" ist es, ein grundlegendes Bild von Aufgaben und Wirkungszusammenhängen in der Wirtschaftsförderung abzubilden und erkennbar zu machen. Grundstrukturen werden nachvollzogen und darauf basierend werden Möglichkeiten der Ausgestaltung von Wirtschaftsförderung in Abhängigkeit von Größe und Ressourcenkraft aufgezeigt. In der Diskussion und anhand von Beispielen aus der Praxis soll der Frage nachgegangen werden, wie entsprechend den spezifischen Rahmenbedingungen Wirtschaftsförderung ausgestaltet werden kann. So soll eine Organisationseinheit von Wirtschaftsförderung inhaltlich-methodisch wie auch hinsichtlich bestimmter zentraler Anforderungen operativ gestaltet werden können. Gleichzeitig soll das Modul es auch ermöglichen, die Inhalte zahlreicher weiterer Module, die detaillierte Informationen zu einzelnen Fragestellungen abbilden, in den Gesamtzusammenhang der Ausgestaltung von Wirtschaftsförderung besser einordnen zu können.

1.3 Strukturierung des Moduls Methoden – Netzwerke – Steuerung

Im ersten Abschnitt werden die Methoden der Wirtschaftsförderung im Überblick vorgestellt. Sie stellen die Grundlage dar. Dabei sind in der Wirtschaftsförderung vier hauptsächliche Methodenstränge zu unterscheiden. Die zwei wesentlichen inhaltlichen Säulen, die Beratungsangebote und die Projektarbeiten, werden durch zwei Querschnittsfunktionen, die Grundlagenarbeit und das Marketing, ergänzt. Innerhalb der Methodenstränge werden im weiteren in unterschiedlich tiefer Gliederung einzelne Methoden bzw. Instrumente vorgestellt.

Im zweiten Abschnitt sollen im Rahmen dieses Moduls die Bedeutung und die Wirkungsweise von Netzwerken im Rahmen von Wirtschaftsförderung näher analysiert werden. Interne wie auch externe Netzwerkwerkzusammenhänge werden hier vorgestellt. Darüber hinaus werden Netzwerke auch in ihrer Wirkung auf die einzelnen Methoden, wie im Gesamtzusammenhang einer effizienten Wirtschaftsförderungseinheit betrachtet.

Als dritter Abschnitt wird im Rahmen dieses Moduls die Steuerung von Wirtschaftsförderung näher untersucht. Unterschiedliche Ansätze interner wie auch externer Steuerung werden aufgezeigt. Zielsetzungen, Strategien und Controlling sind dabei wesentliche Wirkungszusammenhänge, die die Arbeit der Wirtschaftsförderung im Weiteren grundlegend strukturieren.

Literatur

Monografien

Götz, C. (1999). *Kommunale Wirtschaftsförderung zwischen Wettbewerb und Kooperation.* Hamburg: Kovač.

Icks, A., & Richter, M. (1999). *Innovative kommunale Wirtschaftsförderung.* Wiesbaden: Springer.

Aufsatz, Beitrag in einem Sammelband

Floeting, H. (2007). Wissen und Kreativität als Treiber urbaner Entwicklung – Braucht die Stadt neue Räume? In M. Schrenck, V. V. Popovich, & J. Benedikt (Hrsg.), *Real Corp 007, Toplan is not enough* (Tagungsband, S. 367–377). Wien: Selbstverlag des Vereines Kompetenzzentrum für Stadtplanung und Regionalentwicklung.

Florida, R., & Tinagli, I. (2006) Technologie, Talente, Toleranz – Europa im kreativen Zeitalter. In *Perspektive 21, Brandenburgische Hefte für Wissenschaft und Politik, 31,* 19–39. Potsdam: Wissenschaftsforum der Sozialdemokratie in Berlin, Brandenburg und Mecklenburg-Vorpommern e.V. (Hrsg.), Englische Ausgabe: Florida, R., & Tinagli, I. (2004). *Europe in the Creative Age.* New York

Sonstige Materialen, u. a. Graue Literatur

Deutscher Städtetag. (2012). *Fachkommission Wirtschaftsförderung: Kommunale Wirtschaftsförderung – Unabdingbar für die Stärkung des Standortes*. Köln.

Methoden 2

Auf einer ersten, übergeordneten Ebene sollen hier vier grundsätzliche Methoden unterschieden werden. Sie leiten sich aus der methodisch grundlegend unterschiedlichen Arbeitsstruktur ab:

- (Einzel)-Beratung
- Projektarbeit
- Grundlagenarbeit
- Marketing

Im Zusammenspiel kann damit jede Wirtschaftsförderungseinheit methodisch abgebildet werden, siehe Abb. 2.1. Die Ausprägung in der Umsetzung der Methoden ist dabei individuell.

Die Beratung von Unternehmen stellt, variierend in der Ausprägung, eine ganz zentrale Form der Umsetzung von Wirtschaftsförderungsangeboten dar. Diverse Inhalte werden im Rahmen von Beratungen vermittelt, von Existenzgründungsberatung über Beratungsinhalte für bestehende Unternehmen wie z. B. Finanzierungsberatung oder Ansiedlungs- bzw. Standortberatung bis hin zu Beratungsangeboten in Krisensituationen. Im Einzelnen sollen auf der zweiten Ebene, einzelne Beratungsinhalte auch unter methodischen Gesichtspunkten näher vorgestellt werden. Sie bilden die üblicherweise diskutierte Aufgaben-, Leistungs- oder Instrumentenebene.

Die Projektarbeit stellt eine weitere grundsätzliche methodische Grundform operativer Wirtschaftsförderungsarbeit dar. Immer wieder werden unterschiedlichste Inhalte zeitlich abgegrenzt und in temporären Strukturen bearbeitet. Projekte stellen auch einen wesentlichen Teil der Arbeit der Wirtschaftsförderung im Verbund mit Partnern dar, um spezifische Inhalte bearbeiten und/oder konkrete Zielsetzungen realisieren zu können. Auch hier sollen in der zweiten Ebene verschiedene Projektinhalte unter methodischen Aspekten dargestellt werden, von Projekten zur Gründungsförderung, Projekten der

Abb. 2.1 Methoden der Wirtschaftsförderung im grafischen Überblick

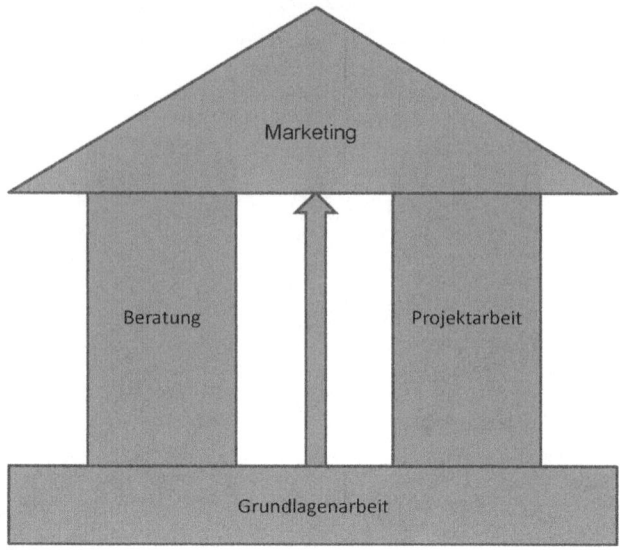

Bestandsentwicklung wie z. B. auch im Bereich der Beschäftigungsförderung oder der Entwicklung von Infrastrukturen bis hin zu Projekten der Ansiedlungsförderung.

Die Grundlagenarbeit stellt einen weiteren wesentlichen Arbeitsbereich von Wirtschaftsförderung dar. Hier geht es um analytische und konzeptionelle Tätigkeiten, die in unterschiedlicher Intensität immer wieder im Wirtschaftsfördereralltag anfallen und gleichzeitig auch grundlegend und richtungsweisend sein können. Von einer Bestimmung der standortspezifischen Ausgangsposition, über unterschiedlichste Konzepte bis zu Strategien zur Vorgehensweise in Teilbereichen wie auch der Wirtschaftsförderung insgesamt reicht hier das Aufgabenspektrum. Damit liegt in diesem Feld auch eine wichtige strategische Komponente, die es zu erkennen und zu gestalten gilt.

Marketing stellt schließlich einen weiteren zunehmend wichtigen Arbeitsbereich auch in der Wirtschaftsförderung dar. In einer querschnittartigen Funktion gilt es, die Inhalte des jeweiligen spezifischen Angebots der Wirtschaftsförderung der Zielgruppe Unternehmen näher zu bringen und gemäß spezifischer strategischer Ausrichtung Maßnahmen zu entwickeln und projektartig umzusetzen, die fördernde Wirkung entfalten sollen.

In der Praxis bildet die spezifische Auswahl und Kombination von Methoden und Instrumenten den Aufgabenmix bzw. das Tätigkeitsspektrum der jeweiligen Wirtschaftsförderungseinheit ab. Sie ist dabei primär abhängig von der Ressourcenausstattung und damit auch von der Größe und wirtschaftlichen Leistungsfähigkeit der betreffenden Kommune.

> **Lernziele**
> Der erste Baustein soll befähigen, die Methodenstruktur kennen und anwenden zu können. Ein Aufgabenspektrum bzw. Instrumente sollen durch die wesentlichen Methoden abgebildet und strukturiert werden können. Dazu müssen die Inhalte wesentlicher Methoden in ihren Grundzügen beschrieben werden können, und auch die Zusammenhänge zwischen Ressourcenausstattung und Bearbeitungstiefe hinsichtlich einzelner Methoden müssen definiert werden können.
>
> Im Weiteren sollen die Kerninhalte der Beratungsarbeit beschrieben werden können und die grundsätzliche Haltung einer Wirtschaftsförderung hinsichtlich der Umsetzung spezifischer Beratungsinhalte bestimmt werden können. Hierzu gehört auch, Kompetenzen, Prozesse zu strukturieren und aufbauen zu können, incl. der Definition entsprechender Rahmenerfordernisse. Spezifische Rahmenbedingungen der Beratungsarbeit ebenso wie technische Erfordernisse sollen definiert werden können.
>
> Ferner sollen auch Kerninhalte der Projektarbeit beschrieben und unterschiedliche Rollen von Wirtschaftsförderung in verschiedenen Projekttypen definiert werden können. Das heißt, grundlegende Anforderungen an Projektmanagement und die Relevanz unterschiedlicher Projekttypen zu kennen, Rahmenbedingungen zu definieren und Zusammenhänge zu anderen Feldern der Wirtschaftsförderungsaufgaben herstellen zu können.
>
> Nicht zuletzt sollen auch die Kerninhalte und die Relevanz der unterschiedlichen Ausprägungen von Grundlagenarbeit für die Arbeit der Wirtschaftsförderung definiert werden können. Grundsätzliche Erfordernisse und konkrete Wechselwirkungen zur Arbeit der Wirtschaftsförderung müssen an praktische Beispiele definiert werden können. Dies betrifft ebenfalls die Kerninhalte und Relevanz von Marketing für die Arbeit der Wirtschaftsförderung und das Darstellen an praktischen Beispielen mit Bezug zu den anderen Methodenbereichen bzw. einzelnen Inhalten bzw. Aufgaben.

2.1 Beratungsarbeit

Die Beratung von Unternehmen ist eine klassische und zentrale Aufgabenstellung von Wirtschaftsförderung. Der Wirtschaftsförderer, die Wirtschaftsförderung ist für Unternehmen der Ansprechpartner in der Verwaltung und hat eine neutrale Position. Unternehmen kommen mit den unterschiedlichsten Fragestellungen und Erwartungen auf die Wirtschaftsförderung zu. Gleichzeitig stellen sich die Wirtschaftsförderungseinheiten auch jeweils mit einem ganz spezifischen Beratungs- oder Serviceumfang auf und definieren so ein eigenes Selbstverständnis.

Grundsätzlich muss gelten, dass Beratungsangebote der Wirtschaftsförderung und damit der öffentlichen Hand am Markt vorhandene Lücken abdecken sollen. Sogenanntes Marktversagen muss vorliegen, denn die Angebote der öffentlichen Hand, die wirtschaftlich unter anderen Rahmenbedingungen erbracht werden, z. B. eine Kostendeckung ist nicht zwingendes Ziel für ihre Erbringung, sollen den aktiven Marktteilnehmern nicht Möglichkeiten für eigene Tätigkeit wegnehmen. In einzelnen Segmenten ist auch ein marktkonformes Verhalten denkbar und anwendbar, insbesondere wenn es sich um Beratungsinhalte handelt, die zum Kernspektrum von Wirtschaftsförderung gehören. Hier ist eine Kostenpflicht denkbar.

Um den Anforderungen an eine Nutzen bringende Beratung für das Unternehmen Genüge zu tun, müssen einige grundsätzliche Überlegungen angestellt und entsprechende Vorkehrungen getroffen werden. Wesentliche methodische Unterscheidungen sind die Wege, wie Information und teilweise Beratung bereitgestellt werden. Hier muss entschieden werden, wie weit und mit welchem Aufwand verbunden, Hilfe zur Selbsthilfe via vorbereiteter Unterlagen – sei es im Internet, per EDV oder als Printprodukt – ausgebaut werden kann und wann bzw. wie die persönliche Beratung eingebunden wird. Letztere ist einerseits Kernaufgabe und andererseits aber auch limitiert je nach vorhandenen Ressourcen.

Die Beratung von Unternehmen und sei es auch „nur" als Ansprechpartner ist eine herausgehobene Position. Wirtschaftsförderung muss hierbei mit Gesprächspartnern auf allen Hierarchieebenen und in unterschiedlichsten Gemütszuständen umgehen können. Kommunikationsfähigkeiten, Umgangsformen aber auch Selbstbewusstsein müssen bei den Mitarbeitern der Wirtschaftsförderung vorhanden sein oder entwickelt werden. Im Gespräch mit dem Unternehmen muss:

- das konkrete Anliegen bzw. die konkreten Anliegen eindeutig erkannt werden,
- das Anliegen strukturiert werden, um für sich selber das Bild der Hilfestellung dagegen setzen zu können,
  - was kann ich sofort beantworten und erklären,
  - was bedarf einer weitergehenden Bearbeitung,
  - wofür benötige ich Unterstützung durch Dritte,
  - welchen weiteren Schritte können wir jetzt oder zu einem konkreten späteren Termin vereinbaren,
  - was ist Lösungserwartung und wie kann ggf. eine Lösungsskizze aussehen,
- definiert werden, welchen Beitrag man vom Unternehmen zur Lösung erwartet und abfordern wird,
- eine klare Absprache zu allen offenen Punkten getroffen werden,
- überlegt werden, welche Zusagen können gegeben werden, zeitlich wie auch inhaltlich,
- und nicht zuletzt immer wieder vermittelt werden.

2.1 Beratungsarbeit

Um diese Beratungsarbeit erfolgreich zu realisieren, muss die Wirtschaftsförderung:

- Kompetenz besitzen und vermitteln,
- inhaltlich wie auch strukturell ein klares Bild über den Beratungsinhalt haben,
- die Grenzen der eigenen Zuständigkeit und Kompetenz kennen sowie diese auch klar benennen,
- Kompetenzen, Möglichkeiten und Grenzen potenzieller Partner kennen,
- den Arbeitsprozess und Hilfsmittel organisieren.

In der Konsequenz bedeutet dies, die Beratungsarbeit gut vorzubereiten und zu strukturieren. Die Wirtschaftsförderung muss insofern:

- die eigene Rolle bzw. Position in einem Themenfeld definieren,
- daraus eine klare Handlungsmaxime/-leitlinie entwickeln,
- ein klares Bild von den möglichen Erwartungen der Unternehmen haben,
- den Beratungsprozess in einzelne Schritte zerlegen und jeweils Zuständigkeiten klar definieren,
- Partnerschaften im Themenfeld vorbereiten, um auf sie dann im konkreten Fall problemlos zugreifen zu können,
- die Zusammenarbeit im Interesse des Unternehmens aufbauen, die bestimmte Kriterien erfüllt, zeitlich wie inhaltlich,
- erforderliche Arbeitsunterlagen festlegen und vorbereiten,
- Standards der Aufgabenerfüllung festlegen, zeitlich wie auch inhaltlich,
- Datenbanken mit Fachinhalten führen, aufbauen,
- möglichst über ein CRM für eine kundenorientierte Erfassung, Bearbeitung und Auswertung aller Vorgänge verfügen.

Für alle Beratungsinhalte sollten klar strukturierte Beratungsprozesse erarbeitet werden. Das heißt einen ganzen Arbeitsprozess in die einzelnen inhaltlichen Prozessschritte zu zerlegen. Auf dieser Ebene der einzelnen Prozessschritte lässt sich dann die konkrete Arbeit der Wirtschaftsförderung gut beschreiben. Auch lässt sich in den einzelnen Prozessschritten die ggfs. erforderliche Arbeit anderer Beteiligter oder Partner definieren, die gleichermaßen erforderlich ist, um einen solchen Prozessschritt abzuschließen. Am Ende aller Prozessschritte für eine spezifische Beratung sollte dann ein Ergebnis stehen, für das alle erforderlichen Aspekte mit der jeweils dafür besten Kompetenz abgearbeitet werden. Abhängig vom Beratungsinhalt werden die einzelnen Prozessschritte und ihre Inhalte zusammengestellt. Hieraus ergibt sich ein gut strukturiertes Bearbeitungsraster für jede Anfrage. Es lässt sich auch für jeden Beratungsschritt und Inhalt prüfen und festlegen, ob die Wirtschaftsförderung diesen leisten kann oder ein anderer Prozessbeteiligter oder Partner diesen liefern sollte. Gleichzeitig lassen sich so sehr konkrete Gespräche mit den Partnern aufbauen, zielorientiert eine partnerschaftliche Zusammenarbeit organisieren und die Kompetenzen der Beteiligten würdigen indem man sie einbindet.

Gleichwohl muss man die Grenzen von Freiwilligkeit bei dieser Zusammenarbeit respektieren, sie wird nicht immer gleichermaßen gut gelingen können.

Abhängig von der Größe bzw. Ressourcenausstattung der Organisationseinheit der Wirtschaftsförderung wird dann der Grad der Umfänglichkeit und Spezialisierung hinsichtlich des konkreten Beratungsangebots unterschiedlich hoch sein. Was im Weiteren anhand von Beispielen verdeutlicht werden soll.

Im Feld der Beratung von Unternehmen werden die Unternehmen unabhängig von Branche oder Größe unterstützt. Primäre Zielgruppe der Beratungsleistungen ist der klassische Mittelstand, d. h. vor allem kleinere und mittlere Unternehmen. Prämisse ist, je kleiner die Unternehmen umso eher benötigen sie Unterstützung bei für sie nicht alltäglichen Fragestellungen, für die sie auch, je kleiner sie sind, weniger personelle Ressourcen haben, um diese problemlos selber zu lösen. Grundsätzlich ergibt sich folgendes Muster an Beratungsintensität und Beratungseffekt über die Unternehmensgrößenklassen:

- kleine Unternehmen benötigen für ihre Fragen tendenziell mehr Beratung, da oft weiter ausgeholt werden muss, die Ergebnisse von Beratung können weitreichende Bedeutung für das Unternehmen haben, der gesamtwirtschaftliche Effekt ist jedoch eher gering – hier stellt sich auch bei der Wirtschaftsförderung die Frage nach Möglichkeiten einer Standardisierung.
- mittlere Unternehmen werden überwiegend spezifisch beraten, die Beratung kann intensiv sein aber auch effizient gestaltet werden. Der gesamtwirtschaftliche Effekt kann relativ hoch sein, wenn hiermit unternehmerische Weichenstellungen unterstützt werden. Hohe Beratungskompetenz ist besonders gefordert.
- große Unternehmen treten mit spezifischen Problemen an die öffentliche Hand. Hier ist vielfach eine politische Komponente zu beachten, die aus einem besonderen Abhängigkeitsverhältnis zwischen großen Unternehmen am Standort und Kommune besteht. Vielfach handelt es sich hier nicht um einen klassischen Beratungsfall, genießt aber gleichwohl hohe Priorität. Hohe Beratungskompetenz und -intensität kann erforderlich sein, der standortspezifische Nutzen kann im Einzelnen unterschiedlich groß ausfallen, die gesamtwirtschaftliche Relevanz muss zumindest grundsätzlich eher hoch eingeschätzt werden.

Ziel jeder Beratung ist es, die Zufriedenheit des Kunden bei der Bewältigung der unterschiedlichen Fragestellungen durch die Beratung der Wirtschaftsförderung zu gewährleisten. Eine gute Qualität der Beratung steht deshalb im Zentrum der Ausrichtung der Tätigkeit.

Die Wirtschaftsförderung hat, über die klassische Beratungsfunktion zu einem sehr konkreten fachlichen Inhalt hinaus, auch die Kümmerer-Funktion. Im Verhältnis zur Verwaltung wird sie von den Unternehmen auch als Ombudsmann ihrer Interessen wahrgenommen. Ihr wird insofern eine generelle Allzuständigkeit eingeräumt, die von ihr eine spezifische Beratungskompetenz erfordert, eine Flut von Anfragen, die nicht ihren

2.1 Beratungsarbeit

eigenen Wirkungskreis betreffen, richtig zu behandeln, weiter zu leiten bzw. in Unternehmensgesprächen, die tatsächlich relevanten Themen heraus zu hören, um für diese eine weitergehende Bearbeitung voranzutreiben. Darüber hinaus verfügt die Wirtschaftsförderung aus Sicht von Unternehmen über eine geschätzte Neutralität der öffentlichen Hand, als Partner ohne Eigeninteressen im Verhältnis zu anderen Marktteilnehmern.

Die eigentlichen Beratungsinhalte reichen von Behörden- bzw. Genehmigungsmanagement, Standort- und Ansiedlungsberatung, Finanzierungs- und Fördermittelberatung, Kreditmediation bis hin zur Sanierungsberatung, siehe Abb. 2.2 und 2.3. Grundsätzlich geht es immer darum, für Unternehmen Transparenz und Verständnis in sehr vielfältigen und damit unübersichtlichen Strukturen herzustellen, sowie um die

Abb. 2.2 Beratungsleistungen der Wirtschaftsförderung für Unternehmen in unterschiedlichen Phasen

Abb. 2.3 Beratungsleistungen der Wirtschaftsförderung für Unternehmen in unterschiedlichen Phasen

Moderation in der Kommunikation zwischen Unternehmen auf der einen und Institution auf der anderen Seite. Auf der Basis eines besseren Verständnisses werden tragfähige Lösungen erarbeitet. Weit ausdifferenzierte Beratungsinhalte spiegeln die inhaltlichen Kompetenzen und Angebote für eine Zusammenarbeit wieder.

Beratungsinhalte
Klassische Beratungs- oder Serviceangebote der Wirtschaftsförderung sind:

- allgemeine Lotsenfunktion
- Beratung in Verwaltungs- und Genehmigungsfragen
- Standortberatung
- Finanzierungs- und Fördermittelberatung
- Technologie- und Innovationsberatung
- Krisenberatung/Sanierungsberatung
- Existenzgründungsberatung
- Ansiedlungsberatung

Das Beratungsangebot kann abhängig von den Ressourcen auch noch weiter ausgebaut werden, in neue Beratungsbereiche wie Energieberatung, was dann konkret auch mit Partnern umgesetzt wird.

Diese Beratungsangebote richten sich zunächst an Bestandsunternehmen, die am Standort heute ansässig und tätig sind. Sie sind abhängig von ihrer Größe unterschiedlich stark an einzelnen Leistungen interessiert.

Grundsätzlich wendet sich die Wirtschaftsförderung mit diesen Angeboten stärker an die kleineren Unternehmen, die über weniger Ressourcen für vielfältige Spezialfragen verfügen. Darüber hinaus werden spezifische Kombinationsangebote an Beratung für neue Unternehmen angeboten. Dabei geht es zum einen um Existenzgründung und zum anderen um Unternehmensansiedlung. Einzelne Beratungselemente sind dabei unterschiedlich stark ausgeprägt.

Die Übersicht zeigt ein breites Spektrum, das nicht von jeder Wirtschaftsförderungseinheit umfänglich oder überhaupt erbracht werden kann. Kleinere Wirtschaftsförderungseinheiten müssen sich in ihrem Aufgabenspektrum auf wenige Themen konzentrieren, ohne die anderen Themen ganz zu vernachlässigen. Kompetenzen und Überblickswissen sowie Partnerschaften sind hier aufeinander abzustimmen.

Auf der anderen Seite kann bei großen Wirtschaftsförderungseinrichtungen dieses Spektrum noch weiter spezifiziert und aufgegliedert werden. Hier können sehr spezifische Kompetenzen aufgebaut werden. Wesentliche Merkmale der einzelnen Beratungsinhalte werden nachfolgend aufgezeigt.

2.1.1 Lotsenfunktion

Eine ganz grundlegende Beratungsfunktion von Wirtschaftsförderung ist die Lotsenfunktion. Unternehmen stehen vielfach einer für sie unübersichtlichen Landschaft an Behörden, Institutionen und Zuständigkeiten gegenüber. Hier kann die Wirtschaftsförderung einen sehr konkreten Nutzen für die Unternehmen anbieten, indem sie Überblicksauskünfte aller Art liefert und konkrete Ansprechpartner in den unterschiedlichsten Bereichen benennen kann.

Zunächst bezieht sich diese Funktion auf die „eigene" Verwaltung, auch wenn die Wirtschaftsförderung als GmbH organisiert ist. Konkret werden Erstauskünfte zu unterschiedlichen Antragswegen, Verfahren und Genehmigungen sowie ergänzend entsprechende Ansprechpartner erwartet. Ein grundsätzlicher Überblick über die eigene Verwaltung und typische Verfahren, die für Unternehmen von Relevanz sind, müssen durch die Wirtschaftsförderung geleistet werden können. Darüber hinaus sollte die Wirtschaftsförderung die jeweils zuständigen Kollegen in der Verwaltung benennen und das anfragende Unternehmen damit an potenziell zuständige Bearbeiter der Fachthemen im Haus weiterleiten können. Hier erhalten Onlinedarstellung eine zunehmende Bedeutung.

Weiterhin bezieht sich die Lotsenfunktion aber auch auf andere Behörden und Institutionen, die im Unternehmensalltag eine Rolle spielen. Hierzu sollte die Wirtschaftsförderung zumindest einen groben Überblick über die Angebote und Zuständigkeiten der relevanten Partnerinstitutionen haben. Hilfreich sind gepflegte Netzwerkkontakte zu Ansprechpartnern in diesen Institutionen, die einen leichten und direkten Zugang ermöglichen. Hier reicht es vielfach, ein Gegenüber ansprechen zu können, das in der jeweiligen Institution eine ähnliche Rolle übernimmt. In Kammern gibt es z. B. teilweise Ansprechpartner, die zumindest teilweise eine Lotsenfunktion übernehmen. Auch mit anderen Institutionen lässt sich ähnliches aufbauen, so dass man dem Kunden einen konkreten Nutzen vermitteln kann.

Diese Grundidee aufgreifend wurde im Rahmen der EU-Dienstleistungsrichtlinie auch die Position des „einheitlichen Ansprechpartners" (EA) entwickelt.

Der EA soll im Interesse eines einfachen und klaren Zugangs für Unternehmen in die Verwaltung aufgestellt sein. Seine wesentlichen Inhalte sollen dabei sein:

- Lotse, Mittler und Verfahrensmanager gegenüber den zuständigen Stellen für alle Verfahren und Formalitäten gemäß EU-DLR
- Information und Beratung im Vorfeld
- Ansprechpartner während das gesamten Genehmigungsverfahrens
- Schnittstelle zu allen zuständigen Stellen

Hierbei wurde eine geregelte, stabile und funktionierende Vernetzung mit anderen Behörden vorausgesetzt. Mit dieser Maßgabe kann für die Unternehmen in der Kommune ein Zugang in alle Verwaltungen und in jedwedem Verfahren theoretisch hinreichend abgesichert werden. Diese Funktion kombiniert eine Ansprech- und Informationsfunktion im Verfahrenslauf. Alle Kommunen waren gefordert zum Jahr 2011 diese Funktion vorzuhalten. Auch wenn Inanspruchnahme und Aufwand für viele Kommunen von Anfang an in einem erheblichen Missverhältnis standen und in der Konsequenz geringer Inanspruchnahme diese Funktion inzwischen vielfach auf großräumigerer Ebene übertragen wurde, bleiben zwei wesentliche Befunde. Die klassische Lotsenfunktion in der Verwaltung vor Ort bleibt eine wichtige Funktion, eine Kostenpflicht für diese kommunale (Grund)Leistung wird nicht angenommen. Es zeigt sich, dass aus Unternehmenssicht bei Verwaltungsvorgängen Nähe, Kompetenz und Nutzen korrelierend wahrgenommen werden.

Beispiel: Lotsenfunktion in der Wirtschaftsförderung der Region Hannover
Die Wirtschaftsförderung der Region Hannover beschäftigt sich seit dem Jahr 2004 intensiv mit der Umsetzung von kundenorientierten Serviceangeboten. Das Beratungsangebot wurde sehr klar gegliedert und auch Grundfunktionen wie die Lotsenfunktion wurden dabei neu aufgestellt und inhaltlich professionalisiert. Ziel ist es, diese Leistungen dem Kunden gegenüber auch klar kommunizieren zu können und konkreten Nutzen benennen zu können. Nur eine Leistung, die klar benannt ist, kann vom Kunden auch gewürdigt werden. Im Lauf der Jahre wurde der Leistungskanon immer wieder den Erfahrungen entsprechend angepasst und ggf. weiterentwickelt. Er hat einen festen Platz im Beratungsspektrum des Unternehmensservice und wird sehr eng mit der weitergehenden Beratung im Rahmen von Genehmigungsverfahren verknüpft.
http://www.wirtschaftsfoerderung-hannover.de/Unternehmens%C2%ADservice/Ansiedlung-und-Standortsuche/Lotse-und-Moderation

2.1.2 Beratung in Verwaltungs- und Genehmigungsverfahren

Die Beratung in Verwaltungs- und Genehmigungsverfahren geht im Verhältnis zu der Lotsenfunktion tiefer in die spezifische Thematik hinein. Da die Wirtschaftsförderung nicht Genehmigungsbehörde für behördliche Genehmigungsverfahren ist, bleibt sie grundsätzlich in einer Mittler- bzw. Vermittlerrolle, siehe Abb. 2.4. Diese Rolle kann allerdings für beide Seiten, d. h. sowohl für das Unternehmen als auch die betreffende OE einer Verwaltung, zu großem Vorteil wahrgenommen werden.

Die Wirtschaftsförderung muss in dieser Beratungsfunktion zunächst das Unternehmen über das Verfahren und die damit verbundenen Erfordernisse in groben Zügen unterrichten können. Hier gilt es, auch für bestimmte kritische Punkte im Verfahren bereits zu einem frühen Zeitpunkt zu sensibilisieren. Gleichzeitig muss die Wirtschaftsförderung die wesentlichen Erwartungen des Unternehmens aufnehmen, z. B. Schnelligkeit, Transparenz ebenso wie aus Unternehmenssicht kritische Punkte im dortigen Ablauf, z. B. den Zeitplan für ein Bauprojekt.

2.1 Beratungsarbeit

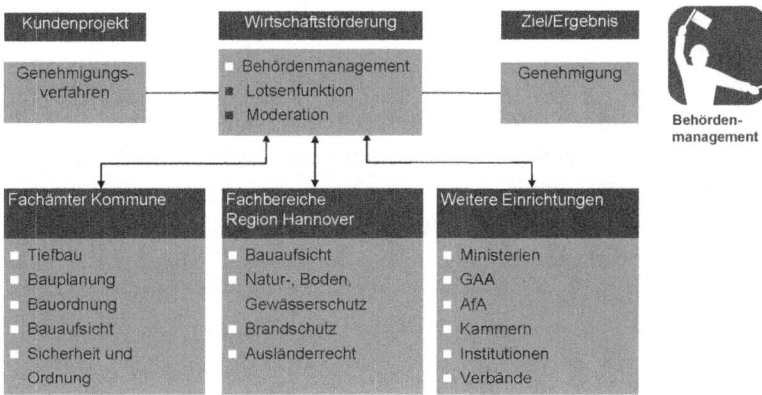

Abb. 2.4 Prozessablauf Behördenmanagement

Methodisch kann die Wirtschaftsförderung folgende Schritte übernehmen:

- Sichtkontrolle der Unterlagen anbieten, fehlt etwas, gibt es auffallend unglückliche Formulierungen oder Forderungen, die erfahrungsgemäß Probleme bereiten oder zum Ausschluss auf Erfolg führen.
- Inoffizielle Vorabstimmung mit der zuständigen Fachbehörde und entsprechende Rückkopplung an das Unternehmen.
- Abstimmungstermin/Antragskonferenz mit den betreffenden Fachbehörden und dem Unternehmen im Vorfeld eines Genehmigungsverfahrens durchführen, um die größten Probleme im Vorfeld anzusprechen und mit den Fachbehörden schon zu einem frühen Zeitpunkt die Lösungswege zu diskutieren.
- Im konkreten Verfahren neben der Fachbehörde Ansprechpartner des Unternehmens zu bleiben, um bei kritischen Punkten vermitteln zu können.

Um diese Funktionen qualitativ gut und nutzbringend leisten zu können, sind folgende Aspekte wichtig:

- enger Kontakt zu den Fachbehörden
- Kenntnisse über grundsätzliches Verwaltungshandeln
- fachliche Grundkenntnisse häufiger Verfahren
- Analyse der wesentlichen Punkte für beide Seiten in einem Verfahren
- strukturierte und verbindliche Rückmeldungen an die Beteiligten
- Moderationskenntnisse, um im Gespräch ausgleichen zu können

Darüber hinaus setzt das voraus, dass die Wirtschaftsförderung auch mit den Fachbehörden die Rolle abgestimmt hat, klar die Grenze der Zuständigkeiten definiert hat – damit sich die Kollegen nicht in ihrer Rolle beschnitten sehen – und den Nutzen für die

Kollegen der Fachbehörde verankert hat. Der Nutzen der Wirtschaftsförderung für die Fachbehörden ist:

- Antragstellung ist vorbereitet, d. h. qualitativ besser, vollständig,
- Antragsteller ist grundsätzlich über das Verfahren sowie Verwaltungshandeln informiert (z. B. Gremienbeschlüsse o. ä.),
- Vermittlungsmöglichkeit/Moderation über die Wirtschaftsförderung,
- erhöhte Akzeptanz von Entscheidungen,
- kann verfahrene Situationen entspannen und damit Wege für Lösungen eröffnen,
- Zeitersparnis.

Wenn Wirtschaftsförderung diese Funktion konsequent ausfüllt bringt ihr dies eine gute Reputation bei der Unternehmerschaft ein. Damit ist eine stabile Grundlage für eine erfolgreiche Arbeit gelegt. Verwaltungsinterne Grundlage für eine erfolgreiche Umsetzung ist eine nachhaltige Unterstützung durch die Verwaltungsspitze, die die Rolle der Wirtschaftsförderung innerhalb der Verwaltung absichert.

2.1.3 Standortberatung

Eine weitere klassische Beratungsfunktion ist die Standortberatung. Unabhängig davon ob die Kommune selbst Eigentümer von gewerblich nutzbaren Grundstücken oder Liegenschaften ist, wird sie von Unternehmen zum Themenkomplex Flächen und Standort angesprochen. Zudem ist davon auszugehen, dass die Kommune nicht nur an der Vermarktung eigener Flächen ein Interesse hat, sondern darüber hinaus auch im Sinne der Stadtentwicklung ein grundsätzliches Interesse an der Wieder- oder Weiterverwertung von Flächen für die Wirtschaftsentwicklung der Kommune besteht. Über die reine Flächenthematik kommt insofern auch die Information über den „Standort Kommune" hinzu, die für Unternehmen vielfältige, mehr oder weniger relevante Daten vorhält, siehe Abb. 2.5.

Um in diesem Feld eine qualitativ gute Leistung liefern zu können, ist seitens der Wirtschaftsförderung ein spezifisches Informationsmanagement erforderlich:

- Übersicht über die eignen Grundstücke bzw. Liegenschaften mit wesentlichen Kerndaten wie Lage, Größe, baurechtliche Situation/Nutzung, Preis, Besonderheiten,
- Übersicht über die am Markt befindlichen gewerblich nutzbaren Grundstücke anderer Eigentümer, Aufbereitung wesentlicher Kenndaten, Abstimmung mit den Eigentümern,
- Aufbereitung einzelner Standorte sowie geeigneter Übersichten/Überblicksinformationen – versandfähige Exposés bzw. eine Internetpräsenz der Flächen, hier gibt es zahlreiche Portale, die auf kommunaler, regionaler und überregionaler Ebene genutzt werden können.

2.1 Beratungsarbeit

Abb. 2.5 Standortinformationen

- Aufbereiten von weiteren Standortinformationen:
  - Standortdaten wie Gewerbesteuerhebesätze,
  - Infrastrukturdaten zu Themenfeldern wie u.a. Bildung, Gesundheit, Einkauf, Kultur, Wohnen,
  - Umfelddaten wie z. B. Unternehmensbesatz, Netzwerke, Unterstützungsangebote.

> **Beispiel: Immobilienportal der Region Hannover**
> Das aktuelle Immobilienportal der Wirtschaftsförderung der Region Hannover ist das Ergebnis langjähriger praktischer Erfahrungen mit unterschiedlichsten Vorläuferversionen zur Vorhaltung von Standortinformationen im Zuge von Ansiedlungs- und Umsiedlungsanfragen. Auch hier geht es um ein System mit optimalem Kundennutzen bei gleichzeitiger hoher Effizienz und Aktualität der Datenbereitstellung.
> http://www.wirtschaftsfoerderung-hannover.de/Unternehmens%C2%ADservice/Ansiedlung-und-Standortsuche/Fl%C3%A4chen-und-Immobilienberatung/Gewerbeimmobilienportal.

Entscheidender methodischer Aspekt ist auch in diesem Beratungsfeld die präzise Aufnahme des Bedarfs des Unternehmens. Hierzu müssen die einzelnen Kriterien des Unternehmens ggf. priorisiert werden, um Alternativen entwickeln zu können. Im Weiteren sind durch die Wirtschaftsförderung folgende Punkte abzudecken:

- Kenntnis der Örtlichkeiten,
- Besichtigungen organisieren,
- Vorklärungen mit Eigentümern organisieren,
- Verkaufsverhandlungen/Mietverhandlungen führen (je nach Organisationsstruktur),
- Verkaufsverhandlungen/Mietverhandlungen bei Eigentümern begleiten.

2.1.4 Finanzierungs- und Fördermittelberatung

Die Finanzierungs- und Fördermittelberatung gehört ebenfalls zu den klassischen Beratungsinhalten von Wirtschaftsfördereinrichtungen. Fördermittel im Sinne einzelbetrieblicher Finanzierungshilfen sind seit Jahrzehnten elementarer Bestandteil, die Unternehmen sehr konkret zu unterstützen, sei es als Zuschuss oder als Darlehen. Zuschüsse werden bevorzugt, da sich ihre positive Auswirkung unmittelbar in der Finanzierung niederschlägt. Gleichwohl dürfen Darlehen nicht unterschätzt werden. Für die sogenannte einzelbetriebliche Förderung gibt es eine Vielzahl von Programmen von der EU-Förderung über die Bundesebene bis auf die Landesebene. Die Investitionsförderung ist überwiegend an inhaltliche Zielsetzungen von übergeordneter Bedeutung gebunden, wie z. B. Umweltschutz oder Innovationen. Hier liegt der zentrale Beratungsauftrag der Wirtschaftsförderung, Transparenz herzustellen, geeignete Fördermöglichkeiten zu eruieren und die Antragstellung zu begleiten. Eine Förderung auf der kommunalen Ebene ist demgegenüber stark eingeschränkt und an die Grundsätze von De minimes gebunden, Da diese Förderung nur eine untergeordnete Größenordnung in der Gesamtfinanzierung darstellen darf und weiteren Restriktionen unterliegt, kann sie nur im Ausnahmefall zur Anwendung kommen.

Diese Beratungsfunktion erfolgreich ausfüllen zu können setzt voraus, dass in der Wirtschaftsförderungseinheit:

- Grundkenntnisse über betriebliche Investitionsrechnung vorhanden sind, um ein Vorhaben in seiner Relevanz für das Unternehmen sinnvoll und kompetent begleiten zu können,
- eine Übersicht über die möglichen Fördermöglichkeiten in der Region besteht und die Einflüsse der einzelnen Förderprogramme auf das Vorhaben des Unternehmens bekannt sind sowie die Kombination unterschiedlicher Programme beherrscht wird (Förderdatenbanken vorhanden?),
- enge Kontakte mit den Förderinstitutionen vorhanden sind, um im Hintergrund mit den bewilligenden Stellen, Feinheiten und Möglichkeiten der aussichtsreichen Antragstellung abstimmen zu können.

Vorauszusetzen ist auf der anderen Seite, dass das Unternehmen:

- den Förderdschungel der 1000 Programme und ihre Einsatzmöglichkeiten nicht durchschauen,
- davon ausgehen, Fördermittel zu erhalten,
- die Sprache der Fördermittelantragstellung nicht beherrschen.

Die Wirtschaftsförderung muss in der Beratung die projektbezogen möglichen Finanzierungshilfen erschließen, gleichzeitig unrealistische Hoffnungen aufklären und Grenzen der Förderung aufzeigen.

2.1 Beratungsarbeit

Neben der Fördermittelberatung wird aber auch eine generelle Finanzierungsberatung insbesondere kleiner Unternehmen zu einem wichtigen Beratungsinhalt. Untersuchungen und Unternehmensbefragungen wie auch die Befragung von Kreditinstituten zeigen auf, dass speziell bei kleinen Unternehmen hier vielfach Handlungsbedarf besteht.

Kleine Unternehmen können immer wieder ihre eigene wirtschaftliche Situation nur unzureichend beschreiben oder darstellen. Sie sind schlecht informiert über die typischen Anforderungen an Kreditnehmer, wie z. B. Thema Sicherheiten. In Gesprächen mit der Kreditwirtschaft kommt es immer wieder zu Missverständnissen und Schwierigkeiten. Angesichts dieser Kommunikationsschwierigkeiten besteht für die Wirtschaftsförderung hier eine Möglichkeit der aufklärenden und vermittelnden Beratung von Unternehmen. Dieses kann auch für die Kreditwirtschaft von erheblichem Nutzen sein, da sich die Arbeit dort effizienter gestalten lässt. Die Beratungsleistung einer Wirtschaftsförderung kann von einer Partnerschaft mit Kreditinstituten bis zu einer Kreditmediation ausgebaut werden. Hierfür ist profundes Wissen der Berater aus der Wirtschaftsförderung hinsichtlich der Finanzierung von Projekten und Investitionen wie auch hinsichtlich des Vorgehens und der Notwendigkeiten zur Kreditgewährung erforderlich.

Um Fördermittel- und Finanzierungsberatung effizient aufzustellen ist es erforderlich, die einzelnen Prozessschritte eindeutig zu definieren, die eigenen Kompetenzen und daraus abzuleitenden Zuständigkeiten zu bestimmen und konkrete Vereinbarungen mit den erforderlichen Partnern zu verabreden, siehe Abb. 2.6 und 2.7.

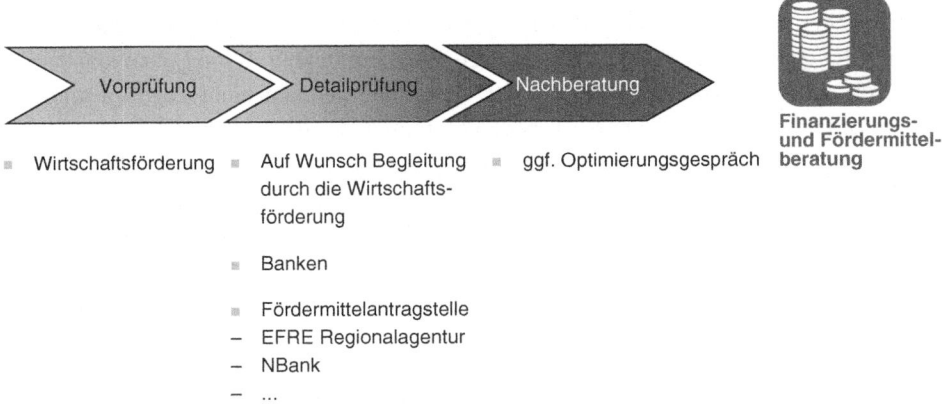

Abb. 2.6 Finanzierungs- und Fördermittelberatungsprozess

Abb. 2.7 Prozessschritte am Beispiel Finanzierungs- und Fördermittelberatung

2.1.5 Technologie- und Innovationsberatung

Eine zunehmend zentrale Funktion wird in der Wirtschaftsförderung auch in der Beratung von Unternehmen bei Fragen von Innovationsentwicklung gesehen.

Angesichts der Relevanz des Themas gilt es, Defizite im Technologie- und Innovationstransfer auszugleichen. Eine Transparenz der regionalen Wissenschaftslandschaft aber auch die konkreten Zugänge sind für viele Unternehmen nicht gegeben und/oder problembehaftet. Diese herzustellen bedeutet immer wieder, Informationen aufzubereiten und Partnerschaftsmöglichkeiten vorzubereiten, um so Kompetenzen des Wissenschaftssektors bzw. von Dritten für die Unternehmen besser zugänglich zu machen. Darüber hinaus geht es in diesem Bereich natürlich meist auch um die Finanzierung von Entwicklungsschritten eines Unternehmens.

Die Fragen der Beratung rund um das Thema Innovation in Unternehmen lassen sich methodisch aufgliedern in folgende Bereiche:

- Information über inhaltliche Unterstützung, sowohl durch die Wissenschaft aber auch durch andere potenzielle Partner,
- und im Weiteren ein Kooperationsmanagement
- Information über Finanzierungsmöglichkeiten,
- und im Weiteren eine Finanzierungs- und Fördermittelberatung
- Information über Unterstützungsangebote in der Realisierungsphase.

Das zeigt, bekannte Vorgehensweisen sind auf neue Inhalte adäquat auszurichten und anzuwenden. In der Umsetzung sind wichtige methodische Grundlagen im Bereich der

Fallaufnahme, der Aufbereitung von Inhalten und der Gestaltung von Verknüpfungsmöglichkeiten zu leisten. Grundsätzlich handelt es sich um eine besondere Ausprägung der Lotsenfunktion, in einem hochspezifischen und intransparenten Umfeld geeignete Partner vermitteln zu können. Die besondere Schwierigkeit besteht darin, die sehr spezifischen und komplexen Innovationsfragestellungen von Unternehmen zu verstehen um damit zielgerichtet umgehen zu können. Hier ist ggf. eine Fachkompetenz gefordert, die durch das Personal der Wirtschaftsförderung nicht zu leisten ist. Deshalb ist hier eine Zusammenarbeit in kooperativen Strukturen mit entsprechend kompetenten Partnern erforderlich. Erst auf dieser Basis ist es in vielen Fällen möglich, für die aufgeworfenen Fragestellungen geeignete Partner vermitteln und Kontakte herstellen zu können. Die Wirtschaftsförderung muss für diese Aufgabenstellungen neue Netzwerke aufbauen mit Partnern aus anderen Bereichen, wie der Forschung und Wissenschaft, Hochschulen, Technologieinstitutionen und spezifischen Dienstleistern.

> **Beispiel: Innovations- und Technologieberatung der Wirtschaftsförderung Region Goslar**
> Die Innovations- und Technologieberatung der Wirtschaftsförderung Region Goslar zeigt beispielhaft die Umsetzung eines effektiven Angebotsmix, um Unternehmen auch abseits der Großstädte gut betreuen zu können und so das Innovationspotenzial bestmöglich zu heben.
> http://www.wirego.de/83.html.

Zusätzlich sind auch Strukturen für eine Vernetzung von Unternehmen untereinander zu entwickeln und z. B. im Internet z. B. als Technologiekooperationsplattform bereitzustellen.

> **Beispiel: Unternehmensdatenbank hannoverimpuls GmbH**
> Die Unternehmensdatenbank von hannoverimpuls ist ein Element des Gesamtangebotes der dortigen Innovations- und Technologieberatung. Auf effiziente Weise wird hier eine deutlich bessere Transparenz über die technologischen Qualitäten der ansässigen Unternehmen erreicht, um so auch kooperative Aktivitäten mit und zwischen den Unternehmen zu ermöglichen. Gleichzeitig ist diese Unternehmensdatenbank auch eine Plattform, um Fragen an die Akteure aus dem Wissenschaftsbereich weiterleiten zu können und geeignete Beratungs- und Unterstützungsangebote koordinieren zu können.
> http://www.wirtschaftsfoerderung-hannover.de/hannoverimpuls/Unternehmensservice/Unternehmensdatenbank.

Hinsichtlich der Fragen zur Innovationsfinanzierung handelt es sich um eine besondere Ausprägung der Fördermittel- und Finanzierungsberatung. Hier bewegt sich die Wirtschaftsförderung in grundsätzlich bekannten Netzwerken. Die Fördermittelprogramme für diesen Bereich erfordern jedoch vielfach einen besonders hohen Aufwand, den Unternehmen nur bedingt leisten können. Hier die Antragstellung zu unterstützen und zu begleiten ist insofern wichtig aber auch sehr aufwendig. Bei größeren Volumina kann dieses Feld auch als eine erfolgsabhängig vergütete Beratung aufgebaut werden, die in einem Consultingumfeld platziert wird. Auch in diesem Feld bedarf es weitergehender fachlicher Kenntnisse der Mitarbeiter der Wirtschaftsförderung.

> **Beispiel: Technologie- und Innovationsförderung der hannoverimpuls GmbH**
> Das Kernangebot der Technologie- und Innovationsförderung der hannoverimpuls GmbH ist die Beratung zur Nutzung von Fördermöglichkeiten für entsprechende Vorhaben der Unternehmen. Es handelt sich hierbei um eine hoch spezialisierte Unterstützung bei der Akquise derartiger Gelder.
> http://www.wirtschaftsfoerderung-hannover.de/Unternehmens%C2%ADservice/Technologie-und-Innovationsf%C3%B6rderung.

2.1.6 Krisen- und Sanierungsberatung

Die Finanzierungs- und Fördermittelberatung führt in nicht wenigen Fällen zu einem weiteren Beratungsinhalt von Wirtschaftsförderungseinrichtungen. Immer wieder zeigen sich Fördermittel- und Finanzierungsanfragen tatsächlich als Fragen einer Finanzierungssicherung und offenbaren kritische Situationen im Unternehmen. Auf der anderen Seite kommen Anfragen krisengeschüttelter Unternehmen z. B. im Zusammenhang mit Personalabbau an die Verwaltung, hier Betriebe bei dem Erhalt von Arbeitsplätzen zu unterstützen, siehe Abb. 2.8.

Bei den Unternehmen der letzteren Situation handelt es sich zumeist um größere und für den Standort relevante Betriebe. Hier soll öffentlicher Druck zur Lösung von Problemen aufgebaut werden. Bei den Unternehmen, die über die ungelösten Finanzierungsfragen zur Wirtschaftsförderung kommen, handelt es sich überwiegend um kleine Unternehmen, die zumeist über keine Zugänge zu professionellen Hilfsangeboten verfügen oder diese noch nicht in Anspruch nehmen können. Die aus diesen unterschiedlicheren Fallkonstellationen erwachsenden Anforderungen an die Wirtschaftsförderung liegen relativ weit auseinander. Auch methodisch erfordern sie insofern unterschiedliche Ansätze.

Seitens der Wirtschaftsförderungseinrichtung sind für den erstgenannten Fall erforderlich:

- Kenntnisse der arbeitsmarktpolitischen Instrumentarien
- Netzwerke im Bereich der Arbeitsmarktakteure
- Klarer Blick auf die Grenzen politischen Einflusses zur Lösung solcher Probleme
- Typische Lösungsansätze und ihre Probleme hinsichtlich einer nachhaltigen Problemlösung, insbesondere Arbeitsplatzgarantien im Verhältnis zu Zugeständnissen der öffentlichen Hand

2.1 Beratungsarbeit

Leitstellenfunktion für die Region Hannover bei umfangreichen Entlassungen oder Standortschließungen. Dabei Unterstützung der kommunalen Wirtschaftsförderung und dem Hauptverwaltungsbeamten bei deren „Interessenausgleichsgesprächen" mit den Unternehmen durch

- Recherchen über das Unternehmen und die geplanten Maßnahmen (z. B. Personalabbau, Teilverlagerung, Standortschließung, Umfang und Zeitplan)
- Begleitung bei Personalabbau
- Sondierung von Möglichkeiten zur Standortsicherung (zeitliche Verzögerung, Teilauslagerung, Kostenreduzierung usw.) oder den Personalabbau sozialverträglich zu gestalten
- Kontaktaufnahme mit den relevanten Arbeitsmarktakteuren und Moderation eines „Runden Tisches" bzw. eines „Kamingesprächs"
- Einbindung von regionalen und/oder überregionalen Verwaltungen und Vertretern der Politik

Sanierungsberatung

Abb. 2.8 Elemente der Sanierungsberatung/Leitstellenfunktion

Im Zuge der Beratung gilt es seitens der Wirtschaftsförderung:

- Gespräche mit der Geschäftsführung und dem Betriebsrat zu führen, um die konkrete Situation zu erfahren und bewerten zu können.
- Hilfsmöglichkeiten der Kommune zu prüfen und ggfs. entsprechende Angebote zu entwickeln, intern zu diskutieren und an das Unternehmen zu formulieren
- Hilfsmöglichkeiten der Arbeitsverwaltung prüfen, mit den dortigen Fachleuten diskutieren und gemeinsam dem Unternehmen entsprechende Unterstützungsangebote aufzeigen

Für den Fallbereich von Sanierungsberatung von kleineren Betrieben können die Übergänge insbesondere zu einer Kreditmediation fließend sein und es bedarf erheblicher fachlicher Kompetenz, Krisensituationen in einem Unternehmen sachgerecht aufnehmen zu können. Wesentliche Prozessschritte sind dabei die Aufnahme der Situation, die Diagnose, die Prognose und die konkreten Maßnahmen, siehe Abb. 2.9.

Im Zuge der Beratung gilt es somit:

- Dem Unternehmen seine Situation deutlich aufzuzeigen und Lösungsmöglichkeiten zu diskutieren.
- Im Falle der Insolvenz mit dem Insolvenzberater Lösungsmöglichkeiten zu konkretisieren und mit dem Unternehmen abzustimmen.
- Mit Partnern z. B. in der Kreditwirtschaft die Lösungsansätze auf Umsetzbarkeit durchzusprechen.
- Gegebenenfalls weitere Beratungseinrichtungen hinzu zu ziehen, die für die Lösung erforderlich sind.

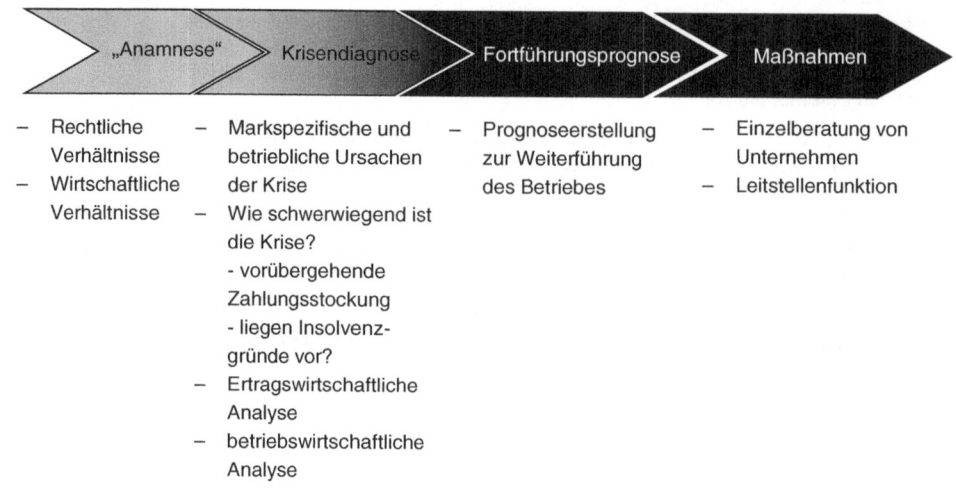

Abb. 2.9 Prozessschritte der Sanierungsberatung für kleine und mittlere Unternehmen

- Mit allen Beteiligten die Umsetzung eines konkreten Plans abstimmen und zur Umsetzung bringen.
- Im Umsetzungsprozess das Unternehmen immer wieder in schwierigen Situationen zu unterstützen, damit der Umsetzungsplan zum Ende gebracht werden kann.
- Insgesamt sind auch in diesem Feld erhebliche Spezialkenntnisse erforderlich, so dass alternativ über die Bereitstellung solcher Unterstützungsangebote über geeignete Partner nach zu denken ist.

In beiden Wirkungsbereichen gilt es, Netzwerke mit spezifischen Partnern aufzubauen. Auch hier muss die Wirtschaftsförderung einen konkreten Nutzen für diese Partner anbieten, um nachhaltig erfolgreiche Zusammenarbeit aufbauen zu können.

2.1.7 Existenzgründungsberatung

Die Existenzgründungsberatung stellt einen Klassiker der Beratungsangebote fast jedweder Wirtschaftsförderung dar. Hier gibt es allerdings eine erhebliche Bandbreite, wie man dieses Thema abarbeiten kann, von einem stark eingeschränkten Grundangebot im Sinne einer Lotsenfunktion bis hin zu einer stark spezifizierten Palette von Beratungsmöglichkeiten, die u. a. differenzierte Beratungsangebote für unterschiedliche Zielgruppen wie z. B. Frauen, Gründungen mit Migrationsgrund, Hochschulausgründungen mit jeweils spezifischen Beratungsbedarfen vorhalten. Für den Gründungsbereich stellen auch die im Internetauftritt und teilweise in Printform aufbereiteten Informationen und Angebote zur Selbsthilfe einen wichtigen ergänzenden methodischen Bereich dar.

2.1 Beratungsarbeit

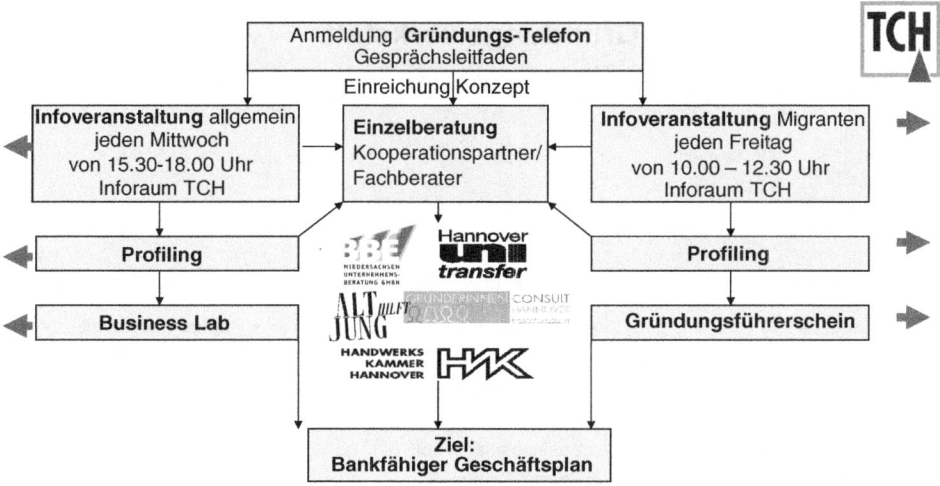

Abb. 2.10 Struktur der Gründungsberatung in der Region Hannover 2005

Beispielhafte Gliederung und Strukturierung der Gründungsförderung siehe Abb. 2.10 und 2.11.

Grundsätzlich stellt die Gründungsberatung eine auf die Gründungssituation bezogene Mischung von Beratungsinhalten für Unternehmen dar, d. h.:

- Beratung zu Behördengängen und Verwaltungsverfahren,
- Standortsuche,
- Finanzierung unter Nutzung öffentlicher Fördermittel für das Vorhaben, ggfs. auch Information über die kreditwirtschaftlichen Notwendigkeiten,
- ggfs. Vermittlung geeigneter Ansprechpartner für technologische Aspekte.

Die Beratung selbst muss auf die besonderen Anforderungen dieser Zielgruppe ausgerichtet sein, bei der vielfach kein oder nur kaum unternehmerisches Basiswissen vorhanden ist. Dementsprechend kann das bedeuten:

- eine Grundlagenvermittlung zur Erstellung erforderlicher Unterlagen für eine Gründung, von der Aufbereitung einer Geschäftsidee bis hin zum Businessplan,
- Überprüfung des Konzepts in Form eines Kurzchecks,
- Definition von Entwicklungsbedarfen und Benennung von geeigneten Ansprechpartnern, um Kompetenzen weiter zu entwickeln.

Hinsichtlich der Beratungsinhalte müssen diese auf die Bedürfnisse der Zielgruppe abgestimmt werden. Das bedeutet:

- relativ großes Gewicht auf Aufklärung über grundsätzliche Notwendigkeiten, u. a. Konzept, Businessplan,

Abb. 2.11 Struktur der Gründungsförderung im Rahmen der Gründungswerkstatt von hannoverimpuls GmbH ab 2010

- relativ großes Gewicht auf Gründungs- und Anmeldevorgang in allen seinen Verästelungen,
- relativ großes Gewicht auf die Finanzierungserfordernisse und Fördermöglichkeiten,
- relativ wenig Intensität bei der Standortberatung.

Darüber hinaus geht die spezifizierte Gründungsberatung für besondere Zielgruppen dann zusätzlich auf besondere Bedürfnisse ein, z. B. von Gründerinnen, die vielfach auch eine Betreuung durch weibliche Kräfte wünschen und auch im weiteren in spezifischer Weise betreut sein wollen. Analog geht es in der Beratung von Migranten als Gründerinteressierte um Beratungsangebote, die auf den spezifischen Bedarf z. B. im Bereich kultureller Hinsicht eingehen und auch sprachliche Hürden berücksichtigen und zu überbrücken helfen.

Grundsätzlich ist die Gründungsberatung der Wirtschaftsförderung in vielen Fällen von einem Netzwerk von Fachpartnern ergänzt, um die Anliegen der Gründungsinteressierten bestmöglich abarbeiten zu können. Hier können dann alle Institutionen und Einrichtungen eingebunden werden, die im Rahmen von Gründungsprozessen eine Rolle spielen. In der Zusammenarbeit lassen sich dann auch Standards abstimmen, die helfen, eine Qualität der Gründungsförderung sicher zu stellen, z. B. durch einen Gründungsfahrplan, bei dem für bestimmte Schritte immer definierte Ergebnisse erreicht werden müssen, um zum nächsten Schritt vorzurücken.

Darüber hinaus wird das Beratungsangebot der Wirtschaftsförderung in vielen Fällen von unterschiedlichsten Maßnahmen ergänzt, Veranstaltungen, Stammtischen zum Erfahrungsaustausch, Wettbewerben bis zu spezifischen Infrastrukturangeboten wie Flächen in Gründungszentren.

> **Beispiel: Aktuelles Angebot der Gründungsförderung in der Region Hannover**
> Das Gründungsangebot in der Region Hannover ist beispielhaft für ein sehr ausdifferenziertes Angebot an einem Großstadtstandort. Entsprechend den hier höheren Fallzahlen sind in einem solchen Umfeld auch einige hoch spezialisierte Angebote für Teilzielgruppen realisierbar.
> http://www.hannover.de/Wirtschaft-Wissenschaft/Wirtschaftsförderung/Gründungshilfe2.

2.1.8 Ansiedlungsberatung

Die Ansiedlungsberatung ist ähnlich wie die Gründungsberatung ein Beratungsangebot, dass unterschiedliche klassische Beratungsinhalte kombiniert. Zugleich ist es ein ganz typisches Beratungsangebot jeder Kommune.

Hier geht es um die klassischen Felder der:

- Standortberatung,
- Behördenkoordination/Verwaltungsverfahrensmanagement,
- Finanzierungs- und Fördermittelberatung.

Sowie im Weiteren um:

- Die Aufbereitung von weiteren Standortdaten z. B. Wohnungsmarkt, Bildungsangebote usw. zur Ansiedlung von Mitarbeitern,
- Begleitung bei diesen Ansiedlungsvorgängen,
- Vermittlung von Partnern für das Unternehmen, z. B. im Wissenschaftssektor, Bildungssektor, aber auch im Bereich von Partnerunternehmen,
- Vermittlung von Zugängen in lokale bzw. regionale Netzwerke,
- Vorbereitung von Entscheidungen in der Verwaltung wie auch im politischen Raum, ggfs. umfängliche Aufbereitung von Informationen über das Unternehmen und sein Tätigkeitsfeld.

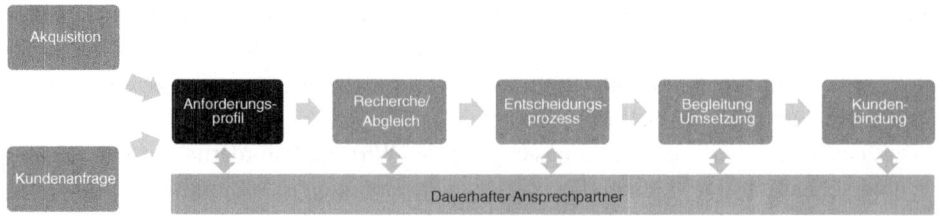

Abb. 2.12 Ansiedlungsprozess Überblick

Auch in der Ansiedlungsberatung ist die Wirtschaftsförderung in den meisten Fällen auf eine enge Zusammenarbeit in einem gut funktionierenden Netzwerk aus Partnerinstitutionen angewiesen. Sie hat dabei vielfach eine in weiten Strecken eher koordinierende und moderierende Funktion. Wichtig ist dabei, im Interesse des Kunden während aller Prozessschritte eine klare Positionierung abzubilden, damit das Unternehmen immer weiß wer sein erster Ansprechpartner im Prozess ist, siehe Abb. 2.12. Zudem ist die Ansiedlungsberatung ein komplexer Aufgabenbereich, der eine möglichst klare Prozessstruktur erfordert, um bei einer breiten Aufgabenverteilung die Übersicht zu behalten und die koordinierende Rolle effizient ausfüllen zu können, siehe Abb. 2.13.

Aufgrund der besonderen Situation, dass die Kommune im Wettbewerb zu anderen Alternativen steht, die ebenfalls entsprechende Bemühungen unternehmen, erwächst eine Sonderstellung der Ansiedlungsberatung. Es gilt gegenüber dem ansiedlungsinteressierten Unternehmen:

- besondere Sorgfalt walten zu lassen,
- Servicestandards unbedingt und bestmöglich einzuhalten, z. B. Fristen,
- ggfs. auch erheblichen betreuenden Mehraufwand zu leisten,
- alles Mögliche zu unternehmen, um den Standort in bestem Licht erscheinen zu lassen und
- alle Register einer kompetenten Versorgung des Unternehmens mit allen erforderlichen Informationen zu ziehen.

Auch die Verwaltung kann durch einen Ansiedlungsfall in einen Ausnahmezustand versetzt werden, insbesondere wenn Ansiedlungen im politischen Raum kontrovers diskutiert werden bzw. Genehmigungsschwierigkeiten auftreten. Die Wirtschaftsförderung muss dann alles daran setzen:

- bestmögliche Informationen über das Unternehmen und seine Tätigkeit zu organisieren,
- Fachleute für öffentliche Diskussionen hinzuziehen,
- Genehmigungsverfahren zu moderieren und ggfs. durch externen Sachverstand zu unterlegen,
- Unternehmen neutral zu informieren und auf dem Laufenden zu halten.

2.2 Projektarbeit

Abb. 2.13 Prozessschritte in der Ansiedlungsberatung

Die Ansiedlungsberatung stellt sich insofern als komplexe Beratungssituation für die Wirtschaftsförderung dar.

2.2 Projektarbeit

Die Projektarbeit ist ein zweiter methodischer Schwerpunkt operativer Arbeit in der Wirtschaftsförderung. Projekte ergänzen in vielen Fällen die Beratungsarbeit in einem bestimmten Themenfeld oder das Leistungsangebot der Wirtschaftsförderung.

Projekte stellen grundsätzlich eine klar definierte Aufgabe dar, die inhaltlich abgegrenzt und somit per se einmalig ist. Sie sind zeitlich befristet angelegt, verfügen über ein bestimmtes Ressourcenbudget und werden ggf. in festen eigenständigen Strukturen, z. B. in einer Projektgesellschaft realisiert (Probst und Haunerdinger 2007, S. 2).

Projekte in der Wirtschaftsförderung können inhaltlich unterschieden werden in:

- Entwicklungsmaßnahmen und
- Infrastrukturmaßnahmen

Die Praxis in der Wirtschaftsförderung zeigt, dass sich aus Entwicklungsprojekten, nach positiver Bestätigung durch mehrmalige Projektverlängerung auch Daueraktivitäten entwickeln können, wenngleich das die Ausnahme ist. Infrastrukturprojekte haben nur während ihrer Realisierungsphase den Projektstatus; sie sind grundsätzlich langfristig angelegt und werden dann üblicherweise in einem Betreiber- bzw. Verwalterstatus fortgeführt.

Mit Projekten werden durch die öffentliche Hand Entwicklungen unterstützt, die mittel- bis langfristig positive Wirkungen für Unternehmen bzw. den Wirtschaftsstandort entfalten. Im Gegensatz zur einzelbetrieblichen Förderung wird grundsätzlich bei einer Förderung immer unterstellt, dass diese mehrere oder viele Unternehmen in ihrer Entwicklung begünstigt bzw. die Entwicklung des Wirtschaftsstandortes unterstützt.

Grundsätzlich ist davon auszugehen, dass eine Kommune mit eigenen Mitteln ihre Entwicklung vorantreibt. Dies bezieht sich auch auf die Wirtschaftspolitik. Die Kommune verfügt über Mittel aus ihrem Haushalt, um Wirtschaftsförderung in all ihren Facetten zu betreiben. In Abhängigkeit von ihrer wirtschaftlichen Leistungsfähigkeit ist die Kommune in der Lage, entsprechende Beträge zu finanzieren.

In der Abwägung von Zielsetzungen ist der Mitteleinsatz für die Wirtschaftsförderung und insbesondere für Projekte mit größeren Volumina eine strategische Entscheidung. Dementsprechend sollten Projekte Elemente einer abgestimmten Strategie sein. Dabei befindet sich die Kommune vielfach auch im Wettbewerb der Standorte und versucht mit geeigneten Projekten ihre Position entsprechend zu verbessern bzw. auszubauen.

Projekte erfolgversprechend aufzusetzen bedarf zumeist entsprechender themenspezifischer Grundlagenuntersuchungen. Konkrete Projektideen lassen sich zum Teil in übergeordnete Ziele z. B. auf Landes-, Bundes- oder EU-Ebene einbinden. Weitaus am häufigsten und Erfolg versprechend ist dabei eine Verknüpfung mit Programmatiken auf Landesebene. So lassen sich im überregionalen Maßstab ggfs. ähnliche Projekte identifizieren und ein Austausch ist ohne enge wettbewerbliche Situation gut möglich und hilfreich. Finanziell stellt eine Anteilsfinanzierung aus einer entsprechenden Fördermittelkulisse oft eine maßgebliche Realisierungsgrundlage dar. Für die Projektförderung gibt eine breite programmatische Aufstellung mit definierten Schwerpunkten, die von der EU-Ebene über die Bundesebene bis auf die Landesebene reicht. Teilweise besteht bereits in der Phase der Programmentwicklung ein Austausch der Landesebene mit der kommunalen Ebene, der genutzt werden sollte, kommunale Themen einzubringen und damit zu gestalten.

Gleichwohl ist immer auch eine erhebliche Eigenbeteiligung für eine Projektfinanzierung erforderlich. Immer wieder werden z. B. übergeordnete Förderprogramme nicht ausgeschöpft, wenn die Eigenbeteiligung der Kommune nicht sichergestellt werden kann.

Ein weiterer wichtiger Aspekt ist die Tatsache, dass die Kommune mit Projekten auch am bzw. im Markt agiert. Ein Projekt sollte immer einen Nutzen für den Markt stiften und keine Konkurrenz zu laufenden Projekten von Marktteilnehmern darstellen. Darüber hinaus kauft die Wirtschaftsförderung zur Umsetzung eines Projekts Leistungen Dritter am Markt ein.

Für den Einkauf von Leistungen Dritter sind immer vergaberechtliche Grundsätze zu prüfen. Für das Auftragswesen der öffentlichen Hand sind mit den Vergabeordnungen gemäß VOB, VOL, VOF entsprechende Handlungsrahmen gesetzt. Bei einer

Projektorganisation in einer eigenständigen Rechtsform, und damit außerhalb der Verwaltung, ist die Eigenschaft als öffentlicher Auftraggeber zu prüfen. Selbst bei einer Verneinung dieser öffentlichen Auftraggebereigenschaft werden an eine von der öffentlichen Hand (mit)getragene Gesellschaft hinsichtlich der Auftragsvergabe Maßstäbe angelegt, die sich am öffentlichen Auftragswesen zumindest grundsätzlich zu orientieren haben. Eine beschränkte Ausschreibung ist bei allen größeren Beträgen durchzuführen und für kleinere Summen sind zumindest Vergleichsangebote einzuholen.

Bei Realisierung eines Projekts in Form einer Projektgesellschaft wird der Markt bzw. werden einzelne Marktteilnehmer direkt einbezogen. Neben der Wirtschaftsförderung oder Kommune können Unternehmen und Institutionen direkt als Mitgesellschafter beteiligt werden. Dies erfordert vom Projekt eine hohe inhaltliche Qualität und die Aussicht auf konkrete finanzielle oder ideelle Vorteile für beteiligte Unternehmen, da die Unternehmen grundsätzlich nur bereit sind zu investieren – hier in Form einer Projektbeteiligung – wenn für sie ein konkreter Nutzen erkennbar ist. Bei der Projektentwicklung ist deshalb der Nutzenfrage eine entsprechende Aufmerksamkeit zu widmen.

Insgesamt stellen Projekte einen Teil von Wirtschaftsförderung dar, der stark abhängt von der wirtschaftlichen Leistungsfähigkeit der Kommune. Aufgrund des bei Projekten grundsätzlich immer zu leistenden, oft nicht unerheblich finanziellen Aufwandes, muss sich der Aufwand an den finanziellen Restriktionen orientieren. In kleinen Kommunen kann es deshalb zu einer sehr engen Beschränkung auf wenige Projekte kommen. Wirtschaftlich starke Kommunen können auch größere Projektvolumina realisieren. Ergänzend zur finanziellen Grundlage ist auch die inhaltlich strategische Aufstellung der Kommune in Sachen Wirtschaftspolitik bzw. Wirtschaftsförderung eine weitere wesentliche Grundlage. Denn nur auf der Basis einer Strategie lassen sich Projekte inhaltlich einordnen und im Hinblick auf eine Abwägung hinsichtlich des Mitteleinsatzes positionieren. Für Entscheider muss erkennbar sein mit welchem finanziellen Volumen welche Zielsetzungen verfolgt werden.

Im Umkehrschluss können erfolgreiche Projekte auch eine Strategie festigen und/oder weiterentwickeln.

2.2.1 Projektaufbau und -umsetzung

Projekte können für unterschiedlichste inhaltliche Bereiche von Wirtschaftsförderung aufgesetzt werden und werden durch eine Arbeitshypothese eingeleitet. Diese kann auf der Grundlage einer eignen Strategie oder politischer Vorgaben erfolgen, sie kann aber auch durch Dritte in das Feld der Kommune und damit der Wirtschaftsförderung zugespielt werden, z. B. durch am Wirtschaftsleben beteiligte Institutionen.

Typische Arbeitshypothesen können sein:

- wir benötigen neue Gewerbeflächen
- wir wollen mehr für Existenzgründungen am Standort tun

- wir wollen die Innovationskraft der Unternehmen am Standort verbessern
- wir wollen Unternehmen am Standort auf neue Herausforderungen vorbereiten
- wir wollen Potenziale vorhandener Unternehmen und Einrichtungen besser nutzen

Um diese Arbeitshypothese für ein Projekt abzusichern und zu konkretisieren müssen die aktuelle Situation in dem bestimmten Themenfeld untersucht sowie potenzielle Wege zur Verbesserung dieser Situation geprüft werden. Diese Grundlagenarbeit führt dann zu einer konkreteren Projekthypothese.

Beispiele für denkbare Arbeitshypothesen in den unterschiedlichen Bereichen von Wirtschaftsförderung

- Infrastrukturbereich: Feststellung zu Ende gehender Gewerbeflächenreserven, was die Schaffung neuer Flächen notwendig erscheinen lässt.
- Existenzgründungsbereich: Feststellung, dass grundsätzlich oder auch in bestimmten Bereichen mehr für Existenzgründungen getan werden müsste, da die Quote von neu gegründeten Unternehmen in der Kommune gering ist.
- Technologie- und Innovationsbereich: Feststellung, dass die Rahmenbedingungen noch unterentwickelt sind – wenn auch nur im Vergleich mit anderen Standorten – und zu prüfen, mit welchen infrastrukturellen Verbesserungen die Situation positiv verändert werden könnte.
- Unternehmen im Umgang mit neuen oder innovativen Themen mit entsprechender Unterstützung besser zu erreichen, und so die Entwicklung des einzelnen Unternehmens wie ggfs. einer ganzen Branche stärken zu können, die letztlich die Wirtschaftskraft des Standorts erhöht.
- gesamtgesellschaftliche Themen, wie z. B. Demografische Entwicklung, deren Wirkung auf Unternehmen aufgegriffen werden muss, um konkrete Lösungsansätze eines praktikablen Umgangs zu erarbeiten, die ansässige Unternehmen in eine bessere Situation bringen.

Grundsätzlich wird in allen Projekten unterstellt, dass vorhandene Potenziale besser ausgeschöpft werden und längerfristig zu positiven Effekten für die lokale Wirtschaftskraft führen. Auf der Grundlage einer Analyse der Ist-Situation und einer theoretisch angenommenen Wirkung einer Maßnahme muss ein Projektziel definiert werden.

Die Zieldefinition für ein Projekt sollte dabei möglichst klar sein. An ihr wird sich das Projekt ggfs. schon bei Diskussionen mit den Entscheidern hinsichtlich eines Starts, aber später in jedem Fall hinsichtlich des Erfolgs, messen lassen müssen. Mit einer oder wenigen Erfolgszahlen quantifizierbare Ziele sind leicht zu kommunizieren und plakativ, werden aber bei hoher Komplexität der Situation zumeist nur bedingt gerecht. Es muss klar sein oder gemacht werden, dass nicht immer ein quantifizierbares Ziel definiert werden kann und qualitative Verbesserungen z. B. vielfach erst längerfristig positive Wirkungen entfalten können. Natürlich sind solche Ziele schwieriger zu kommunizieren und können in der Diskussion Probleme bereiten. Eine gute analytische Grundlage und eine

2.2 Projektarbeit

strategische Einordnung erleichtern die Zieldefinition wie auch Diskussion und Kommunikation gleichwohl.

Das Projektkonzept ist neben dem Projektziel ein ebenfalls zentrales Element. Hier werden die Ausgangssituation, also das Ergebnis der Analyse des Istzustandes, und die beabsichtigte Projektmaßnahme dargestellt. Die Projektmaßnahme ist inhaltlich detailliert zu beschreiben. Die Rahmenbedingungen, Projektbeteiligte und die Projektorganisation sind abzubilden. Ebenso gehört der Kosten- und Finanzierungsplan dazu. Bei der Finanzierung ist auch die Förderung zu prüfen und darzustellen. Nicht zuletzt ist die erwartete Erfolgswirkung aufzuzeigen. Ein Projektkonzept bedarf einer gründlichen Vorbereitung und ist die Grundlage für die Projektentscheidung.

Zusammengefasst sind die wesentlichen Elemente eines Wirtschaftsförderprojekts in der Aufbauphase:

- Arbeitshypothese auf einer strategischen Grundlage
- Analyse der Ist-Situation
- Maßnahme der Verbesserung der Ist-Situation
- Definition eines konkreten Projektziels
- Erstellung eines Projektkonzepts
- Finanzierungsbedarf und Finanzierungsmöglichkeiten
- Projektbeteiligte definieren
- Projektstart vorbereiten

Die Projektumsetzung erfolgt auf der Grundlage des Projektkonzepts sowie der Projektentscheidung. Nun gilt es, die Projektbeteiligten zusammen zu holen und die Projektorganisation zu realisieren. Dies kann ggfs. auch die Gründung einer Projektgesellschaft sein. Nach der organisatorischen Phase sind die erforderlichen operativen Schritte der Projektrealisierung einzuleiten. Dies können z. B. sein:

- Finanzierung sicher stellen
- Förderanträge stellen
- Ausschreibungen und Auftragserteilungen
- inhaltliche Schritte je nach Projekt

In der weiteren Projektumsetzung sind Meilensteine in der Überprüfung einzuplanen, um den erreichten Status mit dem Ziel abzugleichen. Je nach temporärem Zielerreichungsgrad wird das Projekt fortgesetzt, gemäß Planung oder auch mit zusätzlichen Anstrengungen in Bereichen, die von der Planung abweichend verlaufen.

Zum Projektabschluss ist eine Überprüfung der Zielerreichung erforderlich. Dies kann sich beziehen auf die Projektkalkulation nach Abrechnung der gesamten Maßnahmen aber auch auf sonstige quantitative oder qualitative Ziele gemäß der Zieldefinition. Bei Infrastrukturprojekten schließt sich dann die Betriebsphase, Verwaltungs- oder Vermarktungsphase an. Auch hier können weitere Ziele definiert werden, deren

Erreichungsgrad in festgelegten Zeitpunkten überprüft wird. Immer wieder muss auch bei Infrastrukturprojekten im laufenden Betrieb ein Nachsteuern möglich sein, angesichts der potenziell erheblichen finanziellen Verpflichtungen, die damit verbunden sind. Bei öffentlich geförderten Projekten aus EU-, Bundes- oder Landesprogrammen ist darüber hinaus auch ein Verwendungsnachweis der Mittel zu erbringen, der durch den Fördermittelgeber inhaltlich vorgegeben ist. Bei Entwicklungs- oder Pilotprojekten ist die Fortführung oder Verbreiterung des Ansatzes zu prüfen und zu entscheiden.

Zusammengefasst sind die wesentlichen Elemente eines Wirtschaftsförderprojekts in der Umsetzungsphase:

- Projektstart vollziehen
- Vergabe von Leistungen an Dritte
- Finanzierung sicherstellen
- Controlling erbrachter Leistungen ggfs. nachsteuern
- Ergebniskontrolle – Endabrechnung

Hinsichtlich der inhaltlichen Möglichkeiten sollen nachfolgend Entwicklungs-, Pilot- und Infrastrukturprojekte näher betrachtet werden. Events, als Element von Marketing, ebenso wie z. B. Datenbankprojekte sollen nicht hier sondern an anderer Stelle näher betrachtet werden. Die operative Umsetzung erfolgt in allen Fällen den vorstehend aufgezeigten methodischen Grundsätzen mit jeweils erforderlicher einzelfallspezifischer Anpassung.

2.2.2 Entwicklungsprojekte

Entwicklungsprojekte folgen einem klaren strategischen Ziel, die Entwicklung in einem bestimmten Bereich voranzutreiben. Typische Entwicklungsprojekte werden häufig aufgelegt, um die Entwicklung in einzelnen Branchen voranzutreiben. Sie sind damit Element einer Strategie, z. B. einer Clusterstrategie. Mit dem Entwicklungsprojekt wird dann ein bestimmter Aspekt in besonderer Weise unterstützt bzw. gefördert. Dies kann auch in anderen Bereichen wie z. B. der Gründungs-, Innovations- oder Ansiedlungsförderung erfolgen. Auch hier sind die Projekte Elemente der jeweiligen Strategie. Die Projekte können dabei auch Beratungsangebote unterstützen bzw. ausweiten und ergänzen. Nachfolgend einige Beispiele für Projekte:

Beispiele für Entwicklungsprojekte in unterschiedlichen Bereichen der Wirtschaftsförderung

Der relativ konkrete Fokus ist dabei ein wesentliches Kriterium.
- Branchenprojekte zur Erschließung von bestimmten Entwicklungspotenzialen
- Einsatz neuer Technologien
- Einsatz eines Technologieberaters

- Neue Formen der Zusammenarbeit für bestimmte Themen von Unternehmen in einer Wertschöpfungskette
- Hochschulausgründungen fördern, Gründungsberatung für Migranten
- Akquisitionsprojekte, Erschließen bestimmter Zielmärkte
- Entwicklungsprojekte für bestimmte Standortlagen
- Entwicklungsprojekte für Brachflächen
- Konzepte für unterschiedliche inhaltliche Bereiche

Entwicklungsprojekte können auch als Pilotprojekte gestaltet sein, um in einem bestimmten Bereich neue Möglichkeiten auszuprobieren, Erkenntnisse zu gewinnen und damit eine breitere Entwicklung anstoßen zu können. Diese Projekte haben vielfach einen Modellcharakter. Wenn die Ergebnisse eines Modellprojekts günstig ausfallen, gilt es, die Ergebnisse und wesentliche Erfolgsmomente festzuhalten und einer breiteren Fachwelt zugänglich zu machen, z. B. in Form eines Leitfadens. Im negativen Fall sind geeignete Konsequenzen einzuleiten. Anwendung finden Pilotprojekte häufiger in gesellschaftlichen Fragen, die auf Unternehmen einwirken und für die in Unternehmen Lösungen gesucht und umgesetzt werden. Sie ergänzen insofern auch Beratungsangebote, um in spezifischen Beratungsfeldern eine breitere Aktionsbasis und den Nutzen für mehrere Unternehmen realisieren zu können. Darüber hinaus sind Pilotprojekte häufig im Bereich der Beschäftigungsförderung anzutreffen.

Beispiele für Projektinhalte
- Familienfreundlichkeit, Vereinbarkeit von Familie und Beruf
- Lösungen für demografische Entwicklungen
- Verbesserung der Ausbildungsfähigkeit von Betrieben
- Möglichkeiten der Mitarbeitergewinnung
- Möglichkeiten der Mitarbeiterbindung
- Einführung von Zertifizierungen
- Gründungsangebote für bestimmte Zielgruppen: z. B. leer stehende Ladenlokale, Standorte für junge Künstler in einem spezifischen Stadtareal
- Start-UP Wettbewerbe
- erste Schritte auf Auslandsmärkten

Hier zeigt sich, dass relative konkrete Inhalte abgebildet werden, um ein Projekt beschreiben und konstruieren zu können.

Die Auswahl an Projektinhalten zeigt, dass Pilotprojekte durchaus häufiger in einem nächsten Schritt zu typischen Entwicklungsprojekten werden können und dann weiterentwickelt werden.

Projektbeispiele der Wirtschaftsförderung der Region Hannover im Bereich der Beschäftigungsförderung

In Beschäftigung wurden über viele Jahre sehr erfolgreich zahlreiche Projekte umgesetzt. Sie haben oft Pilotcharakter, um damit die Basis für Weiterentwicklung zu bieten, sei es durch Nachahmung oder durch Übertragung auf neue Felder oder Fragestellungen. Einige Projekte sind auch Bausteine in längeren Ketten von Projekten, die Inhalte und Fragestellungen intensiver und in mehreren Facetten abarbeiten.

http://www.wirtschaftsfoerderung-hannover.de/Wirtschafts-und-Beschäftigungsförderung/Beschäftigungsförderung/Fachkräfteentwicklung.

Ein Projektbeispiel mit externer Projektleitung: http://www.robini-hannover.de/projekt/projektleitung/.

Das Faltblatt für das Projekt Fit-for-women, siehe Abb. 2.14, gibt eine Übersicht über Projektstruktur und Projektziele.

Abb. 2.14 Projektbeispiel aus der Beschäftigungsförderung

Für alle Projektentwicklungen gilt es nach guten Beispielen an anderen Standorten zu schauen. Bewährtes kann so für eine Projektgestaltung übernommen und auf die konkreten Verhältnisse vor Ort angepasst integriert werden. Dies kann zu erheblichen Zeit- und Kostenersparnissen führen.

Darüber hinaus ist für eine Projektentwicklung immer wieder eine Arbeit in vorhandenen und neu zu entwickelnden Netzwerken ein wichtiger Aspekt. Bei all diesen Entwicklungsprojekten muss die Wirtschaftsförderung zur Projektentwicklung Unternehmen als Nutzergruppe für das jeweilige Projektziel zusammenholen, um ein marktgerechtes Projektkonzept mit einem konkreten Nutzen zu definieren. Hierdurch entstehen bzw. festigen sich immer wieder spezifische Unternehmensnetzwerke, die für die weitere Arbeit der Entwicklung bestimmter Wirtschaftsbereiche wichtig sind. Darüber hinaus sind ggf. neue Partner für die Entwicklung oder Übertragung einer Projektkonzeption erforderlich. Das können Fachfirmen, die bestimmte Konzepte entwickeln, sein, ergänzt um ggf. Kollegen aus anderen Standorten, die vergleichbare Konzepte umgesetzt haben. Daneben müssen zur Projektrealisierung auch Partner aus vorhandenen Netzwerken von Institutionen hinzugezogen werden, um Projekte vor Ort erfolgreich zu platzieren, d. h. andere Institutionen, z. B. Kammern zu integrieren statt konkurrierende Angebote zu schaffen, zusätzliche Vertriebskanäle und Promotoren zu gewinnen, Finanzierungspartner mit ins Boot zu holen.

2.2.3 Infrastrukturprojekte

Infrastrukturprojekte sind klassische Elemente sehr vieler Wirtschaftsförderstrategien und -einrichtungen.

Darunter fällt u. a. die Entwicklung von Raumangeboten für die Wirtschaftsentwicklung in unterschiedlichen Facetten. Hierzu werden vielfach auch kommunale Gesellschaften gegründet, die dann später auch als Betreiber dieser Infrastrukturen auftreten:

- Entwicklung von Gewerbegebietsflächen
- Nachnutzung oder Umnutzung von leer stehenden Liegenschaften
- Gründungszentrum
- Technologiezentrum
- Handwerkerhof

Beispiele

Gewerbegebietsentwicklung durch die HRG Hannover-Region Grundstücksgesellschaft mbH & Co. KG, Beteiligungsunternehmen der Region Hannover und der Sparkasse Hannover, ist eine typische Ausprägung von Infrastrukturentwicklung im Rahmen von Wirtschaftsförderung. Ähnlich wie in der Kommune selbst erfolgt hier in eigenständiger Rechtsform und enger Kooperation mit den Kommunen die Flächenbevorratung und -entwicklung.

http://www.hrg-online.de/gewerbe.html.

Technologie- und Gründerzentren in der Region Hannover werden ebenfalls über eine gemeinsame Beteiligungsgesellschaft von Landeshauptstadt Hannover und Region Hannover, hannoverimpuls GmbH, realisiert und betrieben.

http://www.wirtschaftsfoerderung-hannover.de/Unternehmens%C2%ADservice/Ansiedlung-und-Standortsuche/Technologie-und-Gr%C3%BCndungszentren.

Unterschiedliche Realisierungsvarianten für Technologie- und Gründerzentren als Neubau oder als Sanierungs- und Nachnutzungsprojekt einer alten Gewerbeimmobilie, siehe Abb. 2.15 und 2.16, können dabei auch für die Ausrichtung des Zentrums für eine spezifische Zielgruppe stehen.

Daneben steht die Entwicklung von spezifischen Verkehrsinfrastrukturen. Teilweise sind diese Themen auch in städtischen Gesellschaften organisiert, die dann auch Betreiber dieser Anlagen sind:

- Schienenausbau, z. B. Industriestammgleise, Entwicklung von Güterverkehrszentren (GVZ)
- Wasserstraßenausbau, Hafenbetrieb

Abb. 2.15 Wirtschaftsförderung Hannover, Technologiezentrum Marienwerder

Abb. 2.16 Wirtschaftsförderung Hannover, Halle 96 – Zentrum für Kreative

- Flugverkehrsentwicklung, Flughafenbetrieb
- Nahverkehrsentwicklung, z.B. Streckenausbau

Neben diesen klassischen Infrastrukturbereichen ist die Kommunikationsinfrastruktur der Standorte zu einem relevanten Themenfeld geworden. Der Zugang zur „Datenautobahn" und die Frage nach den Datenmengen sind wichtige infrastrukturelle Größen, die für Unternehmen von entscheidender Bedeutung sind. Um Versorgungsengpässe in den Griff zu bekommen und hier Verbesserungen gestalten zu können, haben in der jüngeren Zeit viele Wirtschaftsfördereinrichtungen Projekte zum Ausbau der Kommunikationsinfrastruktur und Breitbandversorgung für unterversorgte Gebiete gestartet bzw. durchgeführt. Die Einrichtung von Breitbandverfügbarkeit sowie von Orten der Kommunikation ist zu einer wesentlichen Herausforderung geworden, der sich die Kommunen stellen müssen, um ihre Attraktivität zu steigern (Habbel 2010, S. 4).

Ebenfalls unter Infrastrukturausbau können Projekte fallen, die eine ergänzende wirtschaftspolitische Bedeutung haben, z. B. aus den Bereichen Event, Sport. Auch hier werden zu Projektstarts häufig neue Gesellschaften gegründet, teilweise auch in ppp-Format. Ansonsten sind die Betreiber häufig kommunale Gesellschaften, die als Partner oder Teil der Wirtschaftsförderung aufgestellt sind:

- Sportstätten wie große Fußballstadien,
- Eventstätten, z. B. Stadthallen
- Messeanlagen

Für alle Projekte auch der Infrastrukturentwicklung müssen zur Projektrealisierung immer wieder passende Partner und Netzwerke aktiviert werden. Das kann in der Planungsphase sein, wo z. B. potenzielle Nutzergruppen zusammengeführt werden müssen, um Bedarfe zu definieren und abzusichern, ergänzt um Fachplaner, die für festgestellte Bedarfe geeignete Umsetzungskonzepte entwickeln. Es sind im Weiteren Finanzierungspartner, insbesondere aus dem Bereich öffentlicher Finanzierungshilfen und Fördermittel. Die Wirtschaftsförderung als Projektsteuerer muss also immer wieder auch neue Partnernetzwerke aufbauen, um Infrastrukturprojekte erfolgreich initiieren und realisieren zu können.

2.3 Grundlagenarbeit

Die Grundlagenarbeit der Wirtschaftsförderung ist eine wichtige und zentrale Funktion. Sie bildet die Basis für die Strategie sowie die inhaltliche Ausgestaltung der Wirtschaftsförderungseinheit und ist damit eine Querschnittsfunktion. Kenntnisse über den Standort einerseits, Kenntnis über die Themen, die die Wirtschaft und damit auch die Wirtschaftsförderung bewegen sowie die Auseinandersetzung mit notwendigen Arbeitsgrundlagen, um eine effiziente Arbeitsgestaltung grundsätzlich abbilden zu können, sind Anforderungen, der sich jede Wirtschaftsförderung stellen muss.

Die konkrete Ausgestaltung ist dabei sicherlich abhängig von Größe und Ressourcenausstattung der Wirtschaftsförderungseinheit. Auch stellt sich hier immer wieder die Frage, ggfs. externe Fachkompetenz für bestimmte Arbeitsschritte ein zu beziehen. Eine Grundkompetenz sollte gleichwohl in der Wirtschaftsförderung vorhanden sein.

Die Grundlagenarbeit lässt sich in drei wesentliche inhaltliche Elemente unterteilen:

- regionalwirtschaftliche Analyse
- Themen- und Trendanalyse
- Entwicklung und Pflege organisatorischer Grundlagen

Eine Sonderform sind darüber hinaus Konzepte, die inhaltlich regionalwirtschaftliche Aspekte, Themen- und Trendinhalte spezifisch kombinieren und damit eine Grundlage für weitergehende inhaltliche Maßnahmen sind. Gleichzeitig werden Konzepte operativ in Projektform erarbeitet. Demgegenüber ist Grundlagenarbeit zumeist eine laufende und oder wiederkehrende Tätigkeit.

2.3.1 Regionalwirtschaftliche Analyse

Die regionalwirtschaftliche Analyse ist zunächst zu verstehen als gesammeltes Wissen über die Situation am Standort. Diese Aufgabe der Wirtschaftsförderung bedeutet, dass diese den Wirtschaftsstandort beschreiben bzw. charakterisieren kann und dies für unterschiedliche Zielgruppen, z. B. ansässige Unternehmen oder anzusiedelnde Unternehmen. Gleichzeitig stellt dieses Wissen auch die Grundlage für eine wirtschaftspolitische Diskussion dar, verwaltungsintern wie auch Institutionen übergreifend.

Mit diesem Blickwinkel muss die Wirtschaftsförderung Daten aufnehmen und zu folgenden Fragestellungen verarbeiten:

- welche wesentlichen Merkmale prägen den Wirtschaftsstandort?
  - Wirtschaftsstruktur, d. h. u. a. welche wesentlichen Branchen,
  - relevante Unternehmen,
  - relevante Institutionen,
  - gesamte Stärke als Wirtschaftsstandort im Vergleich und größeren regionalen Rahmen,
- gibt es eine prägnante Kurzformel, Kurzbeschreibung, die den Wirtschaftsstandort charakterisiert?
- welche am Standort ansässigen bzw. für den Standort zuständigen Institutionen bieten ihre Leistungen für die Unternehmen am Standort und prägen damit die wettbewerbliche Situation für Aktivitäten der Wirtschaftsförderung?

2.3 Grundlagenarbeit

Auf der Grundlage dieser Datensammlung lassen sich erste inhaltliche Festlegungen für die Wirtschaftsförderung treffen. Auch eine erste grobe strategische Ausrichtung kann auf dieser Grundlage begonnen werden.

Im Hinblick auf Unternehmen und deren Informationsbedarfe zum Standort müssen darüber hinaus Daten zum Standort als Arbeits- und Lebensraum zusammengetragen werden. Diese müssen wesentliche Merkmale des Standortes für Firmeninhaber, Beschäftigte und ihre Angehörigen hinsichtlich ihrer persönlichen Standortwahl erkennen lassen, die im Zusammenhang mit einer Standortentscheidung eines Betriebes wichtig sind. Ein Übergang zu touristisch geprägten Informationen besteht ebenso wie zu Aspekten des Standortmarketing insgesamt. Relevante Daten diesbezüglich sind:

- Bildungsinfrastrukturen, z. B. Schulen, Kitas, Hochschulen, Weiterbildungseinrichtungen,
- Verkehrsinfrastrukturen,
- Kosten des Wohnens,
- Gesundheitsinfrastrukturen, z. B. Krankenhaus, ärztliche Versorgung,
- Versorgungs- und soziale Infrastrukturen, v. a. Shopping,
- Kultur- und Freizeitinfrastruktur, wie Theater, Kino, Sportstätten und -vereine, Events, Gastronomie, Szene, Umgebung.

Grundsätzlich müssen all die vorstehend genannten Daten regelmäßig aktualisiert und fortgeschrieben werden. Hieraus entstehen grundsätzliche organisatorische Anforderungen an die Wirtschaftsförderung, wie diese Daten verarbeitet werden. Für das Erheben und Pflegen dieser Daten dienen:

- vorhandene Unterlagen
- vorhandene Standortgutachten/-analysen
- Statistiken auf unterschiedlichen Ebenen (Land, regional, kommunal)
- Gespräche mit Institutionen
- Gespräche mit Unternehmen
- Presseberichterstattung und -auswertung

Mit dieser Datenbasis erhält die Wirtschaftsförderung auch die erste Grundlage für eine operative Ausgestaltung ihres Tätigkeitsspektrums.

- Ansprechpartner in Institutionen wie ggfs. bei anderen Unternehmen sind benannt für die Funktion als Kümmerer und Lotse für ein Vielfalt an Fragen von Unternehmen;
- Netzwerke von Unternehmen wie auch von Institutionen können aufgebaut werden;
- Projekte mit Unternehmensbeteiligung können damit organisatorisch entwickelt werden.
- Wirtschaftliche Schwerpunkte genauso wie bestimmte Schwächen am Standort werden erkennbar.
- Erste Defizite in unterschiedlichen Bereichen können festgestellt werden.

Eine deutliche qualitative Verbesserung kann dieses regionalwissenschaftliche Knowhow erfahren durch aktuelle Analysen zu den unterschiedlichen, den Wirtschaftsstandort betreffenden Themen. Dies können sein:

- eine allgemeine Standortanalyse mit entsprechenden Perspektiven und Handlungsempfehlungen,
- branchenspezifische Analysen mit entsprechend spezifizierten Handlungsempfehlungen,
- Untersuchungen zu einzelnen Infrastrukturbereichen, wie z. B. eine Gewerbeflächenanalyse oder zu sonstigen Wirtschaftsinfrastrukturmerkmalen wie z. B. Gründungsinfrastrukturen,
- Unternehmensbefragungen zu strukturellen Daten und standortspezifischen Fragen.

Der Bedarf an derartigen weitergehenden Untersuchungen entsteht vielfach im Rahmen einer Auseinandersetzung um die weitere Ausgestaltung von Wirtschaftsförderung wie auch durch aktuelle Entwicklungen, die einen Handlungsbedarf auslösen. Auf der strategischen Ebene wie auch auf der operativen Ebene kann dann eine weitere Konkretisierung von Handlungsfeldern, wie z. B. Projekten erfolgen.

Organisatorisch ist dabei immer zu prüfen, ob diese Aufgaben mit eigenen personellen Ressourcen abgewickelt werden können oder ob es einer Leistungserbringung durch externe Fachleute bedarf. Hierbei sind unter Ressourcenaspekten auch Kooperationen mit den relevanten Wirtschaftsinstitutionen zu prüfen, die ähnlich oder gleich gelagerte Informationsbedürfnisse haben und insofern für eine gemeinsame Beauftragung gewonnen werden können:

- Bsp. Standortanalyse
- Bsp. Wirtschaftspolitisches Handlungskonzept
- Bsp. standortbezogener Branchenreport
- Bsp. Beschäftigungsmonitoring ggf. branchenbezogen

Für eine Vergabe an einen fachlich geeigneten Dienstleister ist sowohl eine klare Aufgabendefinition erforderlich wie auch auf eine vergaberechtlich regelkonforme Beauftragung zu achten.

Beispiel eines Auftrages für einen kommunalen Wirtschaftsreport

Der Auftrag soll ein umfassendes Bild über die Gegebenheiten des Wirtschaftsstandortes wie auch seine Entwicklungspotenziale und konkrete Umsetzungsanleitungen geben.
Wesentliche Aspekte sind:

- Ein umfassendes Briefing für Wirtschaftsreport, in dem alle gewünschten Erkenntnisse definiert werden und so ein Arbeitsprogramm umrissen wird.

2.3 Grundlagenarbeit

- Eine Marktabfrage, wobei hier die Kompetenz und Leistungsfähigkeit der potenziellen Dienstleister ausschlaggebend sind. Im Ergebnis werden hiermit Erkenntnisse gewonnen, welcher Anbieter zu welchen Konditionen und in welchen Zeiträumen tätig werden könnte.
- Eine vergleichende Auswertung der Angebote. Dabei müssen die Kriterien der Vergabe im Vorfeld definiert werden, z. B. der Preis aber auch andere Aspekte wie z. B. Zuverlässigkeit, Fachkunde, Umsetzungszeitraum oder anderes mehr.
- Die abschließende Beauftragung mit definierten Kosten und Leistungszielen.

Eine andere Ausprägung regionalwirtschaftlicher Analyse durch die Wirtschaftsförderung ist eine regelmäßige z. B. jährlich aktualisierte Fortschreibung zu bestimmten Themen oder Kenndaten. Hierfür können entsprechende Ressourcen vorausschauend eingeplant werden. Vielfach erfolgt eine derartige Fortschreibung auch in Netzwerken, für die diese aktualisierten Daten einen konkreten Nutzen stiften. Hierzu müssen ggf. z. B. statistische Daten extern erworben werden.

Typische Beispiele reichen von zu aktualisierenden regionalen Kenndaten, jährlichem Gewerbeflächenmonitoring, bis zu entsprechender Immobilienstandortanalyse oder jährlicher Wirtschaftsstrukturanalyse.

> **Beispiele der Wirtschaftsförderung der Region Hannover**
>
> Die Wirtschaftsförderung der Region Hannover hat in den vergangenen Jahren einige Publikationen entwickelt und erfolgreich am Markt platziert. Im Lauf der Jahre wurden diese Publikationen immer wieder weiter entwickelt auf der Grundlage von Erfahrungen und Anforderungen aus dem Nutzerkreis.
> **Gewerbeflächenmonitoring** (siehe Abb. 2.17).
> **Immobilienmarktbericht** (siehe Abb. 2.18).
> **Faktensammlung zur Region Hannover** (siehe Abb. 2.19).
> **Fachkräftemonitoring** (siehe Abb. 2.20).

Ein weitere Form regionalwirtschaftlicher Analyse stellen sehr stark auf Aktualität abstellende Formate, wie Newsletter der Wirtschaftsförderung dar, die je nach Erscheinungshäufigkeit aktuelle Informationen zum Standort, zu Unternehmen und Projekten der Wirtschaftsförderung für die Zielgruppe Unternehmen zusammenstellen. Newsletter werden dabei in klassischer Printform aber zunehmend als Internetformat realisiert.

Die Übergänge von der Datenanalyse zum Marketing sind bei diesen Publikationen fließend. Teilweise werden diese Formate auch für die Standortvermarktung eingesetzt. Der Newsletter dient neben dem Informationsaspekt für die Unternehmen auch dem Eigenmarketing der Wirtschaftsförderung.

Abb. 2.17 Gewerbeflächenmonitoring Region Hannover

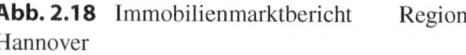

Abb. 2.18 Immobilienmarktbericht Region Hannover

Abb. 2.20 Fachkräftemonitoring Region Hannover

Abb. 2.19 Trends & Fakten Region Hannover

2.3 Grundlagenarbeit

> **Beispiel: Newsletter der Wirtschaftsförderung der Region Hannover**
> Erst nach sehr gründlicher Vorbereitung und klarer Definition des Anspruchs und der Realisierbarkeit wurde dieses anspruchsvolle Projekt gestartet. Fachpersonal und eine breite Vernetzung waren dabei unabdingbare Voraussetzungen, um das vorliegende Werk mit mehreren Ausgaben pro Jahr zu starten und inzwischen seit mehreren Jahren auch konstant umsetzen zu können.
> http://web.inxmail.com/region-hannover/archiv.jsp?mail=468&c=display.

Eine Sonderform regionalwirtschaftlicher Analyse sind dialogbasierte Formate im Internet. Hier stellen Unternehmen in einem von der Wirtschaftsförderung zur Verfügung gestellten Rahmen eigene Informationen und auch Anfragen ein. Dies erfordert sehr klare Vorstellungen über wesentliche Inhalte, die für ein Thema zur Verfügung gestellt werden müssen, um eine hilfreiche Dialogmaske inhaltlich gestalten zu können. Darüber hinaus ist technischer Sachverstand erforderlich, der in der Regel extern zukauft werden muss. Ergebnis kann z. B. eine Technologiedatenbank sein, in die sich Unternehmen eintragen, mit einer Betriebsbeschreibung, wie auch einer konkreten Anfrage zu einem bestimmten Thema, wie z. B. der Suche nach Kooperationspartnern für ein bestimmtes Projekt.

2.3.2 Themen- und Trendanalyse

Die Themen- und Trendanalyse ist der zweite wesentliche inhaltliche Grundlagenbereich. Hierunter soll ganz allgemein das gesammelte Wissen über aktuelle Themen und Trends verstanden werden, die die Wirtschaft insgesamt bzw. einzelne Branchen bzw. Unternehmensgrößenklassen betreffen. Es gilt, ein Bild für die Situation von Unternehmen und Branchen zu entwickeln und zu aktualisieren, um als Wirtschaftsförderung auch über relevante Themen mit Unternehmen sprechen zu können bzw. im Dialog entsprechenden Bedarf näher abprüfen zu können. So findet die Wirtschaftsförderung auch Anerkennung als Gesprächspartner. Im Weiteren stellt dies auch die Grundlage für eine fachliche Diskussion mit relevanten Institutionen und der Entscheidungsebene in Verwaltung und Politik dar, um die strategische und inhaltliche Ausrichtung von Wirtschaftsförderung auch über Themen vorantreiben zu können.

Die wesentlichen Themen- bzw. Trendbereiche sind dabei:

- Branchentrends, d. h. welche Entwicklungen finden in bestimmten Branchen statt und welches sind die wesentlichen bestimmenden Faktoren,
- welche Branchen entwickeln sich besonders dynamisch und was sind die Voraussetzungen für diese Dynamik,
- welche wesentlichen betriebswirtschaftlichen Themen, die einen Zusammenhang zum Tätigkeitsspektrum der Wirtschaftsförderung haben, sind relevant für die Unternehmensentwicklung,
- welche gesellschaftlichen Themen entfalten eine betriebswirtschaftliche Relevanz.

Hier gilt es, einen grundsätzlichen Überblick zu bekommen und ihn auch auf dem aktuellen Stand zu halten.

Die wesentlichen Quellen für dieses Fachwissen sind:

- Wirtschaftsteil der Tageszeitung
- Fachmedien und Fachartikel
- spezifische Branchenuntersuchungen
- Untersuchungen, Analysen zu relevanten gesellschaftlichen Themen
- Austausch mit Fachleuten, Fachinstitutionen
- Fachkongresse und Seminare
- Austausch mit den ansässigen Unternehmen
- Unternehmensbefragungen

Der Austausch und die Recherche in einer Vielfalt von Quellen sind allerdings sehr zeitaufwendig und müssen insofern in einem vertretbaren Aufwand-Nutzen-Verhältnis verfolgt werden. Hierbei ist vor allem zu beachten, dass die Themen und Trends einer steten Veränderung unterliegen. Eine tiefgründigere Beschäftigung mit Themen und Trends wird sich auf wenige Ausnahmen beschränken, für viele Bereiche muss ein Überblickswissen ausreichen, das fallbezogen nachverdichtet werden kann, wenn ein Thema doch mehr Intensivierung erfordern sollte.

Dies heißt auch, Themen müssen ggfs. zügig in Angriff genommen werden, damit für die Unternehmen vor Ort ein konkreter Nutzen durch entsprechende Maßnahmen realisiert werden kann.

Eine Dokumentation ist grundsätzlich sinnvoll, allerdings muss diese genauso wie bereits die Recherche auf eine praktikable Dimension beschränkt werden.

Themen- und Trendanalyse ist also eine sinnvolle und Erfolg versprechende Grundlage, die Strategie und das Tätigkeitsprofil der Wirtschaftsförderung zu definieren. Profilierte Beratungsangebote und Projekte mit einem konkreten Nutzen erhöhen die positive Akzeptanz bei der primären Zielgruppe von Wirtschaftsförderung, den Unternehmen. Für die Umsetzung muss die Wirtschaftsförderung auch im Austausch mit den lokal bzw. regional vertretenen bzw. agierenden Institutionen, wie z. B. den Kammern, Verbänden und der Wissenschaft herausfinden, welche Themen von welcher Organisation bereits in welcher Tiefe bearbeitet werden und wo noch Lücken zu füllen sind. Die Gegenprobe kann durch eine Unternehmensbefragung im Einzelfall erfolgen.

Diese Aktivitäten der anderen Institutionen akzeptierend kann der eigene Rechercherahmen eingeschränkt werden. So beschränkt sich die Branchenbeobachtung auf ganz wenige, für den Standort und die Wirtschaftsförderung relevante Branchen, für die die Wirtschaftsförderung tatsächlich mehr tun will und kann, um die Potenziale noch besser zu nutzen und weiter zu entwickeln.

2.3 Grundlagenarbeit

Beispiele: Leitbranchen für die Wirtschaftsförderung in der Region Hannover

Leitbranchen werden intensiver untersucht angesichts ihrer Relevanz für die Standortentwicklung. Neben einer Status-Quo-Analyse geht es dabei immer auch um die Entwicklungspotenziale und Handlungsempfehlungen, diese zu fördern. Diese Untersuchungen können als umfassender Report über den Standort erfolgen, hier dem Wirtschaftsreport für die Region Hannover, oder als einzelner spezifischer Branchenreport. Die Analysen müssen alle paar Jahre aktualisiert werden, um auch Veränderungen feststellen zu können (siehe Abb. 2.21).

Informationen über die Clusterbranchen der Wirtschaftsförderungsgesellschaft hannoverimpuls GmbH, die speziell zur Umsetzung des Clusteransatzes in der Region Hannover von der Landeshauptstadt und der Region Hannover gegründet wurde:

http://www.wirtschaftsfoerderung-hannover.de/hannoverimpuls/Zukunftsbranchen.

Der Logistiksektor wurde ergänzend dazu von der Wirtschaftsförderung der Region Hannover vorangetrieben (siehe Abb. 2.22).

Bei der Beobachtung besonders dynamischer Branchen muss stets die Relevanz für den eigenen Standort und seine Möglichkeiten im Auge behalten werden. Ohne eine entsprechende Basis vor Ort ist eine erfolgreiche Branchenentwicklung kaum möglich. Insbesondere bei sogenannten Modebranchen, die entsprechend der aktuellen Diskussion für

Abb. 2.21 Wirtschaftsreport Region Hannover

Abb. 2.22 Logistikbranchenreport Region Hannover

eine regionale Entwicklung besonders attraktiv sind, gilt es die örtlichen Voraussetzungen gut zu prüfen. Zusätzliche inhaltliche Energien und auch finanzielle Ressourcen sollten nur auf der Grundlage einer fundierten Analyse der Entwicklungschancen am Standort in Angriff genommen werden. Hier hat die Grundlagenarbeit der Wirtschaftsförderung eine wichtige Steuerungsfunktion.

Bei der Analyse von betriebswirtschaftlich relevanten Themen, können Grundlagen für Projekte und/oder Beratungsinhalte gefunden werden. Gleichwohl ist die Eingrenzung hier grundsätzlich am größten. Die Wirtschaftsförderung ist in diesem weiten, aber auch stark besetzten Feld des Beratungsmarktes ein Player mit einem begrenzten Wirkungskreis. Neue Angebote sollten dabei immer mit den Angeboten von Kammern und spezifischen Consultingunternehmen abgeglichen werden, um erfolgreich platziert zu werden. Nischen und Lücken im Angebot müssen aufgedeckt werden, um nicht in den Wettbewerb zu treten und ordnungspolitische Diskussionen loszutreten. Vor allem im Beratungsbereich gilt es den Nutzen einer Tätigkeit der Wirtschaftsförderung herauszukristallisieren. Vielfach wird eine Kooperation mit anderen Institutionen erforderlich sein, um ein Angebot platzieren zu können.

Im Projektbereich gibt es demgegenüber bei gesellschaftlichen Entwicklungen mit Wirtschaftsbezug häufiger Anknüpfungsmöglichkeiten für die Wirtschaftsförderung. Auch hier gilt es Themen herauszufiltern und so aufzubereiten, dass eine Unterstützung durch die öffentliche Hand auch von anderen Marktspielern zumindest grundsätzlich begrüßt wird. Die Themen liegen dabei vielfach in Überschneidungsbereichen mit anderen Politikfeldern:

- Bsp. Demografischer Wandel und Fachkräftesicherung,
- Bsp. Bessere Integration der Frau in die Arbeitswelt
- Bsp. Ausbildungsförderung in einem angespannten Markt hoher Jugendarbeitslosigkeit, Übergang Schule und Beruf,
- Bsp. für neue Themen wie offene Hochschule – wie können Unternehmen davon wirklich profitieren.

Dies sind heute typische Themen in der Wirtschaftsförderung. In der Wirtschaftsförderung der Region Hannover werden diese seit inzwischen rund 10 Jahren verfolgt und mit zahlreichen, unterschiedlichen Projektmodulen vorangetrieben.

> **Beispiel : Demografischer Wandel und Fachkräftemangel**
> In den letzten Jahren ist der demografische Wandel zu einem sehr wichtigen Thema für die Wirtschaftsförderung geworden angesichts der vielfältigen Auswirkungen auch auf Arbeitsmarkt und Wirtschaftsentwicklung. Eine konkrete Umsetzung kann die Erhebung und Fortschreibung eines analytischen Datenkranzes sein, z. B. im Form eines Demografiereports (siehe Abb. 2.23).
> http://www.wirtschaftsfoerderung-hannover.de/en/Downloads/%28offset%29/60.

2.3 Grundlagenarbeit

Abb. 2.23 Demografiereport Region Hannover 2020

2.3.3 Best-Practice

Die Best-Practice-Analyse ist weitere wichtige methodische Vorgehensweise zur Umsetzung neuer Aufgaben und Inhalte in der Wirtschaftsförderung. Hier gilt es zu recherchieren, welche Wirtschaftsförderungseinrichtung hat für ein bestimmtes Thema bereits Lösungen entwickelt und durchgeführt. Im Austausch mit der entsprechenden Einrichtung sowie ggfs. anderen Stimmen am Standort kann man auf der Grundlage einer umgesetzten Realisierung

- wesentliche Eckpunkte des Projekts oder der Leistungserbringung,
- Vor- und Nachteile bestimmter Elemente und Ausprägungen,
- grundsätzliche Rahmenbedingungen wie Ressourcendimension, Rechtsform,
- pro und contra in der Diskussion,

abklären und damit eine wichtige Grundlage für die eigene Projektgestaltung gewinnen. Mit diesen sehr konkreten Erkenntnissen und Informationen kann man die eigene Umsetzung sehr gut voranbringen. In der Umsetzung können so viele Fallstricke und Probleme vermieden bzw. besser umschifft werden. Indem man mehrere andere Projekte analysiert, kann das Beste aus jedem dieser Projekte für die eigene Projektentwicklung verbunden werden.

Darüber hinaus lässt sich so zügiger eine gute Struktur für das eigene Projekt finden und man kann sich auf Verbesserungen bzw. spezifische Ausgestaltung auf der Grundlage der Spezifika vor Ort konzentrieren.

2.3.4 Konzepte

Konzepte sind in der Wirtschaftsförderung eine weiterentwickelte Form, standortrelevante und themenrelevante Inhalte in einer zielgerichteten Analyse und Handlungsanleitung zu verknüpfen. Konzepte, haben in ihrer operativen Umsetzung meist den Charakter eines Projekts, stellen inhaltlich wie auch strategisch aber eine Arbeitsgrundlage dar.

Das Konzept in der Wirtschaftsförderung beruht zumeist auf der Feststellung einer bestimmten Ist-Situation und der ebenso festgestellten Erforderlichkeit, eine Verbesserung herbeiführen zu müssen. Grundsätzlich geht es hierbei meist um komplexe Situationen, die nicht durch eine einfache Maßnahme gelöst werden können. Vielmehr wird bereits im Vorfeld erkennbar, dass ein Bündel an Maßnahmen realisiert werden muss bzw. auch zeitlich ein längerer Zeitraum für die Realisierung von Veränderungen mit einer entsprechenden Ressourcenbindung erforderlich sein wird.

Konzepte haben angesichts ihrer zeitlichen und inhaltlichen Größe oft eine strategische Relevanz für die Wirtschaftsförderung bzw. sind maßgeblicher Teil einer Gesamtstrategie. Sie stellen für bestimmte Themen eine Konkretisierung für eine operative Umsetzung in der Wirtschaftsförderung dar.

Der Ausgangspunkt für ein Konzept ist ein klar formulierter und inhaltlich abgesicherter Veränderungs- oder Steuerungsbedarf. Dementsprechend muss ein Konzept ein konkretes Ziel verfolgen. Dieses Ziel des Konzepts muss gleichzeitig auch ein strategisches Ziel der Wirtschaftsförderung sein. Darüber hinaus muss das Konzept einen konkreten Nutzen stiften, der für die kommunale Wirtschaftspolitik von Relevanz ist.

Beispiele sind:

- Branchenentwicklungskonzept
- Existenzgründungskonzept
- Logistikflächenkonzept
- Einzelhandelskonzept
- Servicekonzept

Basis für ein Konzept ist immer eine umfassende thematische Analyse, die durch eine standortbezogene Analyse zu diesem Thema ergänzt wird. Ein bestimmtes Thema wird also auf der Standortebene in seiner konkreten Ausprägung untersucht.

2.3 Grundlagenarbeit

Ausgangspunkt sind also inhaltliche Aspekte, Trends oder die aktuelle Situation bzw. Aufstellung in einem Thema, die eine Veränderung der bisherigen Bearbeitung des Themas notwendig oder sinnvoll erscheinen lassen, um insgesamt besser aufgestellt zu sein und mehr in diesem Thema zu erreichen.

Bezogen auf die Beispiele könnte das heißen:

- die für den Standort relevanten oder entwicklungsfähigsten Branchen sind in besonderer Weise zu unterstützen und in ihrer Entwicklung bestmöglich zu fördern, um so ihre Potenziale für die gesamte Entwicklung bestmöglich zu nutzen.
- Existenzgründungen sind ein maßgeblicher Hebel, die Wirtschaftsstruktur weiter zu entwickeln, deshalb müssen wir alles tun, um mehr Existenzgründungen am Standort zu realisieren.
- Nachdem die Flächen für den Logistiksektor knapp werden, müssen die Grundlagen für eine weitere Flächenentwicklung für den Standort gelegt werden, damit sich der Logistiksektor auch zukünftig gut entwickeln kann
- Für den Einzelhandel muss angesichts zahlreicher struktureller Veränderungen in der Branche ein Rahmen geschaffen werden, damit die Kommune auch zukünftig für verschiedene Betriebsformen und unterschiedliche Standorte ausgewogene Entwicklungsmöglichkeiten bietet.
- Um bei zunehmendem Wettbewerb als Standort für die Unternehmen auch zukünftig attraktiv zu bleiben, muss der Service der Wirtschaftsförderung inhaltlich wie auch organisatorisch weiterentwickelt werden.

Als Basis ist zunächst eine inhaltlich thematische Analyse erforderlich, die die Relevanz des Themas absichert.

Bezogen auf die Beispiele würde das heißen:

- Wie stark kann Wirtschaftsförderung die Entwicklung von Branchen und damit Unternehmen, die kommunale Entwicklung beeinflussen? Welche Entwicklungstrends haben spezifische Branchen?
- Wie wichtig sind Existenzgründungen für die kommunale Entwicklung und was kann Wirtschaftsförderung dafür tun?
- Welche Bedeutung hat die Flächenverfügbarkeit für den Logistiksektor?
- Welche Veränderungen erfolgen im Einzelhandel und welche Folgen bringen diese für ihre Standorte in Kommunen mit sich?
- Welche Bedeutung hat die wirtschaftsfreundliche Verwaltung für Unternehmen in Zeiten zunehmenden Standortwettbewerbs?

Ferner muss eine Bewertung dieses Themas am Standort erfolgen, um den aktuellen Status sowie den Veränderungsbedarf erkennen zu können. Bezogen auf die Beispiele könnte das folgendermaßen aussehen:

- Am Standort sind die Branchen 1–5 relevant und sind wie folgt ausgeprägt. Für die Branchen 1 und 2 macht eine konkrete Unterstützung durch die Wirtschaftsförderung Sinn. Für die Branchen 3–5 kann eine Unterstützung durch die Wirtschaftsförderung nur wie folgt zielführend sein.
- Die Zahl und Struktur der Existenzgründungen am Standort sieht in den letzten Jahren wie folgt aus. Die bisherige Unterstützung sieht wie folgt aus. Um mehr Gründungen zu realisieren müssen mindestens folgende Maßnahmen ergriffen werden.
- Der Einzelhandel hat sich am Standort wie folgt entwickelt. Folgende Entwicklungen sind angesichts der Veränderungen in der Branche vor Ort denkbar. Folgende Maßnahmen müssen ergriffen werden, um eine wünschenswerte Entwicklung zu unterstützen.
- Wirtschaftsfreundliche Verwaltung wird derzeit mit folgenden Angeboten für Unternehmen abgebildet. Für einen wettbewerbsfähigen Status müssen folgende Angebote realisiert werden.

In der weiteren Ausgestaltung des Konzepts werden dann für den betreffenden Untersuchungsbereich Maßnahmen zumindest grundsätzlich ggfs. aber auch bereits detailliert abgebildet. Die inhaltliche Ausgestaltung folgt den Zielsetzungen und Vorgaben des entsprechenden Konzepts.

Angesichts der strategischen und ressourcenbezogenen Relevanz von Konzepten ist für diese zumeist ein verbindlicher Beschluss durch das zuständige Entscheidungsgremium erforderlich.

Wenn die Maßnahmen im Konzept nur grundsätzlich beschrieben werden, müssen für die Umsetzung weitere konkrete Schritte erfolgen. Die Maßnahmen werden in Form von einzelnen Projekten im Rahmen des Konzepts umgesetzt. Die einzelnen Maßnahmen sind dann jeweils konkret zu beschreiben und werden dann als einzelne Projekte beschlossen und realisiert.

Das Konzept kann auch schon detailliert und umfassend abgefasst sein – abhängig von der Komplexität des Inhalts – und somit gleichzeitig als Projektbeschreibung verstanden werden. In diesem Fall kann mit Beschluss des Konzepts auch direkt mit der Umsetzung des Projekts gestartet werden.

2.3.5 Entwicklung und Pflege organisatorischer Grundlagen

Eine weitere wichtige Grundlagenaufgabe ist die Entwicklung und Pflege der organisatorischen Grundlagen in der Wirtschaftsförderung. Sie ist weniger eine stetig fortlaufende Aufgabe sondern folgt den „innerbetrieblichen" Notwendigkeiten.

2.3 Grundlagenarbeit

Hierunter ist u. a. zu verstehen, die Wirtschaftsförderung mit den organisatorisch sinnvollen, technischen Grundlagen auszustatten, die den Erfordernissen und den aktuellen Möglichkeiten Rechnung tragen. Hierzu gehören vor allem:

- Datenbanknutzungen zu bestimmten Aufgaben,
- CRM – Kundenmanagementsystem,
- Prozessaufnahme und -entwicklung,
- Projektmanagementsystem,
- Internetanwendungen.

Darüber hinaus sind es auch verwaltungsinterne Grundlagen, die qualitativ den Anforderungen gerecht werden müssen. Hierzu gehören vor allem:

- Erstellung von Unterlagen für Gremienbehandlung, insbesondere für die Vorbereitung von Beschlüssen,
- Protokollierung insbesondere der Gremiensitzungen,
- Aufstellung und Bewirtschaftung des Haushalts bzw. des Etats der Wirtschaftsförderung,
- Kenntnis und Beherrschung der vergaberechtlichen Grundlagen für die Wirtschaftsförderung.

Hinsichtlich der technischen Grundlagen muss die Wirtschaftsförderung bezogen auf die genannten wesentlichen Bereiche folgende inhaltlichen Themen adäquat abbilden können:
Datenbanken werden insbesondere für bestimmte Beratungsinhalte genutzt. Die Versorgung mit aktuellen Sachständen zu unterschiedlichen Beratungsinhalten muss jederzeit gewährleistet werden können. Dies betrifft z. B.

- Datenbanken über Fördermöglichkeiten bzw. Fördermittelprogramme, z. B. safir,
- Förderprogrammatiken der Arbeitsverwaltung u. a. im Zusammenhang mit der Sanierungsberatung aber auch im Hinblick auf die Projektförderung im Bereich der Beschäftigungsförderung,
- Innovationsprogramme und -ausschreibungen,
- Datenbanken zu Verwaltungs- und Genehmigungsprozessen im Zusammenhang mit der EU-Dienstleistungsrichtlinie,
- Gewerbeflächen- und Liegenschaftsdatenbanken.

> **Beispiel: Datenbank für gewerbliche Immobilien**
> Die Datenbank für gewerbliche Immobilien der Wirtschaftsförderung der Region Hannover ist das Ergebnis langjähriger praktischer Erfahrungen mit unterschiedlichsten Vorläuferversionen zur Vorhaltung von Standortinformationen im Zuge von Ansiedlungs- und Umsiedlungsanfragen. Auch hier geht es um ein System mit optimalem Kundennutzen bei gleichzeitiger hoher Effizienz und Aktualität der Datenbereitstellung.
> http://www.gewerbeimmobilien.region-hannover.de/.

Hinsichtlich der Gewerbeflächen- und Liegenschaftsdatenbanken ist die Wirtschaftsförderung ggf. auch selbst für die inhaltliche Aktualisierung zuständig.

Ein professionelles Kundenmanagement bzw. auch die laufende Sammlung unternehmensrelevanter Daten im Sinne der regionalwirtschaftlichen Analyse kann durch geeignete EDV-Systeme in der Wirtschaftsförderung unterstützt werden. Ein kurzfristiger Zugriff auf Daten grundsätzlicher Art, die Kontakt- und Fallhistorie oder für einzelne Aktionen bezogen auf jedes einzelne Unternehmen, ist grundsätzlich hilfreich.

Um Beratungsprozesse seriös und sauber abbilden und abwickeln zu können ist eine Aufnahme der einzelnen Prozessschritte sinnvoll. Nur so lassen sich alle einzelnen Schritte erfassen, die eigene Zuständigkeit und auch die Zuständigkeit anderer Beteiligter im Beratungsprozess entsprechend des Know-hows bestimmen und Übergabepunkte festlegen. Dies trägt viel zur gegenseitigen Akzeptanz und zur Qualität im Beratungsprozess bei.

Um Projekte qualitativ sauber und effizient abzuwickeln, kann auch eine Projektmanagementsoftware sehr hilfreich sein. Grundsätzlich ist eine saubere Dokumentation und Projektverwaltung unerlässlich. Bei drittmittelgeförderten Projekten steigen hier die Anforderungen durch eine intensive Nachweisführung nochmals deutlich an, die den Prüfungserfordernissen der Fördermittelgeber hinsichtlich einer adäquaten Fördermittelverwendung genügen müssen.

Immer stärker wird das Internet zu einem zentralen Medium der Wirtschaftsförderung. Aktuelle Informationen bzw. Daten im Internet spielen dabei eine immer größere Rolle, um einen effizienten Dialog abwickeln zu können. Die Wirtschaftsförderung muss deshalb zunehmend in der Lage sein, die Datenaktualisierung jederzeit kurzfristig gewährleisten zu können.

Hinsichtlich der verwaltungsinternen Grundlagen muss die Wirtschaftsförderung in den Feldern Haushalt, Gremien und Vergaben handlungsfähig sein und eine hinreichende Qualität sicherstellen.

Der Information der Gremien bzw. der Entscheidungsträger der Wirtschaftsförderung kommt eine ganz zentrale Funktion zu. Grundlagen hierzu sind in der jeweiligen Geschäftsordnung abgebildet, gleichwohl bestehen in der Umsetzung erhebliche Spielräume der Ausgestaltung. Alle Entscheidungen über grundsätzliche Relevanz, Strategie und Ressourcenausstattung der Wirtschaftsförderung, aber auch über einzelne Projekte und Konzepte hängen vielfach von der Qualität der Information, Entscheidungsvorbereitung und Aufbereitung der konkreten Beschlüsse ab. Hier kann die Handlungsfähigkeit und Kompetenz der Wirtschaftsförderung abgebildet werden durch:

- Standards der Information wie z. B. interner Bericht, externe Kompetenz, Vor-Ort-Besuch,
- Standards der schriftlichen Abfassung von Vermerken, Mitteilungen und Vorlagen sind hilfreich, z. B. hinsichtlich Umfang, Logik und Stringenz,
- Standards zur Beschlussfassung wie Informationsdichte und -tiefe, Auswirkungen und Relevanz.

2.3 Grundlagenarbeit

Auch die Dokumentation und damit die Protokollierung nehmen im Verwaltungsumfeld einen relativ breiten Raum ein. Gremiensitzungen werden zumeist mit Verlaufsprotokollen dokumentiert. Hier gilt es, den Aussagen ggfs. den erforderlichen Sinn zu geben und insgesamt die interne Zielrichtung und das Meinungsbild der Entscheidungsträger adäquat abzubilden und damit abzusichern. Aber auch darüber hinaus nimmt die Dokumentation einen wichtigen Raum ein, z. B.:

- im Dialog mit dem Unternehmen bzw. in der Moderation von Verwaltungsgesprächen mit Unternehmen,
- bei Besprechungen mit Drittbehörden und Fördermittelgebern,
- bei Projektbesprechungen,
- bei Besprechungen in Netzwerken.

In allen Fällen gilt es, wesentliche Inhalte, Festlegungen und Zuständigkeiten zu dokumentieren.

Die Aufstellung des Etats der Wirtschaftsförderung folgt grundsätzlich hausinternen Richtlinien und haushaltsrechtlichen Anforderungen. Die Doppik bzw. das kaufmännische Rechnungswesen stellen den entsprechenden Rahmen. Entscheidend ist gleichwohl die innere Ausgestaltung und Nutzung von Spielräumen. D. h. es ist zu unterscheiden in:

- was wird gezeigt, z. B. im Haushalts- oder Wirtschaftsplan, Haushaltsstellen oder Kostenstellen,
- welche innere Unterteilung der Haushalts- oder Kostenstellen kann vorgenommen werden und wie wird z. B. das Jahresprogramm hiermit intern detailliert festgelegt und abgebildet,
- welche strategischen Aussagen können mit dem Haushalts- bzw. Wirtschaftsplan verbunden werden.

Mit der Exaktheit und Konkretion bei Haushaltsaufstellung, aller Unsicherheit zum Trotz, werden auch Handlungs- und Verhandlungsspielräume ermöglicht in entsprechenden Diskussionen und in der Umsetzung von Haushalts- oder Wirtschaftsplan. Je exakter man vorplant, umso besser lassen sich auch:

- Prioritäten hinsichtlich einzelner Positionen und damit Maßnahmen festlegen,
- Maßnahmen austauschen,
- Haushaltsspielräume definieren.

Dies erleichtert die unterjährige Bewirtschaftung des Etats erheblich.

Wichtig ist auch die Kenntnis der vergaberechtlichen Grundlagen. Agiert die Wirtschaftsförderung als öffentlicher Auftraggeber sind die Rahmenbedingungen durch das öffentliche Vergaberecht festgelegt. Eine Abstimmung aller Aufträge mit dem Rechnungsprüfungsamt ist erforderlich. Neben klassischen Vergabeverfahren nach VOB und

VOL bei entsprechenden Maßnahmen und Volumina sind viele Aufträge auch als freihändige Vergaben gemäß VOL oder VOF mit geringeren formalen Anforderungen möglich. Hierzu sind jedoch Kenntnisse der Vergabeanforderungen erforderlich, ebenso wie ein Austausch mit dem Rechnungsprüfungsamt, um die Handlungsspielräume festzulegen.

Ist die Wirtschaftsförderung z. B. als GmbH nicht öffentlicher Auftraggeber sind gleichwohl in vielen Fällen öffentliche Vergaberegelungen oder angelehnte Verfahren anzuwenden. Die höhere Flexibilität der Wirtschaftsförderung in privater Rechtsform besteht primär unter dem zeitlichen Aspekt, jederzeit und kurzfristiger handeln zu können. Vergaberechtlich bestehen Möglichkeiten ggfs. auf förmliche Verfahren verzichten zu können bzw. die formalen Anforderungen in gewissem Umfang zu reduzieren. Gleichwohl müssen die Vergaben dem Vergaberecht analog nachvollziehbar und neutral abgewickelt werden. Begünstigungen bestimmter Marktteilnehmer müssen systematisch ausgeschlossen sein. In der Wirtschaftsprüfung der privatrechtlichen Wirtschaftsförderungsgesellschaft erfolgt auch die Überprüfung nach Haushaltsgrundsätzegesetz.

2.4 Marketing

Marketing ist eine weitere wichtige Querschnittsfunktion für die Wirtschaftsförderung. Die zunehmende Wettbewerbssituation der Standorte untereinander, aber auch der möglichen Angebote für Unternehmen, machen eine immer professionellere Vermarktung des Standortes sowie der Angebote seitens der Wirtschaftsförderung erforderlich.

Die Wirtschaftsförderung muss dieser Situation Rechnung tragen. Sie muss einerseits die Standortvermarktung vorantreiben und andererseits auch ihre Leistungen gegenüber den Unternehmen adäquat vermarkten. Diese Funktion ist in Abhängigkeit der Gegebenheiten sowie der Ressourcenausstattung umzusetzen. Es liegt auf der Hand, dass eine Großstadt oder ein Großraum sich als Wirtschaftsstandort in ganz anderer Weise vermarkten kann aber auch muss als eine kleine Kommune.

Inhaltlich methodisch bildet sich das Marketing ab in einem Mix aus:

- klassischen Printmedien,
- Onlinemedien,
- Veranstaltungen/Events.

Bei den Events bzw. Veranstaltungen sind die Übergänge zur operativen inhaltlichen Arbeit fließend. Events können Bestandteil der inhaltlichen Strategie sein und können auch als Projekt betrachtet werden.

2.4 Marketing

2.4.1 Vermarktung des Standorts – Standortmarketing

Der Vermarktung des Standorts kommt angesichts des zunehmenden Standortwettbewerbs auf nationaler wie auch internationaler Ebene eine dementsprechende zunehmende Bedeutung bei der Wirtschaftsförderung zu. Im Standortwettbewerb geht es primär um die Standortpositionierung zur Akquisition von Unternehmen bzw. von Beschäftigten für Unternehmen. Das heißt, es gilt die positiven Eigenschaften und Merkmale des Standortes:

- zu identifizieren,
- aufzubereiten und
- am Markt zu kommunizieren.

Zunächst wird dazu auf die vorhandenen Grundlagen der regionalwirtschaftlichen Analyse zurückgegriffen. Diese gilt es in werblicher Form aufzubereiten. Die Kommunikation dieser aufbereiteten Informationen kann dann erfolgen:

- in entsprechenden Printformaten wie Pressemitteilungen, Informationsbroschüren, redaktionellen Beiträgen in der Tages- und Fachpresse, Anzeigen,
- in Online-Formaten wie dem kommunalen Internetauftritt, Apps aber auch im Mailversand,
- ergänzend dazu werden zunehmend auch soziale Netzwerke hinzugezogen.

Darüber hinaus können aber auch Veranstaltungen und Events die Standortvermarktung unterstützen.

Beispiele

Aktive Vermarktungsformate sind z. B.:
- Eigenveranstaltungen zu bestimmten Themen,
  http://www.wirtschaftsfoerderung-hannover.de/hannoverimpuls/Zukunftsbranchen/Veranstaltungen-und-Branchenforen.
- Vorträge und Präsentationen auf Veranstaltungen,
- Messebesuche und -präsentationen.
  http://www.wirtschaftsfoerderung-hannover.de/hannoverimpuls/Unternehmensservice/Messeunterstützung.

Die Beispiele aus den Arbeitsbereichen der Wirtschaftsförderung in der Region Hannover sollen einen schlaglichtartigen Blick auf mögliche Vermarktungsformate geben. Sie stehen in einem breiten Feld unterschiedlichster, immer wieder aktueller Veranstaltungen, Präsentationen und Messen, die von der Wirtschaftsförderung realisiert werden. Dieses breite Spektrum entspricht der Leistungsfähigkeit dieser stark ausdifferenzierten Wirtschaftsförderung mit mehreren operativen Einheiten.

Der Vorteil der Formate aktiver Vermarktung liegt in einem direkten Austausch mit dem Markt bzw. den Marktteilnehmern. Hier erfolgt auch der Übergang von der reinen Vermarktung im Sinne einer werblichen Darstellung und Anpreisung hin zum Marketing, bei dem die gewonnenen Informationen aus dem Markt genutzt werden, um das Produkt, in diesem Fall die Standortpräsentation bzw. auch das Standortangebot, weiter zu entwickeln. Konkret kann das dazu führen, dass der Standort zukünftig mit anderen Argumenten vermarktet wird aber auch, dass die Argumente selber, die ja bestimmte Standortfaktoren abbilden, weiterentwickelt werden. In der Folge werden seitens der Wirtschaftsförderung entsprechende neue oder weiterentwickelte Angebote erarbeitet. Hier ist auch der Übergang zur Entwicklung bestimmter Projekte zu sehen.

Beispiele

Vermarktungsformate, die einen eigenen werblichen Charakter haben, werden von der Wirtschaftsförderung in der Region Hannover seit Jahren z. B. im Immobiliensektor umgesetzt. Auch im Branchenmarketing werden derartige Formate gerne eingesetzt, da sie den direkten Marktzugang bieten:
- Eigenveranstaltungen als Standortpräsentationen, ggf. für spezifische Marktsegmente, z. B. bestimmte Branchen oder den Immobilienmarkt mit der jährlichen pressewirksamen Vorstellung des Immobilienmarktberichts der Region Hannover
- Besuche und Präsentationen auch spezifischen Fachmessen mit Branchen- oder Themenbezug, die durch hannoverimpuls auf mehreren Leitmessen wie der CeBIT, der Hannover Messe Industrie oder auch zur Expo Real realisiert werden

Inhaltlich ist festzuhalten, dass Standortvermarktung bzw. Standortmarketing für Akquisitionszwecke möglichst konkret sein sollte. D. h. spezifische Zielgruppen müssen möglichst spezifisch angesprochen werden, da so die Argumentation für den Standort konkreter formuliert werden kann. Hier ist ein Set jeweils wichtiger Standortmerkmale zu formulieren, die für Unternehmen von Interesse sind. Grundlagen liefert die vorgestellte Recherche z. B. für die jeweilige Branche. So können spezifische Vorteile oder eine Alleinstellung des Standortes am besten herausgearbeitet werden.

Darüber hinaus sind auch Elemente einer allgemeinen Standortpositionierung als Lebensraum einzubinden. Geeignete Kenndaten für die Zielgruppe, wie auch die allgemeine Beschreibung weicher Standortfaktoren, runden das Standortbild ab.

2.4 Marketing

Die vorhandenen Ressourcen der Wirtschaftsförderungseinheit entscheiden über die Differenziertheit der Maßnahmen. Große Kommunen mit entsprechenden Etats bieten vielfach ein sehr ausdifferenziertes Spektrum an Vermarktungsaktivitäten. Ein etabliertes Imagebild bzw. eine Standortpositionierung kann genutzt werden. Für kleine Kommunen kann die Vermarktung und vor allem eine wahrnehmbare Präsentation häufig nur in Verbindung mit Kooperationspartnern mit einem höheren Ausstrahlungswert adäquat gelöst werden. Der eigene Wirkungskreis ist vielfach nur lokal bis regional und ein differenzierendes Profil im Wettbewerb kaum zu entwickeln. Für eine weitergehende z. B. überregionale Vermarktung braucht es stärkere Partner, deren Profil auch auf die kleineren Kooperationspartner ausstrahlt.

Seit den 90er Jahren wird die Standortvermarktung zunehmend auch in regionalen Kooperationen umgesetzt, dies betrifft auch große Städte und Großstädte, die nicht mehr alleine auftreten.

Beispiele für erfolgreiche und langjährige Kooperationen zur Standortvermarktung
Teilweise lässt sich anhand der Internetpräsentationen auch die jeweilige Entwicklung nachvollziehen.
- Münsterland e. V., http://muensterland.com/
- pro Nordhessen, http://www.regionnordhessen.de/regionalmanagement/pro-nordhessen-ev/
- Metropole Ruhr, http://www.metropoleruhr.de/
- Metropolregion Rhein-Neckar, http://www.m-r-n.com/start.html
- Automotive-cluster, http://www.automotivecluster.com/
- Bio regio N, http://www.bioregion.de/

Diese Zusammenschlüsse bieten für die beteiligten Organisationseinheiten grundsätzlich mehrere Vorteile. Zum einen kann das Profil mit mehr lokalen Kompetenzen insgesamt verbessert werden. Hier folgt die Vermarktung der inhaltlichen fachspezifischen Verknüpfung. Dies kann auch bei räumlichen Zusammenschlüssen im Hinblick auf Verflechtungen als Lebens- und Wirtschaftsraum zutreffend sein. Zum anderen entstehen auf diese Weise auch Vorteile im Hinblick auf eine Ressourcennutzung. Gleichwohl muss sich die jeweilige Kommune im Rahmen solcher Zusammenschlüsse auch einbringen mit einer entsprechenden Ressourcenbindung, um den eigenen Standort dann auch berücksichtigt und abgebildet zu sehen. Die Erwartungen an einen konkreten Rückfluss aus der Präsentation der einzelnen Kommune im großen Zusammenhang dürfen dabei nicht zu hoch angesetzt werden.

2.4.2 Vermarktung der Wirtschaftsförderung und ihrer Leistungen

Die Vermarktung der Leistungen der Wirtschaftsförderung wird immer wichtiger. Die Wirtschaftsförderung muss sich im Wettbewerb der Institutionen als moderner, unternehmensorientierter Dienstleister darstellen bzw. seine Leistungen dem Kunden Unternehmen näher bringen. Die Wirtschaftsförderung muss also immer stärker aktiv auf den Markt zugehen. Auch hier stellt sich jedoch sehr schnell die Ressourcenfrage.

Die Angebote der Wirtschaftsförderung müssen für die Zielgruppe Unternehmen transparent und ansprechend dargestellt werden. Dies erfolgt:

- in einem abnehmendem Umfang durch klassische Printformaten,
- zum großen Teil in Online-Darstellungen sowie
- in nicht unerheblichem Umfang über Veranstaltungen.

Für die Beratungsangebote und die Netzwerkaktivitäten der Wirtschaftsförderung steht eine Vermarktung online über das Internet heute an oberster Stelle. Hier lassen sich strukturiert Informationen unterschiedlicher Tiefe abbilden und können damit unterschiedlich detaillierten Informationsbedarf abbilden. Eine Aktualisierung ist mit relativ geringem Aufwand kurzfristig möglich. Insgesamt lässt sich auch die Nachfrage nach Informationen besser nachverfolgen, um entsprechend nachsteuern zu können. Darüber hinaus lassen sich bestimmte Bereiche dialogfähig und damit besonders kundenfreundlich aufbauen. Mit Online-Formularen können einige Themen bzw. Fragstellungen direkt abgearbeitet werden. Dies kommt dem Kunden entgegen und erleichtert auch die Bearbeitung für die Wirtschaftsförderung, zumal einige Fragen direkt an die zuständigen Stellen weitergeleitet werden können, wo ausgebaute Online-Bearbeitungsgänge angestoßen werden. Damit kann auch die persönliche Beratungsarbeit erleichtert und zu einem gewissen Umfang ersetzt werden. Dies ist z. B. der Fall:

- im Rahmen der Gründungsberatung,
- im Rahmen der Lotsenfunktion und Beratung in Verwaltungs- und Genehmigungsverfahren.

Der klassische Informationsflyer kann in Ergänzung zu den Online-Angeboten kurz gehalten werden und findet vor allem eine Verwendung als Anregung für die Angebote an publikumsintensiven Punkten in öffentlichen Gebäuden oder Veranstaltungen. Darüber hinaus können Informationen als spezifische Fachpublikationen für einen gezielten Dialog mit einer spezifischen Zielgruppe, z. B. einer Branche gestaltet werden. Die Erstellung von Printmedien ist hinsichtlich Ressourcenverbrauch und Aktualität kritisch zu hinterfragen.

Darüber hinaus sind alle Punkte einer Veränderung im Angebot der Wirtschaftsförderung zu nutzen, Themen immer wieder in die Öffentlichkeit zu rücken, über Pressemitteilungen, Pressegespräche, Fachbeiträge und nicht zuletzt im Rahmen von Veranstaltungen.

2.4 Marketing

Veranstaltungen kommt eine besondere Bedeutung zu, da sie einen direkten Kontakt mit dem Unternehmen als Kunden ermöglichen.

- Im Rahmen von Veranstaltungen die von Netzwerkpartnern, mit denen die Themen inhaltlich gemeinsam und ergänzend bearbeitet werden, organisiert werden und wo die Wirtschaftsförderung, die Möglichkeit einer Präsentation erhält,
- im Rahmen von allgemeinen unternehmensbezogenen Netzwerkveranstaltungen, z. B. von lokalen oder regionalen Unternehmerverbänden, wo die Wirtschaftsförderung die Möglichkeit der Präsentation erhält,
- im Rahmen eigener Veranstaltungen der Wirtschaftsförderung, wo das Beratungsthema in einem möglichst aktuellen Kontext und mit anderen Beratungsangeboten anderer kooperierender Institutionen dargestellt wird.

Bei den Veranstaltungsformaten, gilt es eine möglichst breite Basis zu finden, um über mehrere Kanäle die Unternehmerschaft ansprechen zu können. Gleichzeitig können auf dieser Basis aktuelle Themen besser eingebunden werden, da ein Thema aus mehreren Blickwinkeln betrachtet wird. Auch hier ist wieder zusätzlich eine Verbindung zur Grundlagenarbeit der Wirtschaftsförderung relevant, da die Wirtschaftsförderung immer – wenn auch gemeinsam mit Partnern – die aktuellen Themen setzen und diskutieren können sollte. Nicht zuletzt können auch die erforderlichen Ressourcen für eine Veranstaltung so aufgeteilt werden. Die Einladung erfolgt dann über Pressebekanntmachung und personalisierte Einladungen über ggf. mehrere Verteiler. Bei Eigenveranstaltungen kann die Kommune weitere Themen transportieren und so zusätzlichen Nutzen entfalten.

Für die Projekte der Wirtschaftsförderung gilt operativ vieles analog wobei die Vermarktung strukturell eine deutlich stärkere Bedeutung hat. Die Vermarktung und der Dialog mit der projektspezifisch abgegrenzten Zielgruppe haben für den Erfolg eines Projekts einen hohen und grundsätzlichen Stellenwert. Die Ansprache und die Rückkopplung mit der Zielgruppe sind wichtig und können durch eine gute Vermarktung vergrößert werden.

Projektinhalte und -bedingungen werden dabei abgebildet in print, z. B. Flyer, und online auf der Internetseite der Wirtschaftsförderung. Projektstart, Zwischenergebnisse, Meilensteine und Endergebnisse geben immer wieder gute Anlässe für eine konkrete Berichterstattung und Publizierung. Diese kann und sollte – je nach Projekt, vor allem bei Pilotprojekten – auch immer wieder für Veranstaltungen genutzt werden. Hiermit in Verbindung lässt sich dann an andere Formate wie die der Presseinformation anknüpfen.

Bei der Vermarktung von Projekten wird durch die Zusammenarbeit mit Projektpartnern und Unterstützern, die ggfs. teilweise auch aus dem institutionellen Netzwerk der Wirtschaftsförderung kommen, wie z. B. Kammern, Agentur für Arbeit u. a. m., die Basis zur Vermarktung verbreitert und der Druck in die Öffentlichkeit erhöht.

Grundsätzlich muss die Vermarktungsintensität jedoch immer ganz spezifisch auf das Projekt und die Interessen der Projektbeteiligten abgestimmt sein. Es gibt immer wieder auch Projekte, z. B. im Technologie- und Innovationsbereich, bei denen die Projektbeteiligten eine Veröffentlichung erst ganz am Ende, und damit an einem konkreten Erfolg des Projekts orientiert, sehen wollen.

Eine Sonderstellung hinsichtlich der Vermarktung mit hoher Intensität nehmen dagegen strategisch motivierte Veranstaltungen und Projekte ein. Sie dienen, wie z. B. Start-up-Wettbewerbe im Existenzgründungsbereich, der Vermarktung eines ganzen Themas bzw. eines strategischen Ansatzes und sollen die Inanspruchnahme oder Verbreitung erhöhen. Die Veranstaltung des Wettbewerbs ist dabei das zentrale Marketinginstrument, das durch entsprechende operative Vermarktungselemente, wie Pressemittelung, Online-Stellung, Mailings u. a. m. intensiv beworben und vorangetrieben wird. Gleichzeitig kann sich die Wirtschaftsförderung mit derartigen Veranstaltungen selbst in Szene setzen und in der Öffentlichkeit an Profil gewinnen.

> **Beispiel: Der Start-up-Wettbewerb von hannoverimpuls**
>
> Der Wettbewerb verdeutlicht die Doppelgleisigkeit dieses besonderen Produktes, das sowohl im Fokus der Gründung Wirkung erzeugt aber auch der Institution nachvollziehbar zugeschrieben wird und damit auch hier einen positiven Effekt erzeugt.
>
> http://www.wirtschaftsfoerderung-hannover.de/content/search?SearchText=staRT-UP+WETTBEWERB.

> **Resümee**
>
> Der Methodenteil gibt eine Grundlage, Wirtschaftsförderungsinstrumente zu gestalten. Im Spannungsfeld von Erwartungen und Anforderungen einerseits und Ressourcen andererseits muss eine spezifische Ausprägung eines Instrumentenmix für jede Wirtschaftsförderungseinheit gefunden werden. Die typischen Leistungen und Instrumente lassen sich dabei auf wenige methodische Grundlagen zurückführen. Im Mix der unterschiedlichen Felder kommen immer Beratung, Projekte, Grundlagenarbeit und Marketing vor, die spezifisch zusammen gefügt werden. Die Ausprägung in den einzelnen Feldern orientiert sich an den Ressourcen. Die jeweiligen Ressourcen setzen den Rahmen des tatsächlich machbaren. Hier gilt es die bestmögliche Aufstellung zu organisieren.
>
> In der Beratung kann durch eine klare Prozessstrukturierung für jeden Beratungsinhalt klar definiert werden, was die Wirtschaftsförderung leisten kann oder soll. Hiermit kann auch der Qualitätsanspruch an die Arbeit der Wirtschaftsförderung definiert werden. Ebenso kann auf dieser Basis die Zusammenarbeit mit den Partnern im betreffenden Feld exakt abgestimmt werden. Inhaltlich werden in der Mehrzahl aller Wirtschaftsförderungseinheiten die Lotsenfunktion, die Verwaltungsmoderation, die Standortberatung sowie die Fördermittelberatung abgebildet. Auch die Existenzgründungsberatung sowie die Ansiedlungsberatung werden fast überall vorgehalten. Die konkrete Ausprägung der Leistungstiefe variiert dabei beträchtlich. Entscheidend sind aber immer die Beratungsqualität, die Verlässlichkeit und die Verbindlichkeit. Dies

2.4 Marketing

kann, in einem abgesteckten Rahmen, auch von einer kleinen Wirtschaftsförderung geleistet werden. Spezialkompetenzen bzw. spezialisierte Beratungsangebote können nur große Einheiten gewährleisten. Deshalb ist für kleinere Einheiten die Zusammenarbeit mit Partnern in vielen Fällen eine gute Lösung, um für Unternehmen eine möglichst umfassende Beratung zu gewährleisten.

Die Projektarbeit ergänzt die Beratungsarbeit der Wirtschaftsförderung. Infrastrukturen gelten dabei angesichts der ggfs. erforderlichen Finanzierungsbeiträge für Außenstehende häufig als Spiegelbild für die Leistungsfähigkeit der Kommune. Dabei sind die Möglichkeiten für viele Kommunen sehr begrenzt. Auch mit Entwicklungsprojekten kann die Wirtschaftsförderung immer wieder bei Unternehmen punkten. Hier werden für eine abgegrenzte Zahl von Unternehmen vielfach sehr konkrete Ergebnisse erarbeitet. Das Maß an Konkretion stellt dabei ein maßgebliches Qualitätskriterium dar. Dies findet Anklang und Verbreitung bei den Unternehmen.

Um Beratung wie auch Projekte richtig zu konzipieren, ist eine gute Grundlagenarbeit die Basis. Die Analyse des Standortes aber auch die Kenntnis wesentlicher Trends und Themen ist wichtig für jede Wirtschaftsförderung. Ohne eine entsprechende Kompetenz wird es schwierig, die richtigen Akzente zu setzen. Konzepte beruhen auf guten Vorarbeiten, die dann zusammengesetzt werden. Diese Kompetenz wird von der Wirtschaftsförderung immer wieder eingefordert. Hiermit wird deutlich, dass Grundlagenarbeit vielfach eine wichtige Basis ist. Gleichzeitig muss man ein vernünftiges, den Rahmenbedingungen angepasstes Aufwand-Nutzen-Verhältnis gewahrt werden, damit das operative, aktive Tun im Sinne der Wirtschaftsförderung eindeutig im Vordergrund bleibt.

Marketing setzt den Schlusspunkt der Tätigkeiten der Wirtschaftsförderung. Mit Standortmarketing wird der Standort mit den unterschiedlichsten treffenden Argumenten für ebenso heterogene Zielgruppen aufbereitet und vorgestellt. Genauso gilt es, die Leistungen der Wirtschaftsförderung gegenüber den Unternehmen bekannt zu machen. Hier ist abhängig von der wirtschaftlichen Solvenz in allen Kommunen die Notwendigkeit grundsätzlich zu unterstellen. Mit ein paar pfiffigen Ideen und persönlichem Engagement lässt sich auch mit kleinem Budget etwas bewegen. Der Kreis schließt sich hin zur Grundlagenarbeit, wenn hier Daten erhoben werden, die nachher in Grundlagenarbeit zu neuen Projekten oder Leistungen führen.

Insgesamt zeigt sich, dass die wirtschaftliche Leistungsfähigkeit der Kommune eine wesentliche Grundlage für den Umfang an Möglichkeiten der Wirtschaftsförderung ist. Darüber hinaus sind aber vor allem konzeptionelle Kompetenz und Umsetzungsqualitäten bei Beratungsleistungen und Projekten, das Engagement und die Einbindung von Partnern entscheidend für eine effiziente und effektive Ausgestaltung der Wirtschaftsförderung.

Kontroll- und Lernfragen

Fragen zum Lernkomplex Beratung

Beschreiben Sie die wesentlichen Aspekte, die eine Beratung grundsätzlich ausmachen. Inwieweit setzen Sie diese aktuell in Ihrer Beratung um.

1. Welche Aspekte sind für die Sicherstellung von guter Beratungsqualität wichtig? Wie gehen Sie hier bislang vor?
2. Welche Beratungsinhalte sind von jeder Wirtschaftsförderung zu erbringen und warum? Welche davon werden von Ihrer Einrichtung in welchem Umfang wahrgenommen?
3. Wie würden Sie ein Mindestmaß an Aufgabenerfüllung jeweils beschreiben?
4. Welche Grenzen sind der Wirtschaftsförderung bei der Ausgestaltung von Beratungsfeldern gesetzt? Wo haben Sie Grenzen in der eigenen Umsetzung feststellen müssen und wie haben sich diese dargestellt?
5. Wie berücksichtigen Sie dies im Sinne eines möglichst umfassenden Angebotsspektrums?

Fragen zum Lernkomplex Projekte

1. Welche Rolle spiele Projekte im Rahmen der Wirtschaftsförderungsarbeit? Wie sieht dies in Ihrer Organisationseinheit aus?
2. Benennen und beschreiben Sie typische Beispiele für unterschiedliche Kategorien von Projekten. Welchen Beitrag leisten sie? Welche Kategorien laufen in Ihrer Organisationseinheit und welchen Stellenwert räumen Sie diesen bislang ein?
3. Wie würden Sie eine Projektentwicklung mit typischen Schritten beschreiben? (Bilden Sie ein Beispielprojekt) Beschreiben Sie Ihr eigenes bisheriges Vorgehen.
4. Welche wesentlichen Aspekte sind bei der Projektarbeit zu berücksichtigen? Welche Aspekte waren für Sie bislang relevant?
5. Welche Projekte würden Sie als Wirtschaftsförderung mit einer bestimmten strategischen Ausrichtung realisieren wollen? Beschreiben Sie in Stichworten wesentliche Aspekte Ihres Vorgehens.

Fragen zum Lernkomplex Grundlagenarbeit

1. Welche Funktion hat die Grundlagenarbeit für eine Wirtschaftsförderungseinheit?
2. Welche Relevanz räumen Sie ihr ein? Wie sieht in Ihrer Organisationseinheit in der Praxis diesbezüglich aus?
3. Welche wesentlichen Inhalte/Formen der Grundlagenarbeit können Sie benennen? Welche Inhalte führen Sie in Ihrer Organisationseinheit bislang aus?
4. Beschreiben Sie den Zusammenhang der Grundlagenarbeit mit anderen Funktionen/Methoden/Instrumenten in der Wirtschaftsförderung anhand von Beispielen.
5. Stellen Sie Verbindungen zwischen organisatorischen Grundlagen und einzelnen Maßnahmenbereichen der Wirtschaftsförderung her. Geben Sie hierzu Beispiele, die die Relevanz deutlich machen.
6. Welche Aspekte sind bei der Grundlagenarbeit besonders wichtig? Welche Aspekte waren bislang in Ihrer Organisationseinheit diesbezüglich besonders wichtig.

Fragen zum Lernkomplex Marketing
1. Wie verbinden Sie Marketing in unterschiedlichen Beispielen mit anderen Funktionen der Wirtschaftsförderung? Wie funktioniert das bislang in Ihrer Organisationseinheit?
2. Welche Rolle spielt Marketing im Gesamtbild von Wirtschaftsförderung? Wie sieht das in Ihrer Organisationseinheit aus?
3. Welches sind die wesentlichen Formen/Formate von Marketing in der Wirtschaftsförderung? Wie gehen Sie damit bislang operativ um?
4. Wo würden Sie Prioritäten setzen und warum? Wo und wie setzen Sie bislang Prioritäten?
5. Wie schließt sich der Kreis von der Grundlagenarbeit über die operativen Maßnahmen und das Marketing wieder zur Grundlagenarbeit? Bitte erläutern Sie das an konkreten Beispielen.

Literatur

Monografien

Probst, H.-J., & Haunerdinger, M. (2007). *Projektmanagement leicht gemacht.* Heidelberg: Redline Wirtschaft.

Sonstige Materialen, u. a. Graue Literatur

Habbel, F.-R. (2010). Wirtschaftsförderung 2.0 - Eine Einführung. In F.-R. Habbel & A.Huber (Hrsg.), Wirtschaftsförderung 2.0 - Erfolgreiche Strategien der Zusammenarbeit von Wirtschaft, Verwaltung und Politik in Clustern und Sozialen Netzwerken. (S. 17–86). Boizenburg: Hülsbusch.
Region Hannover. (seit 2002). hannoverimpuls: diverse Papiere und Unterlagen zur regionalen Wirtschaftsförderung, Hannover.

Sonstige Internetquellen

Wikipedia (2015a). – Kategorie Methode, Techniken und Verfahren. https://de.wikipedia.org/wiki/Kategorie:Methoden,_Techniken_und_Verfahren. zugegriffen: 30. Juni 2016.
Wikipedia (2015b). – Methoden. https://de.wikipedia.org/wiki/Methode_%28Erkenntnistheorie%29. zugegriffen: 30. Juni 2016.

Netzwerke 3

Zentrale Aspekte von bzw. für die Schaffung von Netzwerken sind grundsätzlich:

- Verbindlichkeit und Vertrauen zu schaffen,
- Kompetenzen nutzen,
- Arbeitsteilung organisieren
- gemeinsamen Nutzen bzw. gemeinsame Zielsetzung definieren

Diese grundlegenden Aspekte finden sich vielfältig in der operativen Arbeit der Wirtschaftsförderung und sollen im Einzelnen näher aufgezeigt werden.

Grundsätzlich ist festzustellen, die Wirtschaftsförderung ist mit ihrer inhaltlichen und operativen Aufstellung in einem hohen Maß auf Zusammenarbeit in unterschiedlichen Formen und mit den unterschiedlichsten Partnern angewiesen. Davon sind fast alle Arbeitsbereiche bzw. methodischen Ansätze betroffen.

Eine Vernetzung kann aus Sicht der Wirtschaftsförderung in unterschiedlicher Weise erfolgen, vor allem:

- horizontal wie auch vertikal,
- bilateral aber auch multilateral,
- kollegial, verwaltungsintern und fachbezogen,
- institutionenübergreifend,
- temporär oder dauerhaft.

Die unterschiedlichen Konstellationen sollen näher betrachtet und in ihrer Relevanz für die Wirtschaftsförderung eingeordnet werden.

Die Wirtschaftsförderung kann dabei auftreten als:

- inhaltlicher Teil eines Netzwerkes,
- Organisator von Netzwerken Dritter, d. h. primär von Unternehmen.

Die vielfältigen Formen von Vernetzungen der Wirtschaftsförderung im Rahmen ihrer Tätigkeiten, für die eine kooperative Arbeitsteilung mit Dritten erforderlich ist, spielen eine große Rolle.

Die Vernetzung von Unternehmen mit gleichgerichteten Interessen ist die Grundlage vieler Projekte in der Wirtschaftsförderung. Diese Form der Vernetzung, die den organisatorischen Rahmen für die Projekte abbildet, soll hier auch näher aufgezeigt werden.

Die bestehenden und operativ funktionierenden Netzwerke von Unternehmen stellen im Weiteren einen zentralen Ansatzpunkt neuerer wirtschaftspolitischer Überlegungen dar. In allen Fällen werden diese als Ausgangspunkt angenommen, um damit die vorhandene Kraft und Wertschöpfung weiter zu entwickeln. Grundsätzlich spielt auch der Aspekt der räumlichen Nähe eine wichtige Rolle. Netzwerke werden auf einen jeweils definierten Raum bezogen. Angesichts dieser räumlichen Komponente erhalten diese Unternehmensverflechtungen ggfs. auch eine kommunale oder regionale Dimension, die sich die Wirtschaftsförderung für Entwicklungskonzepte und -strategien zu Eigen macht. Die Relevanz dieses Gedankens, vorhandene Unternehmensvernetzungen zu nutzen und auszubauen, für eine nachhaltig bessere Gesamtentwicklung, zeigt sich auch in vorhandenen Fördermittelprogrammatiken auf EU- sowie Bundes- und Länderebene. Als wesentliche Ansätze sind dabei festzuhalten:

- Branchencluster,
- innovative Milieus,
- lokale Ökonomien.

Insbesondere die Branchencluster, also die Netzwerkentwicklung in einzelnen Branchen, haben in den vergangenen 20 Jahren die strategische und operative Ausrichtung von Wirtschaftsförderung maßgeblich beeinflusst. Der sogenannte Clusteransatz, wobei das Cluster grundsätzlich als eine Konzentration und im besten Fall als ein Netzwerk von Unternehmen zu verstehen ist, ist seit den späten 80er Jahren zu einer zentralen Strategie zahlreicher Wirtschaftsförderungseinrichtungen geworden und hat nach wie vor einen hohen Stellenwert. Er verknüpft lokale Kompetenzen mit Aspekten einer weit überregionalen bis globalen Ausstrahlung zur Erhöhung der Wettbewerbsfähigkeit. Dementsprechend werden diesem Ansatz weitreichende Wirkungseffekte zugeordnet.

Der Ansatz der innovativen bzw. kreativen Milieus, greift – ähnlich einer Clusterstrategie – eine allerdings kleinräumige Vernetzungsgrundlage auf und bezieht diese auf einzelne spezifische Branchen, bei denen eine besonders intensive Wahrnehmung kleinräumiger Vernetzungen festgestellt wird, z. B. die Kreativen. Gleichzeitig wird jedoch ein räumlich weiterreichender Wirkungseffekt unterstellt, der sich auf den gesamtstädtischen oder regionalen Raum bezieht. Diese Beziehungsebene wird in der jüngsten Zeit immer stärker von der Wirtschaftsförderung thematisiert. So ist vor allem die Kreativwirtschaft zu einem wichtigen Ansatz von Entwicklungsstrategien der Wirtschaftsförderung geworden, die quasi eine Querschnittsfunktion darstellt, die branchenübergreifend die Innovationsentwicklung unterstützt.

Noch stärker lokal fokussiert sind Ansätze wie die Stadtteilökonomien, die auch intensive, weitergehende soziale Bezüge aufweisen. Sie werden vor allem in den Großstädten verfolgt und sind weit weniger plakativ im Vordergrund der Aktivitäten. Die Wirkungseffekte werden dabei bewusst auf einen sehr eng eingegrenzten lokalen Fokus z. B. einen Stadtteil bezogen. Es gilt, Arbeitsplätze und Versorgungsinfrastrukturen zu erhalten und zu schaffen und damit auch den Stadtteil insgesamt zu stabilisieren. Grundsätzlich ist hinsichtlich dieser Netzwerkzusammenhänge festzustellen, dass fließende Übergänge möglich sind und eine zu scharfe Abgrenzung Möglichkeiten ungenutzt lassen würde.

Auch diese sehr weit entwickelte Form von Netzwerken und ihre Bedeutung und Nutzung durch die Wirtschaftsförderung soll hier näher vorgestellt werden.

Neben diesen sehr spezifischen Netzwerken mit strategischem Ansatz gibt eine Vielzahl von Netzwerken mit Unternehmen, die bestimmte kleinteiligere Ziele z. B. im Rahmen von Projekten verfolgen.

> **Lernziele**
> Wesentliche Lernziele sind, die unterschiedlichen Formen und Wirkungsweisen von Netzwerkarbeit in Zusammenhang mit Wirtschaftsförderung zu verstehen und eigenständig in der Arbeit umsetzen zu können. Hierzu muss die grundsätzliche Relevanz von Netzwerken für die unterschiedlichen methodischen Bereiche von Wirtschaftsförderung erkannt und beachtet werden können. Auch die Sonderstellung von Clusteransätzen in der Wirtschaftsförderung und ihre Grundstrukturen können nachvollzogen werden.
>
> Am Ende sind die Teilnehmer in der Lage Struktur und Aufbau von unterschiedlichen Netzwerken zu definieren und ein Netzwerkkonzept für einen vorgegebenen methodischen Rahmen zu entwickeln.

3.1 Vernetzung – Teil der Arbeitsweise von Wirtschaftsförderung

Die Vernetzung mit zahlreichen anderen Akteuren ist eine sehr grundlegende Arbeitsform im Rahmen der Wirtschaftsförderung. Dieses beruht zunächst auf dem Charakter der Wirtschaftsförderung, die innerhalb der Kommune eine Querschnittsfunktion darstellt und damit schon per se eine Verbindung zu anderen Organisationseinheiten herstellen muss, um ihre eigene Leistung erbringen zu können. Hier sei noch einmal an das Bild der Wirtschaftsförderung als Lotse und Moderator erinnert. Diese Funktion kann nur ausgefüllt werden mit der Kenntnis über die anderen Organisationseinheiten sowie weitergehend in einer Form der Zusammenarbeit, die für beide Seiten und auch den Kunden Nutzen bringend ist. Verwaltungsintern zeigt sich, dass der Erfolg von Wirtschaftsförderung auch von Vertrauensbildung und echter Arbeitsteilung abhängt. Die gerne genutzte organisatorische Machtposition – als verlängerter Arm des Hauptverwaltungsbeamten – muss hierdurch ergänzt werden, um längerfristig Erfolg zu haben.

Die Erfordernis, der Vernetzung der Wirtschaftsförderung reicht allerdings weit über die Verwaltung hinaus. Es gilt, Wege zum Kunden zu finden und ein möglichst gutes Leistungsspektrum abzubilden.

Die Vernetzung findet natürlich auch direkt mit den Unternehmen statt. Die Wirtschaftsförderung ist Kümmerer und sollte insofern möglichst viele Unternehmen direkt kennen, um diese Funktion auch ausfüllen zu können. Beziehungsmanagement wird immer mehr zu einer wesentlichen Aufgabe der Wirtschaftsförderung (Habbel und Huber 2010). Unternehmensbesuche sind eine wesentliche Grundlage, um ein „eigenes" Unternehmensnetzwerk vor Ort aufzubauen. Aber es können kaum alle Unternehmen immer wieder besucht werden und deshalb werden weitere Kanäle zu den Unternehmen erforderlich. Dieses lässt sich realisieren durch eigene Veranstaltungsformate der Wirtschaftsförderung, die gleichzeitig eine Netzwerkplattform für Unternehmen darstellen. Hier kann die Wirtschaftsförderung auch ihre Themen platzieren, z. B. in Form von:

- Businessmahlzeitformaten (Frühstück, Lunch, After-Work)
- Kaminrunden mit Hauptverwaltungsbeamten,
- Wirtschaftsforen,
- Wirtschaftsmessen,
- Wirtschaftsempfängen.

Darüber hinaus sind die bestehenden Netzwerke der Unternehmen weitere wichtige Partner und Plattformen im Netzwerk der Wirtschaftsförderung. Diese sind z. B.:

- die halböffentlichen Institutionen wie IHK, Handwerkskammer, Kreishandwerkerschaften aber auch spezifische berufsständische Kammern wie z. B. die Steuerberaterkammer. Alle diese Institutionen sind allerdings auch selbst mit diversen Angeboten für ihre Mitglieder tätig,
- berufsständische Vereinigungen wie z. B. Verbände und Vereine, Unternehmerverbände, Mittelstandsvereinigungen, Werbegemeinschaften, Interessengemeinschaften,
- personengebundene Unternehmernetzwerke wie z. B. Wirtschaftsjunioren, Lions-Klub, Gilden, Rotarier Klub, Marketingklub u. w. m.

Eine Vernetzung mit diesen Plattformen ermöglicht vor allem einen gebündelten Informationsaustausch aber auch einen inhaltlichen Austausch. Hier gilt es Vertrauen und Verbindlichkeit für die Wirtschaftsförderung aufzubauen.

Auch die kollegiale Vernetzung mit anderen Wirtschaftsförderungseinrichtungen ist eine wichtige Ebene, um trotz einer gewissen Konkurrenzsituation im Erfahrungsaustausch einen Mehrwert für die eigene Arbeit zu erfahren.

> **Beispiele**
>
> Beispiele mit sehr unterschiedlicher Wirkungsintensität werden hier aufgerufen, vom Arbeitskreis, der keine eigenständige Präsentationsform entwickelt hat, aber gleichwohl ein wichtiges begleitendes Gestaltungsgremium ist, bis zu eigenständig verfassten Arbeitszusammenhängen, die Lobbyarbeit auf der Bundes- und Landesebene betreiben und einen fachlichen, kollegialen Austausch zu bestimmten gemeinsamen Themen systematisch ermöglichen. Den Internetpräsentationen lassen sich zahlreiche Informationen entnehmen.
>
> - ArbeitsKreis Wirtschaftsförderung in der Region Hannover
> - Runde der Wirtschaftsförderer im Rhein Kreis Neuss, http://www.korschenbroich.de/wirtschaft/Wirtschaftsfoerderung/Wirtschaftsfoerderung_im_Rhein_Kreis_Neuss.php
> - NEWIN – Netzwerk der Wirtschaftsförderer in Niedersachsen, http://www.newin.info/
> - Fachkommission Wirtschaftsförderung des Deutschen Städtetages, http://www.staedtetag.de/fachinformationen/wirtschaft/index.html
> - DVWE – Deutscher Verband der Wirtschaftsförderungs- und Entwicklungsgesellschaften, http://www.dvwe.de/

Für eine nachhaltig erfolgreiche Aufstellung müssen die grundlegenden Aspekte von Vertrauen, Verbindlichkeit und Arbeitsteilung immer beachtet werden. Die Wirtschaftsförderung lebt dabei wie alle anderen auch von ihrem Image als Partner in der Wirtschaftslandschaft vor Ort. Grenzverletzungen können die Möglichkeiten der Wirtschaftsförderung, auf stabile und kooperative Netzwerke zugreifen zu können, erheblich und nachhaltig beeinträchtigen.

Grenzen der Vernetzung sind im operativen Tun vor allem durch wettbewerbs- und vergaberechtliche Bedingungen gesetzt. Hier ist immer auf eine neutrale und unvoreingenommene Position der Wirtschaftsförderung zu achten.

Grenzen der Vernetzung sind darüber hinaus auch im politischen Umfeld zu sehen. Eine enge und einseitige Verbindung kann, auch wenn sie zur Mehrheitsfraktion oder -koalition besteht, operativ zu Nachteilen führen, wenn dadurch die grundsätzlich als Maßstab anzulegende Neutralität der Wirtschaftsförderung beeinträchtigt wird und politische Gremiendiskussionen erschwert werden.

3.1.1 Partnernetzwerke in der Beratungsarbeit

Die Vernetzung in der Beratungsarbeit bildet sich in unterschiedlichen Inhalten entsprechend der operativen Arbeitsteilung ab, d. h. in jedem Beratungsfeld ist ein anderes spezifisches Netzwerk aufzubauen.

Grundlage ist die Tatsache, dass die Wirtschaftsförderung in keinem Feld eine umfassende und abschließende Aufgabenwahrnehmung innehat. Die Wirtschaftsförderung bietet aus Sicht des Kunden in vielen Fällen eine – wenn auch wichtige – Teilleistung an, die erst durch andere Elemente für den Kunden zum Ergebnis führt. Im Umkehrschluss bedeutet das, in allen Feldern muss die Wirtschaftsförderung mit Partnern zusammenarbeiten, um für den Kunden eine Nutzen bringende Gesamtleistung anbieten zu können.

Die Wirtschaftsförderung wird ihre Rolle vor allem dann erfolgreich wahrnehmen können, wenn sie mit ihren jeweiligen Partnern eng zusammenarbeitet. Damit dies nachhaltig Wirkung entfaltet, muss die Vernetzung auf Vertrauen und der Anerkennung von Kompetenzen und Zuständigkeiten im Rahmen einer arbeitsteiligen Aufgabenwahrnehmung beruhen. Die Wirtschaftsförderung sollte zudem für den Netzwerkpartner einen konkreten Nutzen bieten, so dass für diesen die Zusammenarbeit mit der Wirtschaftsförderung auch handfeste Vorteile bringt. Dies erfordert die klare Bestimmung der eigenen Kompetenz, als Basis für ein selbstbewusstes aufeinander zugehendes Verständnis für Rahmenbedingungen, Zwänge und Grenzen des Partners.

Die Zusammenarbeit in diesen partnerschaftlichen Zusammenhängen erfolgt für die Partner im Wesentlichen kostenfrei, d. h. in der Konsequenz muss die Effizienz in der jeweils eigenen Sphäre durch die Zusammenarbeit erhöht werden, dies kann auch bedeuten, eine bessere Kosten-Nutzen-Situation erzielen zu können.

In den einzelnen Beratungsfeldern sieht diese Partnerschaft wie folgt aus:

Im Beratungsfeld *Verwaltungs- und Genehmigungsmanagement* ist Grundlage, dass die abschließende Genehmigung in einem Verwaltungs- oder Genehmigungsverfahren durch eine andere Organisationseinheit erteilt wird. Die Wirtschaftsförderung ist per se keine genehmigende Stelle sondern informiert, begleitet, moderiert, organisiert damit das Verfahren schnell, effizient, kundenorientiert abläuft. Es geht immer wieder um die Frage, welche Spielräume bestehen im Rahmen eines Genehmigungsverfahrens, um dieses für das Unternehmen bestmöglich zu erreichen. Die enge und vertrauensvolle Vernetzung innerhalb der Verwaltung bzw. verwaltungsübergreifend ist eine wesentliche Voraussetzung, um diese Möglichkeiten als Wirtschaftsförderung überhaupt erfolgreich wahrnehmen zu können.

Im Beratungsfeld *Finanzierungs- und Fördermittelberatung* sind sowohl Institutionen übergreifende horizontale Vernetzung wie auch vertikale behördenübergreifende Vernetzung erforderlich. Im Feld der Finanzierungsberatung sind die wesentlichen Partner die Kreditinstitute. Hier kommt das Unternehme an einem bestimmten Punkt nicht weiter und wendet sich dann an die Wirtschaftsförderung. In nicht wenigen Fällen, so zeigt die Erfahrung, sind es auch Kommunikationsprobleme zwischen Kreditinstitut und Unternehmen. Diese können durch die Wirtschaftsförderung gemeinsam mit dem Kreditinstitut im Interesse des Unternehmens gelöst werden. Eine enge und vertrauensvolle Zusammenarbeit ist erforderlich, um die Denkens- und Vorgehensweise des Kreditinstituts aufgreifen und für das Unternehmen „übersetzen" zu können. Eine eigene betriebswirtschaftliche Grundkompetenz und ein klares Verständnis von betrieblichen Notwendigkeiten für eine pragmatische Lösungsfindung sind erforderlich, um von der Kreditwirtschaft als Partner akzeptiert zu werden. Im Feld der Fördermittelberatung, die vielfach eng mit der Finanzierungsberatung verbunden ist, ist die Vernetzung neben

3.1 Vernetzung – Teil der Arbeitsweise von Wirtschaftsförderung

den Banken, über die die Mehrzahl der entsprechenden Darlehnsprogramme beantragt werden, mit den Landes- und ggfs. Bundesinstitutionen erforderlich, die als Fördermittelgeber auftreten. Hier ist es im engen Austausch erforderlich, die Sprache der Antragstellung zu erlernen und zu beherrschen, die realistische Einschätzung über die Realisierbarkeit einer Förderung zu erhalten und das Antragsverfahren im Interesse des Unternehmens erfolgreich zu begleiten. Ohne eine entsprechende Vernetzung kann Wirtschaftsförderung diese zentrale Aufgabe nicht erfolgreich wahrnehmen.

Im Beratungsfeld der *Innovations- und Technologieberatung* steht die Wirtschaftsförderung bei der Vernetzung vor besonderen Herausforderungen. Zum einen ist das Feld der Partner in der Innovationslandschaft von Wissenschaft und Forschung sehr heterogen und breit aufgestellt und zum anderen ist dieses nur teilweise auf den direkten Kontakt mit dem einzelnen mittelständischen Unternehmen und seinen Bedarf vorbereitet. Klassische Mittler auf der Hochschulseite sind z. B. die Technologietransferstellen. Nicht alle Forschungseinrichtungen sind damit erfasst. Zudem setzt eine erfolgreiche Vernetzung hier auch eine gemeinsame Sprache, ein gemeinsames Verständnis voraus, was aus Sicht von Unternehmen nicht immer gegeben ist. Ein Netzwerkansatz aus Sicht der Wirtschaftsförderung muss deshalb stärker aus der Sicht der Unternehmen den Zugang in dieses komplexe Feld ermöglichen. Eigene Technologie- oder Innovationsberater der Wirtschaftsförderung sind eine aufwendige Lösung für einen nachhaltigen Vernetzungsaufbau, da vielfältiges und spezifisches technologisches und wissenschaftliches Knowhow seitens der Wirtschaftsförderung erforderlich ist. Durch eine Vernetzung z. B. mit den Technologieberatern der Kammern kann dies auch teilweise oder umfänglich abbildet werden, ist aber abhängig von der grundsätzlichen Zusammenarbeit mit den Kammern. Bisweilen beschränkt sich die Technologie- und Innovationsberatung in der Wirtschaftsförderung deshalb primär auf eine Fördermittelberatung, ein Bereich mit sehr komplexen Technologie- und Innovationsförderprogrammen, der ebenfalls eine eigene Kompetenz der Wirtschaftsförderung erforderlich macht. Hier ist die Vernetzung mit den Fördermittelgebern auf Landes- und Bundesebene wichtig. Darüber hinaus können in diesem Feld auch Vernetzungsplattformen technische Lösungen anbieten, den Bedarf und die Fragen von Unternehmen mit entsprechenden Angeboten zusammen zu bringen. Hiermit kann ein virtuelles Netzwerk entstehen.

> **Beispiel**
>
> Ein Beispiel für gelungene, vielfältige und weiträumige Vernetzungsstrukturen in einem größeren räumlichen Zusammenhang in der Unterelberegion ist die Innovations- und Technologieberatung für den Landkreis Stade. Die Wirtschaftsförderung Landkreis Stade hat diese Netzwerkentwicklung maßgeblich mit vorangetrieben.
> http://www.wf-stade.de/beratung-und-transfer.html.

Die Vernetzung im Feld der *Krisen- und Sanierungsberatung* macht die Vernetzung der Wirtschaftsförderung mit einem nochmals völlig anderen Kreis von Partnern erforderlich. Insbesondere vertrauensvolle Kontakte zu Steuerberatern, Anwälten,

Insolvenzverwaltern und -beratern müssen hier aufgebaut und gepflegt werden, um als Wirtschaftsförderung für Unternehmen in Krisensituationen etwas bewegen zu können. Die Vernetzung in diesem schwierigen Feld kann nur mit einer eigenen fachlichen Kompetenz der Wirtschaftsförderung erfolgreich betrieben werden. Zudem ist ergänzend eine gute Vernetzung mit weiteren Partnern, wie der Kreditwirtschaft und der Arbeitsverwaltung, in diesem Feld erforderlich. Hier kann die Wirtschaftsförderung den betreffenden Unternehmen einen anderen, neutraleren Zugang bieten.

Die Vernetzung im Feld der *Existenzgründungsberatung* ist im Verhältnis besonders breit aufgestellt. Angesichts der Vielfalt von Inhalten in der Beratung von Existenzgründungen benötigt die Wirtschaftsförderung in diesem Feld eine Vielzahl von unterschiedlichen Partnern. Dies sind behördliche Partner für Melde- und Genehmigungsfragen, Kreditinstitute und Fördermittelinstitutionen für die Finanzierungsfragen, Immobilienanbieter für Standortfragen, Technologieberater für technologische Fragestellungen, geeignete Beratungseinrichtungen für Konzepte und Businesspläne, die Kammern (IHK und HWK), die Agentur für Arbeit, Schulungs- und Seminareinrichtungen für Weiterbildungsangebote, dazu kommen Institutionen und ggfs. Berater für spezifische Zielgruppen bei den Existenzgründungen wie z. B. Frauen oder Migranten. Unter dem Strich muss hier ein außerordentlich breit gefächertes Netzwerkspektrum entwickelt und gepflegt werden. Für diese besondere organisatorische Situation lassen sich auch institutionalisierte Formen der Vernetzung gut umsetzen. Als Arbeitskreis, der den regelmäßigen Austausch aller beteiligten Institutionen ermöglicht, lässt sich gemeinsam mehr erreichen, z. B. die Einführung und Einhaltung von Standards.

Die inhaltlich gleiche Zielrichtung macht die Zusammenarbeit in diesem Feld insgesamt etwas leichter. Wichtig ist eine gute bilaterale Abstimmung und Vernetzung mit den Kammern, die gleichgerichtete Angebote vorhalten. Darüber hinaus ist hier auch ein ergänzender Netzwerkansatz für Unternehmen denkbar, mit einem Existenzgründungsstammtisch, den die Netzwerkpartner aus der Taufe heben, um einen Austausch von Gründungsinteressierten und Jungunternehmen zu organisieren, der neben der Vernetzung der Jungunternehmen auch ein niedrigschwelliges Informations- und Beratungsangebot darstellt.

Die Beispiele zeigen zwei sehr unterschiedliche Varianten auf
- Das Existenzgründungsnetz Hannover, http://www.eih-online.de/, ist eine Zusammenführung aller Akteure der Gründungsförderung in der Region mit dem Ziel des Erfahrungsaustausches, der Abstimmung von gemeinsamen und ergänzenden Maßnahmen sowie der Entwicklung geeigneter Standards für die Optimierung der Beratung
- Die Existenzgründungsnetzwerke werden in der Region Hannover von mehreren Institutionen ergänzend und teilweise auch im Austausch miteinander angeboten, hervorzuheben sind jene von hannoverimpuls – also klassisch durch die Wirtschaftsförderung initiiert (http://www.wirtschaftsfoerderung-hannover.de/hannoverimpuls/Gr%C3%BCndung-und-Entrepreneurship) – sowie die Wirtschaftsjunioren Hannover,

seit vielen Jahren betreiben – also von Jungunternehmern für solche, die es werden wollen (http://www.wj-hannover.de/arbeitskreise/existenzgruendung/)

Im Feld der *Ansiedlungsberatung* läuft die Vernetzung ebenfalls über ein relativ breites Spektrum an Partnern. Wesentliches Kennzeichen ist hier neben sich ergänzenden Aspekten vor allem der Wettbewerbsaspekt zwischen einzelnen Partnern. Für eine erfolgreiche Vernetzung braucht es hier ein besonderes Maß an Vertrauen und Verbindlichkeit. Dies betrifft insbesondere Partner aus dem Immobiliensektor sowie Kommunen im Wettbewerb. Hier hat jeder der Partner das gleichgerichtete konkurrierende Interesse, die Ansiedlung für sich nutzbringend zu realisieren. Nur mit sehr verbindlichen und transparenten Strukturen kann diese Vernetzung von der Wirtschaftsförderung betrieben werden. Die Presse, als ein sehr schwieriger Partner, muss hier ggfs. zusätzlich eingebunden werden. Alle übrigen Partner vor Ort sind deutlich leichter in diesem Zusammenhang zu vernetzen, denn sie haben kongruente Interessen und arbeiten in diesem Fall gerne mit der Wirtschaftsförderung zusammen, Kreditwirtschaft, Fördermittelgeber, Agentur für Arbeit, Kammern, Wissenschaft und Forschung, Berater, Anwälte, Steuerberater. Hier muss die Zusammenarbeit durch die Wirtschaftsförderung ggfs. auch selektiv eingeschränkt werden, die Vernetzungskultur muss dies vertragen.

Darüber hinaus sind im Rahmen der Ansiedlungsberatung auch enge Vernetzungen zu allen akquirierenden Einrichtungen, sowohl aus dem institutionellen Bereich als auch zu Beratern und sonstigen Initiativen erforderlich. Dies sind vor allem für die Akquisition aufgestellte Einrichtungen auf der regionalen Ebene, des Landes und ggfs. des Bundes sowie spezifische Fachberater.

Insgesamt zeigt sich, dass Vernetzung bzw. die Zusammenarbeit mit Partnern eine ganz zentrale Grundlage jeglicher Beratungsarbeit der kommunalen Wirtschaftsförderung ist. Gleichermaßen ist zu erkennen, dass Strukturen für ausgesprochen vielfältig verschiedene Partner gefunden werden müssen. Das Netzwerk der Beratungspartner der Wirtschaftsförderung ist dementsprechend sehr breit angelegt und bedarf zudem einer steten Pflege. Diese Netzwerkpflege stellt somit auch eine grundsätzliche und wichtige Anforderung an die Wirtschaftsförderung dar, der mit entsprechenden Ressourcen nachzukommen ist.

3.1.2 Projektnetzwerke

Im Rahmen der Projektarbeit stellt sich die Vernetzung etwas anders dar als in der Beratungsarbeit. Es gibt unterschiedliche Formen, die jeweils eine bestimmte Konfiguration aufweisen:

- Netzwerke für die Umsetzung von Projekten für Unternehmen,
- Entwicklungsnetzwerke mit Unternehmen,
- Vernetzung für Infrastrukturprojekte,
- kommunale Entwicklungsnetzwerke zur regionalen Entwicklung.

3.1.2.1 Netzwerke für die Umsetzung von Projekten

Die Vernetzung bezieht sich primär auf institutionelle Partner. Sie haben bezogen auf den Projektinhalt bzw. das Projektziel ein gleichgerichtetes oder kongruentes Interesse. Sie stellen insofern gemeinsam den Rahmen und organisieren den inhaltlichen Input. Bei operativen Entwicklungsprojekten der Wirtschafts- oder Beschäftigungsförderung kommen die Partner aus:

- dem Branchenumfeld,
- dem Sozial- und Bildungsbereich,
- öffentlichen oder halböffentlichen Einrichtungen mit einem spezifischen Auftrag,

Grundsätzlich ist festzuhalten, dass es sich um eine sehr heterogene Struktur von Partnern handelt. Dies korrespondiert mit der Vielzahl sehr unterschiedlich strukturierter Projekte.

Das gleich gerichtete Interesse bildet sich auch in einer gemeinsamen Finanzierung des Projekts ab, selbst wenn die Finanzierungsbeiträge der beteiligten Institutionen unterschiedlich hoch sind. Für die überwiegende Mehrzahl der Projektpartner bietet die Wirtschaftsförderung den Zugang zu zusätzlichen öffentlichen Finanzierungsmitteln. Die Wirtschaftsförderung ist insofern aus Sicht der Partner ein wichtiger und gewünschter Partner, der ggfs. das Projekt überhaupt erst möglich macht, von dem sich der Partner mittelfristig u. U. auch eine zukünftige strategische Wirkung verspricht. Die Wirtschaftsförderung wird hier mit ihrem besonders guten Zugang zu öffentlichen Finanzierungsmitteln ganz anders wahrgenommen als in den Beratungstätigkeiten, selbst wenn es in der Partnerschaft dieselbe Institution ist. Z. B. können die Kammern in der Zusammenarbeit in der Beratung deutlich zurückhaltender sein und nehmen hier einen Wettbewerb wahr, wohingegen sie in Entwicklungsprojekten auch aus finanziellen Gründen gerne mit der Wirtschaftsförderung zusammenarbeiten.

> **Beispiel**
>
> Die Projekte der Beschäftigungsförderung basieren alle auf intensiven Vernetzungsstrukturen vor Ort, die für gemeinsame Entwicklungsprojekte in unterschiedlicher Form projektbezogen genutzt werden. Die Internetseiten http://www.wirtschaftsfoerderung-hannover.de/Wirtschafts-und-Besch%C3%A4ftigungsf%C3%B6rderung/Besch%C3%A4ftigungsf%C3%B6rderung vermitteln hierzu ein erstes Bild. Mehr ist im Detail zu ersehen, wenn man in die öffentlich einsehbaren Drucksachen für den Ausschuss für Wirtschafts- und Beschäftigungsförderung bei der Region Hannover einsteigt., z. B. http://regions-sitzungsinfo.hannit.de/index.php?id=141.

3.1.2.2 Entwicklungsnetzwerke mit Unternehmen

Eine andere Form von Vernetzung entsteht bei den Entwicklungsnetzwerken mit den teilnehmenden Unternehmen. Hier trifft eine Initiative auf eine bislang nicht befriedigte Interessenlage von Unternehmen oder greift eine solche nach einem Kontakt und einer

Marktabfrage auf. Die Wirtschaftsförderung übernimmt in dieser Konstellation über die Initiative hinaus vor allem eine moderierende und leitende Funktion in dem neuen Arbeitszusammenhang. Die inhaltliche Zusammenarbeit setzt eine gewisse Öffnung bzw. Offenlegung von unternehmensbezogenen Daten und Vorgehensweisen voraus. Eine neutrale Grundlage kann auch eine gemeinsame Kommunikationsplattform darstellen. Dies kann durch eine Unternehmensdatenbank abgebildet werden.

Diese Zusammenarbeit in einem Entwicklungsnetzwerk kann auch zu projekthaften Maßnahmen führen, die Kosten verursachen. Diese sind ggfs. zu einem erheblichen Teil durch die Wirtschaftsförderung zu finanzieren, aber auch die teilnehmenden Unternehmen sind bereit diese Aktivitäten durch kleinere Finanzierungsbeiträge zu unterstützen. Sie erwarten aus den Maßnahmen mittelbar einen Vorteil, der, wenn auch in nicht näher zu beziffernder Dimension, auf ihr Unternehmen zurückstrahlt. Zwischen den teilnehmenden Unternehmen kann sich ein gleichgerichtetes Interesse im Projekt entwickeln, das für Kooperationen untereinander genutzt werden kann. In solchen weitergehenden Kooperationen können interessante Zukunftspotenziale für alle Beteiligten entwickelt werden. Je konkreter ein Nutzen für die Unternehmen dabei dargestellt werden kann desto verbindlicher müssen die Strukturen im Projekt sein. Dies kann sogar zu einer eigenständigen Rechtsform führen.

Beispiele

Die Beispiele zeigen aus dem Stand erfolgreiche Vernetzungsstrukturen, die offensichtlich für die betroffenen Unternehmen einen konkreten Mehrwert stiften und deshalb auch schnell den Übergang in eine eigenständige Organisation geschafft haben, um die gewonnenen Effekte nachhaltiger abzusichern. Alle Projekte wurden von der Wirtschaftsförderung initiiert, sind jetzt aber wirtschaftlich bzw. operativ selbstständig unterwegs.

- Zukunft. inc e. V. ist eine Initiative zur gezielten Fachkräftegewinnung durch hochinnovative Mittelstandsunternehmen, denen die Prominenz fehlt, problemlos Nachwuchs anzuziehen. http://www.wirtschaftsfoerderung-hannover.de/InnoFaktor/Projektpartner/ZUKUNFTINC.-e.-V; http://zukunft-inc.de/startseite.html
- (kre/H/tiv) Netzwerk Hannover e. V. ist das Netzwerk der Kreativwirtschaft in der Region Hannover, um gemeinsam mehr Projekte und Veranstaltungen zu realisieren und so auch die Wahrnehmung durch Kunden, Bürger und Unternehmen gleichermaßen, zu erhöhen. http://www.wirtschaftsfoerderung-hannover.de/Presse/Hannovers-Kultur-und-Kreativwirtschaft-weiter-auf-dem-Vormarsch; http://kre-h-tiv.net/
- Überbetrieblicher Verbund für Integration weiblicher Fachkräfte ist eine Institution, um den Austausch zwischen am Thema interessierten Unternehmen ein Forum zu geben sowie gemeinsam Projekte zu realisieren. http://www.wirtschaftsfoerderung-hannover.de/Personal-und-Fachkräfte/Vereinbarkeit-von-Familie-und-Beruf/Koordinierungsstelle/ÜBV-e.V; http://www.uebv-heidekreis.de/start-uebv.html

In durch die Wirtschaftsförderung initiierten Entwicklungsnetzwerken können bestimmte Themen, die für die Zielgruppe interessant sind, vorangetrieben werden, z. B. die Klärung bestimmter relevanter Fragestellungen wie z. B. kann und wenn ja wie kann das Luftfrachtpotenzial erhöht werden.

> **Beispiel**
> Ein Beispiel ist das Immobiliennetzwerk, welches von der Wirtschaftsförderung institutionalisiert wurde. Alle auf dem regionalen Immobilienmarkt unmittelbar aktiven Unternehmen wurden zusammen gerufen, um den Immobilienmarktbericht mit abgesicherten Daten auszustatten und gleichzeitig auch die inhaltlichen Aussagen zum Immobilienstandort Region Hannover abzustimmen. Ergänzt wird diese sehr fachliche Ebene durch den zusätzlich ins Leben gerufenen Immobilienstammtisch, dem alle immobilienwirtschaftlich relevanten Akteure angehören und sich hier in lockerer Runde regelmäßig austauschen. Dies fördert Vertrauen und Kooperation.

Voraussetzung ist immer ein zumindest grundsätzlich gleichgerichtetes Interesse, z. B. die bessere Vermarktung des Immobilienstandortes Hannover sowie ein transparentes Eckdatenwerk.

3.1.2.3 Vernetzung für Infrastrukturprojekte

Bei Infrastrukturprojekten sind es inhaltlich überwiegend Partnerschaften im institutionellen Bereich, kommunale Kooperationen oder auch Privat-Public-Strukturen. Insbesondere über die Kommune und damit die Wirtschaftsförderung sind erforderliche Finanzierungspartner einzubinden, vielfach geht es hierbei auch um Fördermittel. Die Partnerschaften werden den Projekten und ihren finanziellen Volumina entsprechend vielfach in verbindlichen rechtlich abgesicherten Strukturen, wie z. B. inhaltlich ausformulierten Projektgesellschaften, abgewickelt.

Für Infrastrukturen, die der grundsätzlichen Versorgung dienen und klassisch dem öffentlichen Bereich zugeordnet werden, wie Gewerbegebietsflächen, gibt es für deren Entwicklung nur wenige potenzielle Partner, wie z. B. öffentliche oder ganz wenige privat getragene Entwicklungsgesellschaften. Dabei wird das Projekt zumeist dem Partner außerhalb der Verwaltung übertragen. In wenigen Fällen wird für eine gemeinsame Realisierung auch eine eigenständige Rechtsform gefunden. Letzteres ist jedoch deutlich aufwendiger und mit einem erheblichen zeitlichen Vorlauf für die Abstimmung der unterschiedlichsten Aspekte verbunden, die fixiert werden müssen.

> **Beispiele für Vernetzungsstrukturen im Infrastrukturbereich sind**
> - Die HRG, als spezifische Beteiligungsgesellschaft der Region Hannover mit der Funktion als Projektentwickler für Gewerbegebiete unterschiedlichster Größenordnungen, wie z. B. Seelze-Letterholz, GVZ Lehrte, die damit Umsetzungs-Partner der Wirtschaftsförderung ist.
> - Gemeinsame Entwicklungsgesellschaft der Kommune mit einem Partner, nach Möglichkeit ebenfalls aus dem öffentlichen Bereich, konkret verwirklicht als – öffentliche

Entwicklungsgesellschaft für eine große Gewerbegebietsentwicklung in Wunstorf, hier ist der Partner der Stadt die HRG.
- Landesentwicklungsgesellschaften, die Kommunen teilweise und nur bei bestimmten Infrastrukturprojekten unterstützen, bzw. diese umsetzen.
- Die Ausnahme sind Kooperationen mit privaten Entwicklern, realisiert z. B. beim Logistikpark Rade bei Hamburg mit dem Firmen Ixocon und Garbe einerseits und der Firma Habacker für einen anderen Teil, kommunaler Partner war die Süderelbe AG, eine großräumig tätige Wirtschaftsfördergesellschaft.

Bei Infrastrukturen, die als typische Wirtschaftsförderprojekte angesehen werden, wie z. B. Technologie- und Gründerzentren, sind ggfs. institutionelle Partner auf der Grundlage grundsätzlich gleichgerichteter Interessen zu gewinnen. Dies können die IHK oder auch Sparkassen sein. Hier werden dann gemeinsam neue Gesellschaften gegründet, die für das Projekt und die zielgerichtete Vernetzung der Partner einen verbindlichen Rahmen schaffen. Die Wirtschaftsförderung ist auch bei diesen Projekten ein gesuchter Partner u. a. für die Einbindung von Fördermitteln. Hier greifen alle Partner gern auf die enge Vernetzung auf der öffentlichen Seite zurück, z. B. um die Finanzierungsmöglichkeiten, die insbesondere über die Landesebene zur Verfügung gestellt werden, bestmöglich einbeziehen zu können.

> **Beispiele für Immobilienprojekte der Wirtschaftsförderung**
>
> Beispiele sind primär Gründungszentren, die mit sehr unterschiedlichen spezifischen Ausprägungen ein breites Spektrum abbilden. Die Internetseiten geben ein gutes Bild über diese Projekte. Ausnahme ist das PZH (produktionstechnisches Zentrum Hannover), das primär eine Ausgründung der Leibniz-Universität-Hannover ist, um die Zusammenarbeit mit der Industrie voranzutreiben. In diesem Umfeld haben die Wirtschaftsförderung der Region Hannover sowie die Stadt Garbsen eine Gründungseinrichtung unterstützt und institutionalisiert, die die Nähe zu den Einrichtungen und der Wissenschaftskompetenz des PZH nutzt.
> - FiDT Technologie- und Gründerzentrum, Kassel, http://www.fidt.de/
> - dgz Dienstleistungs- und Gründerzentrum, Bad Hersfeld, http://www.dgz-bad-hersfeld.de/
> - PZH Produktionstechnisches Zentrum Hannover, http://www.pzh-hannover.de/
> - Camp Media Gründerzentrum Hannover, http://www.gruenderimpuls.de/gruenderzentren-hannover/camp-media/

Bei der Entwicklung von Infrastrukturen gibt es inzwischen Beispiele interkommunaler Zusammenarbeit, sehr konkret aber immer noch rar im Bereich von Gewerbegebieten. Trotz Vorteilen müssen deutliche Nachteile kompensiert werden wie die komplizierten kommunalen Abrechnungsmodalitäten.

Auch die Entwicklung von Infrastrukturen im Rahmen von private-public-partnership ist im weiteren Sinn ein Netzwerkansatz. Hier werden Partner aus dem privatwirtschaftlichen Bereich dazu gewonnen in einer gemeinsamen Rechtsform mit der Kommune infrastrukturelle Entwicklungsprojekte umzusetzen. Die tatsächliche Zahl solcher ppp-Projekte ist jedoch relativ gering.

3.2 Unternehmensnetzwerke als Ansatzpunkt für Wirtschaftsförderung

Einen bedeutsamen Ansatz für die strategische Ausrichtung von Wirtschaftsförderungsaktivitäten stellen auch die vorhandenen Netzwerke von Unternehmen dar. Operative Unternehmensnetzwerke wurden vor 100 Jahren als Industriedistrikte bereits wissenschaftlich untersucht. Industrialdistrict (engl.) bezeichnet eine spezielle Form regionaler Produktionsnetzwerke, die auf einen gemeinsamen Absatzmarkt ausgerichtet sind. Der Begriff wurde Anfang des 20. Jahrhunderts vom britischen Ökonomen Alfred Marshall geprägt. Er beschreibt die intraregionale Kooperation von meist kleinen und mittleren Unternehmen einer Branche die sich unter anderem durch flexible Spezialisierung, soziokulturelle Verbundenheit und unternehmensübergreifende Arbeitsteilung auszeichnen. Dies beinhaltet auch die Organisation gemeinsamer Aus- und Fortbildungseinrichtungen. Industriedistrikte findet man häufig außerhalb des urbanen Raumes in Gebieten mit traditionellen Handwerksstrukturen. Durch die Pflege dieses traditionellen Images versucht man in einer gemeinsamen Außendarstellung eine absatzfördernde Wirkung zu erzielen (Wikipedia 2015).

Diese Erkenntnisse wurden in jüngerer Zeit insbesondere von Porter aufgegriffen, dieser definiert ein Industriecluster folgendermaßen: „[…] eine geographisch benachbarte Gruppe untereinander verbundener Unternehmen und zugehöriger Einrichtungen aus einer Branche. Der räumliche Bereich in dem sich ein Cluster bildet kann von einer einzelnen Stadt über ein Land bis zu mehreren Ländern reichen" (Bathelt und Glückler 2002, S. 150). Nach Porter können so durch günstige Umfeldbedingungen und großen Wettbewerbsdruck z. B. in einem Land nationale Wettbewerbsvorteile in bestimmten Branchen entstehen.

> **Beispiel**
> Ein Beispiel für ein Cluster mit weitreichenden Vernetzungsstrukturen ist im Bereich der Automobilkompetenz in der Region Stuttgart zu finden, http://www.cars.region-stuttgart.de/.

Einen weiteren Netzwerkansatz von Unternehmen greift jener des sogenannten kreativen Milieus auf. Dieser wird folgendermaßen definiert: Bei kreativen Milieus (auch innovatives Milieu) handelt es sich um einen in der Wirtschaftsgeografie verbreiteten Netzwerkansatz, der versucht, die Bedeutung lokaler Unternehmensnetzwerke für die Generierung von Wissen und Innovationen zu erklären. Wichtigste Grundlage für den wirtschaftlichen Erfolg einer Region sind demnach persönliche Beziehungen der verschiedenen Akteure aus Wirtschaft und Politik. Diese dienen dem kreativen Austausch von Ideen und der Etablierung gemeinsamer Leitbilder und Ziele für eine Wirtschaftsregion (Wikipedia 2013).

Ein Kreatives Milieu entsteht durch die Kombination dichter informell-sozialer Beziehungen von qualifizierten Entscheidungsträgern mit einem nach außen wie innen wirkenden positiven Image, sowie einem Zusammengehörigkeitsgefühl auf regionaler Ebene. Die Beteiligten veranlassen kollektive Lernprozesse und steigern die örtliche Innovationsfähigkeit.

3.2.1 Branchencluster

Eine besonders weit entwickelte Form von Netzwerken besteht in sogenannten Branchenclustern. Hier werden Unternehmen einer bestimmten Branche, jedoch unabhängig davon welchen Teil der Wertschöpfung sie innerhalb der gesamten Wertschöpfungskette bearbeiten, Wissenschafts- und Forschungseinrichtung, die diesen Branchenbereich bzw. die Wertschöpfung betreffen sowie flankierend in besonderer Weise mit dieser Branche verknüpfte Dienstleister und Berater in einem Netzwerk zusammengefasst. Häufig sind dies auch Zuliefererbeziehungen. In dem Branchencluster besteht gehäuftes Spezialwissen, sowie ein entsprechend gebildetes Arbeitskräftepotenzial. Beides sind gute Grundlagen für weitere Betriebe diese Potenziale für sich durch eine Präsenz an diesem Standort zu nutzen. Der Kern eines solchen Branchenclusters kann durch ein Großunternehmen mit Zuliefererbetrieben abgebildet werden oder durch ein innovatives Milieu, in dem mittelständische und relativ junge Firmen zusammenarbeiten. Wichtige Grundlage sind betriebsintern wie auch zwischenbetrieblich Verhaltensnormen aus dem Wissenschaftssystem. Eine kulturelle Nähe zum Wissenschaftssystem ist Grundlage problemlösungsorientierter Netzwerke, die sich auf die Anwendungs- und ökonomischen Verwertungsmöglichkeiten neuer Technologien konzentrieren (Franz 1998, S. 15). Das Zusammenwirken in einem Cluster bewirkt bzw. unterstützt positive Entwicklungen bei allen Beteiligten bzw. entsteht durch die enge Zusammenarbeit. Es geht dabei primär um einen Austausch von Erfahrungen und Ideen, das Zusammenwirken von Wissen von unterschiedlichen Akteuren. Zudem zeigt sich, dass die räumliche Nähe dabei eine relevante Rolle spielt, für das Funktionieren dieser direkten Austauschprozesse. Die erforderlich engen Kontakte werden durch eine enge räumliche Verflechtung deutlich begünstigt. Begünstigend ist auch die Beteiligung der Wissenschaft, um die Innovationen in dem Cluster immer wieder inhaltlich voranzubringen.

Dieser Wissensaustausch führt im günstigen Fall zu neuen Produkten und Verfahren. Diese Neuerungen sind für alle Beteiligten immer wieder erforderlich, um die eigene Wettbewerbsfähigkeit zu erhalten. Wettbewerbsfähigkeit ist gleichzeitig auch Grundlage für Unternehmenswachstum. So fördert ein intensiver und strukturierter Wissensaustausch das Wachstum der Beteiligten in einem Cluster und kann weitere

Know-how-Träger anziehen. Es zeigt sich, dass auf der Basis dieser Wirkungszusammenhänge ein hinreichend großes Cluster ein eigenständiges Wachstum aus sich heraus entwickeln kann.

Dieser Wirkungszusammenhang wurde seit in den 80er Jahren zunehmend von der Wirtschaftspolitik aufgearbeitet und aufgegriffen. Clusterstrategien für die regionale und kommunale Entwicklung haben seit den 90er Jahren schnell Verbreitung für die Wirtschaftsförderung gefunden. Regionale Branchenkonzentrationen zählen seitdem zu den Modebegriffen in der Praxis der Wirtschaftsförderung (Kiese 2012, S. 22). Die Popularität von Clustern in Politik und Praxis eilt dabei dem theoretischen und empirischen Verständnis derzeit weit voraus. Dadurch kann es zu einem Theoriedefizit in politischen Entscheidungen und deren praktischer Umsetzung kommen (Kiese 2012, S. 24).

Die Vorstellungen über ein Cluster sind uneinheitlich. Grundsätzlich geht es um vernetzte Wirtschafts- und Wissenschaftsstrukturen mit einer räumlichen Komponente. Es gibt räumlich unterschiedliche Ausprägungen von lokal bis international. Wobei die räumliche Nähe und regionale Abgrenzung eines innovativen Milieus die häufigen persönlichen Kontakte ermöglicht und somit die Basis für das gegenseitige Vertrauen schafft, das notwendig ist, die Selbstwahrnehmung aufbauen zu können. Auch dieser Ansatz führt die Entstehung von Innovationen besonders auf die räumliche Nähe zurück. Erst die regionale Abgrenzung eines innovativen Milieus ermöglicht die häufigen persönlichen Kontakte und schafft somit die Basis für das gegenseitige Vertrauen, das notwendig ist, um eine Selbstwahrnehmung aufbauen zu können (Klessmann 2006, S. 28). In allen Fällen müssen entsprechende kritische Massen von Beteiligten miteinander vernetzt sein. Die Vernetzung wird dabei zunehmend breiter angelegt. Gleichzeitig müssen in breit angelegten Netzwerken die spezifischen Kompetenzen am Standort herausgearbeitet werden, um eine konkrete Entwicklung vorantreiben zu können. Ein IT-Cluster haben viele Regionen, deshalb muss es hier um die jeweilige Spezialisierung des IT-Sektors am Standort gehen, wenn eine gezielte Entwicklung am Standort betrieben werden soll.

Der zentrale Aspekt jeder Clusterstrategie in einer bestimmten Branche ist die Entwicklung eines verbindlichen Netzwerks aller relevanten Unternehmen und Wissenschaftseinrichtungen, den Kern muss dabei die Gruppe der maßgeblichen Spezialisierung am Standort abbilden. Hier ist die Dichte am größten, hier können die erforderlichen Entwicklungsimpulse am besten gesetzt werden.

Cluster können dabei ausgebildet sein als funktionierende, latente, potenzielle aber auch politisch motivierte und Wunschdenken-Cluster (Kiese 2012, S. 41). Dies zeigt die Problematik nicht hinreichend klarer Erkenntnisse deutlich auf, die zu Fehlsteuerungen führen können.

Die Wirtschaftsförderung kann hier ggfs. auch gemeinsam mit anderen Institutionen wie der IHK den Anstoß geben. Anlass insbesondere der Kommune bzw. der öffentlichen Hand ist ein übergeordnetes Interesse, den Standort insgesamt zu entwickeln. Dem Grundsatz „Stärken stärken" folgend, soll hier bei den regionalen Stärken angesetzt werden, um die dort ruhenden Entwicklungspotenziale besser nutzbar zu machen. Dies wird auch dann als wirkungsvoll und aussichtsreich erachtet, wenn es sich um eine vom Trend her besonders dynamische Branche handelt, für die am Standort günstige

Entwicklungspotenziale bestehen durch einen bereits vorhandenen Nukleus von Unternehmen mit einer spezifischen Kompetenz, selbst wenn dieser noch nicht besonders groß ist.

3.2.1.1 Entwicklung einer Clusterstrategie

Die Aspekte Vernetzung, Kooperation und Nähe werden in der Wissenschaft seit vielen Jahren als Agglomerationsvorteile bezeichnet und als maßgeblich für erfolgreiche Standorte benannt.

Für die Wirtschaftsförderung stehen auf der Grundlage dieser Erkenntnisse Clusterstrategien als zentrale kommunale Entwicklungsstrategien ganz oben auf der Liste der Aktivitäten in der Bestandsentwicklung.

Um eine Clusterstrategie zu starten ist zunächst eine sehr umfangreiche Grundlagenarbeit erforderlich. Das heißt zunächst, die vorhandenen Potenziale in Wirtschaft und Wissenschaft am Standort in ihrem Status quo zu erfassen. Darüber hinaus gilt es, diese Daten mit den potenziellen Trends in der betreffenden Branche und ihrem Umfeld zu verknüpfen. Hieraus wird ein Bild möglicher Entwicklungspotenziale für den Standort entwickelt. Dieses Zielszenario wird mit konkreten Maßnahmen und Erfolgszahlen hinterlegt. Bereits die Möglichkeiten der eigenen Grundlagenarbeit der Wirtschaftsförderung können hier schnell an ihre Grenzen stoßen und machen deshalb das Einschalten zusätzlicher Fachkompetenz erforderlich. Etliche große und renommierte Consultingunternehmen, wie u. a. auch McKinsey haben ab den 90er Jahren Kommunen bei der Aufstellung von Clusterstrategien für den Standort unterstützt.

Angesichts der strategischen und im Weiteren auch finanziellen Relevanz einerseits aber auch der grundsätzlich erforderlichen Abstimmung und Unterstützung mit allen relevanten institutionellen Spielern am Standort andererseits ist bereits das Konzept für eine Clusterstrategie ein besonders ambitioniertes Projekt der Wirtschaftsförderung.

Das Konzept ist bereits ein Entwicklungsprojekt, bei dem das gesamte institutionelle Netzwerk der Beteiligten an der Wirtschaftspolitik gemeinsam an der Entwicklung des Standortes mitarbeiten muss. Neben der öffentlichen Hand, die auch durch mehrere Kommunen repräsentiert sein kann, sind dies die relevanten Kammern, vor allem die IHK und die HWK, relevante und durch die Entwicklung betroffene Wirtschaftsverbände und Vereinigungen, Gewerkschaften und die Arbeitsverwaltung sowie die regionale Kreditwirtschaft. Darüber hinaus ist es die ansässige Wissenschaft z. B. die entsprechenden Hochschulen und Universitäten sowie sonstige öffentliche Einrichtungen mit Relevanz für die Entwicklung, wie z. B. eine Messegesellschaft oder die Flughafengesellschaft. Für all diese Beteiligten darf angenommen werden, dass sie eine Wirtschaftsentwicklung grundsätzlich auch auf Grundlage ihrer eigenen Verantwortlichkeit unterstützen und grundsätzlich in einer gewissen Weise von einer positiven Entwicklung profitieren würden.

Auf der anderen Seite muss auch die Zielgruppe Unternehmen nach Möglichkeit in die Konzeptphase eingebunden werden. Deshalb sind führende Wirtschaftsunternehmen als Motoren der konkreten Entwicklung in bestimmten Branchen mit ins Boot zu holen. Hier sind insbesondere große Konzerne gemeint, die mit ihrer Wirtschaftskraft und Bedeutung als Arbeitgeber die betreffende Branche vor Ort ggfs. ohnehin maßgeblich beeinflussen oder gar dominieren. Da von einer zumindest gewissen Verflechtung mit der regional ansässigen Wirtschaft ausgegangen werden muss, wird ihr Engagement diese Entwicklung beeinflussen. Damit profitieren sie von der durch eine Clusterstrategie angestoßenen Entwicklung ggfs. auch in besonderem Maße und unmittelbar. Gegen ihre Interessen oder ohne ihre Unterstützung lassen sich für betreffende Cluster Entwicklungsstrategien für den Standort kaum erfolgreich umsetzen. In der Umsetzung sollten sie deshalb eine tragende Rolle übernehmen.

Nur wenn diese Beteiligten zumindest mehrheitlich ein derartiges Konzept inhaltlich und strategisch unterstützen kann durch die Entscheidungsgremien der Wirtschaftsförderung eine Clusterstrategie für den Standort verabschiedet werden. Mit dieser strategischen Festlegung sind zumeist erhebliche finanzielle Verpflichtungen der Kommune(n) verbunden, die über einen längeren Zeitraum zu tragen sind. 5 bzw. 10 Jahreszeiträume sind hier die Regel, da erst in solch längeren zeitlichen Fristen Wirkungen erzielt werden können.

> **Beispiele für Clusterprojekte, die von der bzw. für die Wirtschaftsförderung initiiert wurden sind**
> - Das Hannover-Projekt, Umsetzungsorganisation: hannoverimpuls GmbH, www.hannoverimpuls.de, wobei die Präsentation wenig zur Historie sondern vielmehr zur heutigen Tätigkeit aussagt. Weitere Information findet man in den öffentlich zugänglichen Drucksachen zum Projekt bzw. zur Gesellschaft oder in Pressearchiven (vgl. auch Abb. 3.1 und 3.2).

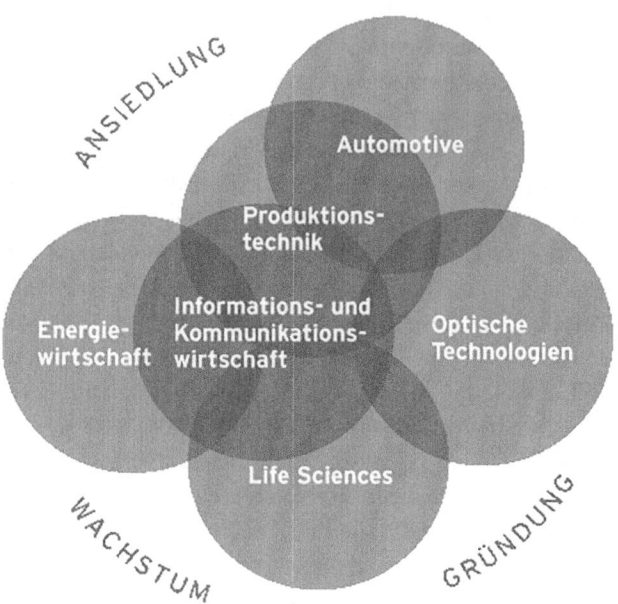

Abb. 3.1 hannoverimpuls – Clusterbranchen der Region Hannover

3.2 Unternehmensnetzwerke als Ansatzpunkt für Wirtschaftsförderung

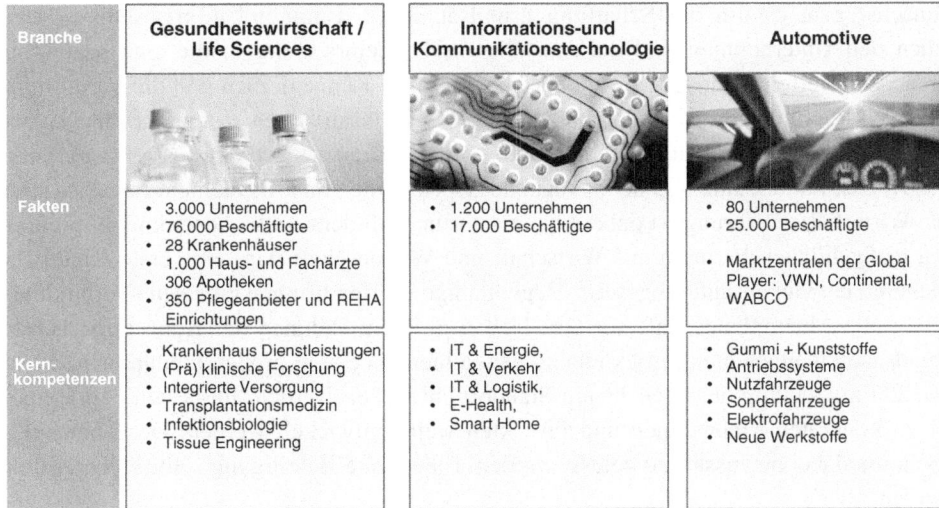

Abb. 3.2 hannoverimpuls – Struktur Clustereckdaten

- Das Dortmund Projekt, die Internetseite https://www.fes.de/hessen/common/pdf/Strukturwandel_am_Beispiel_Dortmund.pdf vermittelt ein gutes Bild aus der aktiven und eigenständigen Projektphase. Das Dortmund Projekt ist seit einigen Jahren in die Wirtschaftsförderung Dortmund integriert.
- Die Wolfsburg AG, die ein Sonderfall ist, da hier auch das Unternehmen Volkswagen eine zentrale Rolle bei Entwicklung aber auch Fortführung einnimmt, die Internetseite www.wolfsburg-ag.com vermittelt ein primär aktuelles Bild.

3.2.1.2 Umsetzung einer Clusterstrategie

Die Umsetzung eines Clusterprojektes beruht operativ auf der Vernetzung auf mehreren Ebenen. Wie bereits an anderer Stelle dargestellt, soll über ein Kennen bzw. Kennenlernen verschiedenster Partner sowie einen sich auf dieser Basis entspinnenden Wissensaustausch, in einem Netzwerk die Grundlage für eine nutzbringende Zusammenarbeit gelegt werden. Durch das Projektkonzept wird ein Handlungsrahmen abgesteckt, in dem zahlreiche Maßnahmen und Projekte definiert werden. Die operative Vernetzung spielt eine große Rolle und findet auf zwei Ebenen statt:

- ein „großes" Branchennetzwerk, in dem alle potenziell dem Cluster zuzurechnenden Unternehmen, Einrichtungen und Institutionen zusammengeschlossen sind. Dies hat einen eher unverbindlichen Charakter.
- „kleine" projektgetriebene Netzwerke. Hier handelt es sich um sehr zielgerichtete, inhaltsbezogene und nutzengetriebene Projekte, die jeweils ein sehr verbindliches Netzwerk von Unternehmen und Wissenschaft zusammenfasst.

Zunächst geht es um die Schaffung grundsätzlicher Kommunikationsstrukturen zwischen den Unternehmen und der/den Wissenschaftseinrichtungen, die eine bestimmte Branche betreffen. Hier geht es um ein gegenseitiges Kennenlernen und die Vermittlung eines Wir-Gefühls. Basis sind grundsätzliche Gemeinsamkeiten in einer Branche, wie strukturelle Informationen, vor allem auch wie die Branche vor Ort aussieht, wesentliche Trends, interessante und herausragende Aspekte, die von allgemeinem Interesse sind. Die Wirtschaftsförderung ist dabei Organisator und Moderator. In Abstimmung mit einigen maßgeblichen Partnern aus Wirtschaft und Wissenschaft wird eine erste inhaltliche Richtung entwickelt und umgesetzt. Regelmäßige Treffen bringen eine neue Verbindlichkeit in die Akteurslandschaft vor Ort. Neben ggfs. im Rahmen der Konzeption bereits grundsätzlich angelegten Projektideen können hier aus einem großen Plenum neue Ideen für die Entwicklung der Branche am Standort entwickelt werden. Im besten Fall können sie zu konkreten Maßnahmen und Projekten weiterentwickelt werden. Der Themenkanon muss dabei bewusst weit gefasst werden. Eine breite Beteiligung sollte sichergestellt werden.

In der weiteren Entwicklung der Branche wird es eine Herausforderung, diesen grundsätzlich jedoch unverbindlichen Netzwerkzusammenhang in Aktion zu halten und damit auch einen Zugang zur Branche insgesamt zu festigen. Nach einer zumeist sehr angeregten und für alle als Nutzen bringend empfundenen Startphase kann sich bald Ernüchterung einstellen, wenn keine konkreten und nachhaltigen Veränderungen oder Maßnahmen realisiert werden. Diese sind immer wieder erforderlich, um das Netzwerk zusammen zu halten und ihm eine nachhaltige Berechtigung zu geben. Gegebenenfalls wird sich eine gewisse Identität des Netzwerks entwickeln, die von den meisten Beteiligten positiv bewertet wird und die durch geeignete Maßnahmen immer wieder unterstützt werden muss. Hier ist ein personeller wie auch finanzieller Ressourceneinsatz seitens der Wirtschaftsförderung immer wieder erforderlich.

Wichtig und entscheidend für den Erfolg eines solchen Netzwerks sind aber sehr konkrete gemeinsame Entwicklungsmaßnahmen zwischen Unternehmen und oder auch mit der Wissenschaft, die einen sehr konkreten Nutzen in den Unternehmen sowie ggfs. auf der Wissenschaftsseite stiften. Die Zusammenarbeit soll intensiviert werden, der Austausch und im besten Fall die gemeinsame Entwicklung neuer Ideen oder Geschäftsfelder, die für beide Seiten einen richtigen Fortschritt oder auch wirtschaftlichen Gewinn bedeuten. Erst dann ist der grundsätzliche Clustergedanke umgesetzt, der auch gemeinsames Wachstum aufgrund Nähe, Wissens- und Erfahrungsaustausch sowie Zusammenarbeit beinhaltet. Die Wirtschaftsförderung ist immer wieder als Moderator gefordert sowie in der Bereitstellung ggfs. geeigneter Strukturen für einen zielgerichteten Austausch, wie z. B. über entsprechende Datenbanklösungen. So sollen die Möglichkeiten geschaffen werden sich mit sehr konkreten Fragestellungen auszutauschen. Wirtschaftsförderung kann sich auch an vorbereitenden Untersuchungen beteiligen sowie letztlich mit der Unterstützung bei der Nutzung von öffentlichen Förderprogrammen für innovative Vorhaben.

3.2.1.3 Projekte im Cluster

Projekte im Cluster sind wichtige Leuchttürme der gemeinsam vorangetriebenen Entwicklung. Sie schaffen einen sehr konkreten Mehrwert und wirtschaftlich nachhaltige Ergebnisse für alle Beteiligten. Sie können in einem bestimmten Segment der Branche auch eine Entwicklung zusätzlich antreiben, die neue Unternehmen an den Standort holt. Mit einem konkreten Unternehmenswachstum sowohl im Bestand als auch durch Ansiedlung würde das Cluster dann auch die gewünschte und beabsichtigte Entwicklungsdynamik erzeugen.

Grundlage für derartige Projekte ist das Zusammentreffen einer Gruppe von Unternehmen und Wissenschafts- bzw. Forschungseinrichtungen, die gleichgerichtete, kongruente Interessen haben. Um Innovationen zu entwickeln bedarf es eines Austauschs von Erfahrungen und Wissen, um dann gemeinsam mehr daraus zu machen. Gemeinsam kann es dann gelingen, eine von beiden Seiten festgestellte Wertschöpfungslücke zu füllen. Diese zusätzliche Wertschöpfung ist für beide Seiten von konkretem und wirtschaftlichem Vorteil.

Die am Projekt teilnehmenden Unternehmen müssen sich auf eine enge Verbindung einlassen. Da es sich inhaltlich zumeist um innovative technologieorientierte Projekte handelt, muss zwischen den Beteiligten ein hohes Maß an Verbindlichkeit und Vertrauen entwickelt werden. Dies setzt gleichermaßen eine gewisse Öffnung bzw. Offenlegung eigener Ideen und Daten voraus. So entsteht Raum für Kooperationen. Hierin liegt der Schlüssel zur Umsetzung neuer Zukunftspotenziale für alle Beteiligten. Inhaltlich wird das Projekt primär durch die projektbeteiligten Unternehmen und Forschungseinrichtungen bestimmt.

In den meisten Fällen werden verbindliche Strukturen in eigenständiger Rechtsform entwickelt. Gleichzeitig wird ein zusätzliches Maß an Verbindlichkeit, durch eine gemeinsame Finanzierung des Projekts durch die Beteiligten, realisiert. Ein finanzieller Beitrag ist für die teilnehmenden Unternehmen immer ein klarer Prüfstein. Nur wenn ein konkreter Nutzen, der auch einen ökonomischen Beitrag aus dem Projekt erwarten lässt, vorhanden ist, wird ein Unternehmen sich mit eigenen Mitteln beteiligen. Dieses spiegelt somit auch die Qualität des Projekts bzw. die Erwartungen an den Projekterfolg.

Beispiele

Beispiele aus der Clusterorganisation hannoverimpuls in Form eigenständiger Projekt in privater Rechtsform, die gemeinsam mit Unternehmen initiiert und finanziert werden, sind u. a.:
- Hannover Clinical Trial Center, www.clinical-trial-center.de
- Hannover IT e. V., www.hannoverit.de
- Beispiel hannoverimpuls, Clusterprojekte IT Bereich, siehe Abb. 3.3.

Abb. 3.3 hannoverimpuls – Clusterprojekte im IT-Bereich

http://www.wirtschaftsfoerderung-hannover.de/hannoverimpuls/Zukunftsbranchen/ IuK/Netzwerke, http://www.hannoverit.de/index.php

Weitere Beispiele für Projekte und Netzwerke in eigenständiger Rechtsform im Gesundheitssektor sind z. B.
- Biome TI e. V., www.biometi.de
- http://www.gesundheitswirtschaft-hannover.de
- http://www.wirtschaftsfoerderung-hannover.de/hannoverimpuls/Zukunftsbranchen/ Gesundheitswirtschaft/Netzwerke
- http://www.wirtschaftsfoerderung-hannover.de/hannoverimpuls/Zukunftsbranchen/ Gesundheitswirtschaft/Wissenschaft-und-Forschung

Die Wirtschaftsförderung übernimmt in dieser Konstellation eine projektinitiierende Funktion, die passenden Partner zusammenzubringen und so für einen Austausch zwischen potenziellen Projektbeteiligten zu sorgen. Sie hat im Weiteren vor allem eine moderierende Funktion im Prozess der Projektorganisation. In den meisten Fällen werden darüber hinaus zusätzliche finanzielle Ressourcen benötigt, die die Wirtschaftsförderung in Kooperation mit den Beteiligten aus geeigneten innovationsorientierten Fördermittelprogrammen akquiriert. Darüber hinaus verfügt die Wirtschaftsförderung ggfs. auch über einen eigenen Etat zur Unterstützung solcher konkreter Unternehmensprojekte. Gleichwohl kann eine Förderung nur gewährt werden, wenn die Unternehmen die Kofinanzierung leisten. Die Wirtschaftsförderung muss für einen eigenen finanziellen Beitrag selbst klare Richtlinien aufstellen. Das heißt, eigene Erwartungen und Vorstellungen über einen standortpolitischen Nutzen und ggfs. zusätzliche Randbedingungen zu definieren sowie zu erbringende Nachweise aufzustellen. Darüber hinaus ist eine Genehmigung über die Zulässigkeit bei einer begrenzten Höhe bei den entsprechenden Aufsichtsbehörden einzuholen. Dies kann bis zu einer EU-rechtlichen Genehmigung reichen, da kommunale Fördermittelprogramme für Unternehmen eine Ausnahme darstellen. Für einzelbetriebliche Förderung gilt ansonsten grundsätzlich der Rahmen der de-minimis-Förderung mit einer engen Beschränkung auf ein Volumen von 200.000 € je Unternehmen, die in einem Zeitraum von 5 Jahren einmalig gewährt werden können.

3.2.2 Kreative Milieus – Kreativwirtschaft

Relativ nah dem Clusterbegriff, der auch das innovative Milieu beinhaltet, kommt das kreative Milieu. Es wird insgesamt weniger Industrie- und produktionsnah verstanden und reicht weit in den Dienstleistungssektor hinein. Insbesondere die eher lokal bis regional tätigen Unternehmen der kreativen Bereiche rückten in den letzten Jahren verstärkt in den Fokus. In verschiedenen Städten entstanden Netzwerke und Standorte, teilweise auch mit alternativem Anstrich, die eine wahrnehmbare Relevanz und Größe in der regionalen Landschaft erreicht haben. Es galt und gilt diese weiter zu entwickeln.

> Das Konzept der kreativen Milieus betont die besondere Bedeutung einer regionalen Netzwerkarchitektur für die Regionalentwicklung und bündelt wichtige Fragen zur Dynamik regionaler Wirtschaftsräume. Es beschreibt einen raumgebundenen Komplex, der mit seinem Technologie- und Marktumfeld nach außen geöffnet ist und Know-how, Regeln, Normen und Werte sowie ein ‚Kapital' an sozialen Beziehungen nach innen integriert und beherrscht (Gabler Wirtschaftslexikon – kreatives Milieu, Version 10).

Die Gesamtheit der Beziehungen in einem Milieu soll, eingebunden in das soziokulturelle Umfeld, zu einem kollektiven Lernprozess führen. Als Voraussetzung für die Realisierung gilt neben der räumlichen Nähe auch das Vorhandensein von gemeinsamen Wertvorstellungen und Vertrauen.

Das kreative Milieu wird insofern auch als Ausgangspunkt, für eine positive lokale bzw. regionale Entwicklung verstanden. In der vergangenen Dekade ist in diesem Zusammenhang neben allen technologie- und forschungsgetriebenen Bereichen der Kreativsektor bzw. die sogenannte Kreativwirtschaft zum Gegenstand von Entwicklungsstrategien der Wirtschaftsförderung geworden.

Das kreative Milieu entstand dabei vielfach an Standorten, die durch den Strukturwandel frei geworden waren, z. B. verlassene Industrieareale. Hier wurde Raum zu günstigen Konditionen, der zudem gewisse Freiheitsgrade erlaubt, von Unternehmen der kreativen Szene belegt. Die besondere Atmosphäre der Standorte mit einer typisch städtischen Prägung ziehen junge Leute der unterschiedlichsten kreativen Bereiche an. Hieraus entwickelten sich vielfach sogenannte Szeneviertel. An schwierigen Standorten wurden sie damit teilweise zum Motor für die Stadtentwicklung. Die insgesamt positive Wirkung, auch als Wirtschaftsfaktor, hat die Kreativwirtschaft dann auch zum Thema der Wirtschaftsförderung gemacht. Der Wirkungsradius der Kreativwirtschaft ist grundsätzlich eher nahräumlich bis regional. Die Bedeutung der Kreativität hat im Rahmen des Strukturwandels erheblich zugenommen. Auch die wirtschaftliche Bedeutung dieses

Sektors für einen Standort wird heute deutlich höher bewertet als noch vor wenigen Jahrzehnten. Zudem wird eine kreative Szene und kulturelle Vielfalt auch als ein Ausdruck für einen Standort angesehen, der Toleranz lebt und damit auch für Talente interessant ist. Hier schließt sich der Kreis zur These der 3 Ts von Richard Florida.

Für die Wirtschaftsförderung stellt die Entwicklung der Kreativwirtschaft eine gewisse Nähe zu Clusterkonzepten aber auch zu Stadt- und Quartiersentwicklung her. Zur Unterstützung der Kreativwirtschaft geht es insofern zunächst um die Schaffung geeigneter Rahmenbedingungen, d. h. geeignete Räumlichkeiten, die Raum für Experimentelles bieten, zur Verfügung zu stellen. Hiermit soll die Entstehung eines kreativen Milieus als Nukleus unterstützt werden.

> **Beispiele für Netzwerke in der Kreativwirtschaft**
>
> Sie sind vielfach sehr eng an einen Standort, konkret eine Immobilie als Heimat der Kreativwirtschaft gebunden, ggf. bezieht sich dies dann auch auf einen kleineren Stadtteilbereich wie z. B.
> - Jungbusch Mannheim – Musikpark Mannheim, https://www.mannheim.de/wirtschaft-entwickeln/kreativer-jungbusch, https://www.mannheim.de/wirtschaft-entwickeln/kreativwirtschaftszentrum-jungbusch
> - Schlachthof Kassel, http://www.schlachthof-kassel.de/startseite.html
> - Faustgelände Hannover, http://www.kulturzentrum-faust.de/

Die Frage nach Räumlichkeiten kann genutzt werden für eine Aufwertung einer brachliegenden Immobilie und/oder eines Stadtbereichs.

Darüber hinaus gilt es zur Entwicklung der Kreativwirtschaft, die vor Ort existierenden informellen Netzwerke als Ausgangspunkt für formalisierte Netzwerke aufzugreifen. Ähnlich bzw. analog zu typischen Clusternetzwerken werden auch durch die Wirtschaftsförderung größere formale Netzwerke gebildet, die eine weitreichende Vernetzungsmöglichkeit für alle Interessierten anbieten. Durch die formalisierten Netzwerke können die einzelnen Beteiligten sich vielfach besser nach außen darstellen bzw. bekommen dazu die Möglichkeit.

> **Beispiel**
>
> Ein Beispiel für einen stärker auf die gesamte Branche bezogen Netzwerkzusammenhang ist das.
>
> Kreativnetzwerk kre-H-tiv in Hannover, http://kre-h-tiv.net/. Hier werden die Interessen aller Akteure aus Kultur- und Kreativwirtschaft vertreten, Rahmenbedingungen und Wettbewerbsfähigkeit sollen verbessert werden und die Wahrnehmung als Kulturstandort erhöht werden.

3.2.3 Lokale Ökonomie – Stadtteilökonomien

Lokale Ökonomie bzw. Stadtteilökonomie ist ein Ansatz, der sich sehr stark auf kleinräumige Vernetzung und kleinräumige Wirtschaftskreisläufe bezieht. Er bezieht darüber hinaus auch vor Ort ansässige Non-Profit-Initiativen mit ein. Es geht um die gesteuerte Entwicklung eines Quartiers zu einem Lebensraum, in dem die vorhandenen Ressourcen an Arbeitskraft genutzt und einbezogen werden und mit der vorhandenen und entstehenden Kaufkraft ein lokaler Absatzmarkt entsteht, der den vorhandenen und entstehenden unternehmerischen Aktivitäten eine hinreichende Existenzgrundlage bietet, die auch die zusätzlichen Beschäftigungsverhältnisse ermöglicht. Es sollen primär Wirtschaftskreisläufe vor Ort realisiert werden.

Lokale Ökonomie ist ein Netzwerk von Unternehmen in einem abgegrenzten Raum. Es handelt sich um einen Entwicklungsansatz, in Stadträumen mit besonderen Schwierigkeiten wie z. B. Leerstand und sozialen Problemen Verbesserungen zu erreichen, die das Gebiet insgesamt wieder festigen. Ziel ist eine Wiederbelebung geschäftlicher Aktivitäten sowohl bei den ansässigen Betrieben wie auch durch Neuansiedlung weiterer Betriebe. In diesem Zug werden Leerstände wiedergenutzt, was auch die Aufenthaltsqualität positiv beeinflusst. Gleichzeitig können auch soziale Projekte, die durch andere Akteure angestoßen werden, mit den Entwicklungen ggfs. verknüpft werden, die zu einer weiteren Stabilisierung der Entwicklung in dem Gebiet führen. In der Stadtteilorienteirten Wirtschaftsförderung geht es um Stadtteilentwicklung, Wirtschaftsförderung, Beschäftigungsförderung und Qualifizierung sowie Sozialarbeit. Die Vernetzung und Zusammenarbeit dieser Arbeitsgebiete ist ein zentraler Handlungsansatz. Um die Vernetzung leisten zu können, ist es wichtig die Arbeitsweise und politischen Aufgabenstellungen dieser Arbeitsgebiete zu kennen, denn nur so können diese verschiedenen Ressourcen für die spezifische Aufgabenstellung einer stadtteilorientierten Wirtschaftsförderung genutzt werden (Forschungs- und Entwicklungsgesellschaft Hessen mbH und Boos-Krüger 2003).

Ein solcher Ansatz erfordert eine Vernetzung mit unterschiedlichen Gruppen und eine Verknüpfung für einen gemeinsamen Mehrwert. Zunächst steht die Vernetzung mit den ansässigen Unternehmen sowie die der Immobilieneigentümer bzw. Vermieter von Flächen an. Hier geht es um eine Status-quo-Bildung und Problemaufnahme. Auch wesentlicher Veränderungsbedarf und -wünsche müssen aufgenommen werden. Die Wirtschaftsförderung übernimmt hier auch eine Kümmererfunktion vor Ort.

Im nächsten Schritt ist eine Vernetzung mit den anderen im Gebiet aktiven institutionellen und Einrichtungen erforderlich, um die gesamte Problemlage des Gebiets auch unter sozialen Aspekten erkennen zu können und gemeinsame Lösungsansätze zu diskutieren.

Im Weiteren geht es dann darum, zusätzliche Aktivitäten im Quartier zu platzieren und dieses damit ggfs. langfristig auch neu zu positionieren. Dazu ist eine genaue Untersuchung der Möglichkeiten erforderlich. Dies bezieht sich auf den Branchenmix wie auch auf z. B. ethnische Perspektiven. Ethnische Ökonomien haben verschiedene Funktionen im und für den Stadtteil und übernimmt häufig die Nahversorgung der Stadtteilbevölkerung (Difu und Schuleri-Hartje 2006, S. 2).

Insgesamt kommt hier auf Stadtteilebene der Instrumentenmix aus Beratung und Projekten der Wirtschaftsförderung in einer den spezifischen Erfordernissen angepassten Form zum Einsatz. Es geht in der stadtteilorientierten Wirtschaftsförderung um Stadtentwicklung, Wirtschaftsförderung, Beschäftigung und Qualifizierung sowie Sozialarbeit.

Die Vernetzung ist im Rahmen der sozialen Stadt ein zentraler Handlungsansatz; um dies leisten zu können ist es wichtig, die Arbeitsweisen und politischen Aufgabenstellungen der Arbeitsgebiete zu kennen, denn nur so können die verschiedenen Ressourcen für diese spezifische Aufgabenstellung einer stadtteilorientierten Wirtschaftsförderung genutzt werden (Boos-Krüger 2003, S. 3).

> **Beispiele**
>
> Die ausgewählten Beispiele veranschaulichen die vielgestaltige Vorgehensweise in bestimmten Quartieren, in denen Projekte zur Entwicklung lokaler Ökonomien gestartet wurden:
> - Mannheim-Jungbusch, https://www.mannheim.de/stadt-gestalten/quartiermanagement-jungbusch
> - Dortmund-Nordstadt, http://www.dortmund.de/de/leben_in_dortmund/planen_bauen_wohnen/stadterneuerung_nordstadt/start_sn/index.html
> - Duisburg-Marxloh, http://www.soziale-stadt.nrw.de/stadtteile_projekte/profil.php?st=duisburg-marxloh
> - Hannover, Stärkung der lokalen Ökonomie durch die Wirtschaftsförderung, http://www.wirtschaftsfoerderung-hannover.de/Wirtschaftsförderung-der-Landeshauptstadt-Hannover/Wirtschaftsförderung-im-Stadtteil/Netzwerktreffen2

3.3 Interkommunale Netzwerke zur regionalen Entwicklung

Eine besondere Form der Vernetzung ist die interkommunale Zusammenarbeit (Richter 1997, S. 45). Sie erfolgt regelmäßig zwischen Städten und Gemeinden einerseits und der Kreisebene andererseits. In dieser vertikalen Kooperation gibt es zumeist eine relativ klare Aufgabenteilung, siehe Abb. 3.4 und 3.5. Die Städte und Gemeinden verfügen über

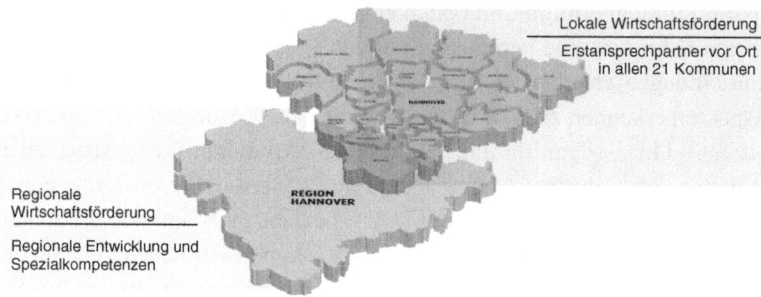

Abb. 3.4 Arbeitsteilung in der Wirtschaftsförderung in der Region Hannover

3.3 Interkommunale Netzwerke zur regionalen Entwicklung

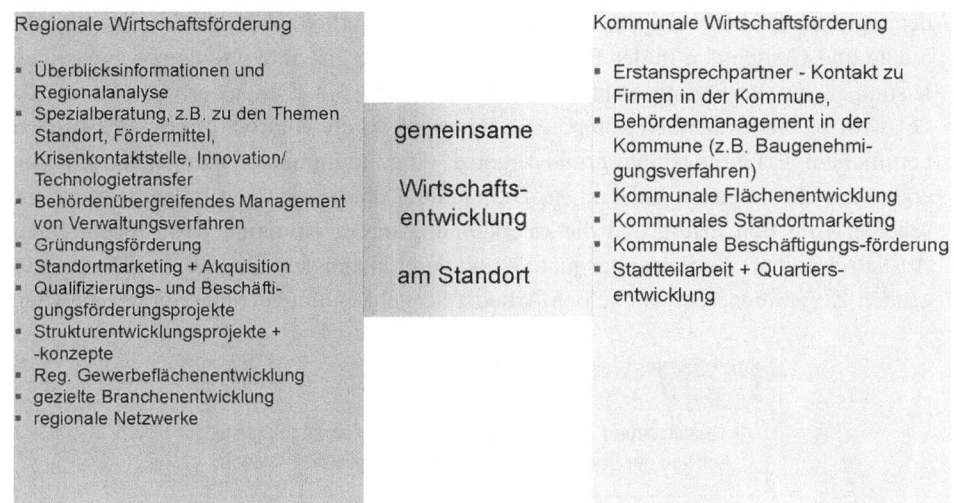

Abb. 3.5 Arbeitsteilung in der Wirtschaftsförderung in der Region Hannover

eingeschränkte Ressourcen – wenngleich sehr unterschiedlich, entsprechend der kommunalen Leistungsfähigkeit, ausgeprägt. Sie konzentrieren sich vergleichsweise stark auf die örtliche Unternehmerschaft mit Beratungsangeboten und Projekten. Die Kreisebene kann demgegenüber ergänzende Leistungen vorhalten, Beratungsspezialkompetenzen und Projektangebote für einen größeren Kreis von Interessenten sowie Analyse- und Marketingkompetenzen, die den gesamten Raum einbeziehen. So erfolgt eine überregionale Vermarktung oder die Entwicklung und Finanzierung strategisch bedeutsamer Projekte auf der Kreisebene. Die Eigenständigkeit beider Ebenen macht aber eine stetige Abstimmung erforderlich. Es muss ein Gleichgewicht in der Zusammenarbeit gefunden werden, das die Interessenlagen beider Seiten berücksichtigt.

Die Frage der Ebene Städte und Gemeinden heißt immer:

- Wie viel kommt vor Ort von den Möglichkeiten und Kompetenzen an, die die Kreisebene anbietet? Und wie weit bleibt die Kommune gleichwohl sichtbar?

Die Frage der Kreisebene heißt grundsätzlich:

- Wie stark nutzen die Städte und Gemeinden die Angebote und bringen sie vor Ort an den Kunden? Und inwieweit kann das Bild dieser Kompetenz der Kreisebene vor Ort transportiert werden?

Arbeitsbeispiel im Unternehmensservice

Dieses Angebot umfasst Serviceleistungen von der Lotsenfunktion über Genehmigungsmanagement, Standortberatung bis hin zu Finanzierungs- und Fördermittelberatungen sowie die Krisen- und Sanierungsberatung. Diese Angebote werden auf der regionalen Ebene vorgehalten, die allen Wirtschaftsförderungseinrichtungen der Städte und Gemeinden in der Region Hannover in Ergänzung zu eigenen Beratungsleistungen zur Verfügung steht, siehe Abb. 3.6 und 3.7. Das Überblickswissen vor Ort wird so durch fachlich kompetente Beratung durch Mitarbeiter mit spezifischem beruflichem Erfahrungshintergrund ergänzt. Die kommunale Wirtschaftsförderung ergänzt so ihre eigenen Leistungen. Die Qualität dieser externen Leistungen ist entscheidend für den Erfolg und die Anerkennung in der Kommune. Ein regelmäßiger Austausch sichert die Beratungsqualität und den Leistungsumfang ab. In dieser ergänzenden Zusammenarbeit im selben Arbeitsfeld geht es um Sichtbarkeit der Leistung

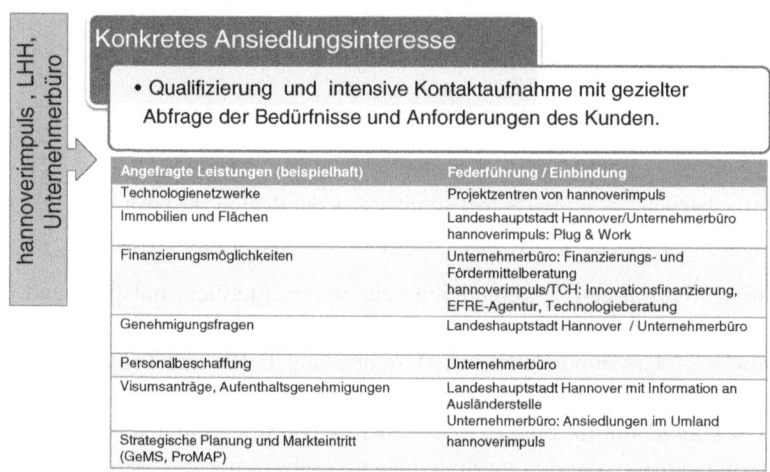

Abb. 3.6 Schema einer Institutionen übergreifenden Prozessorganisation

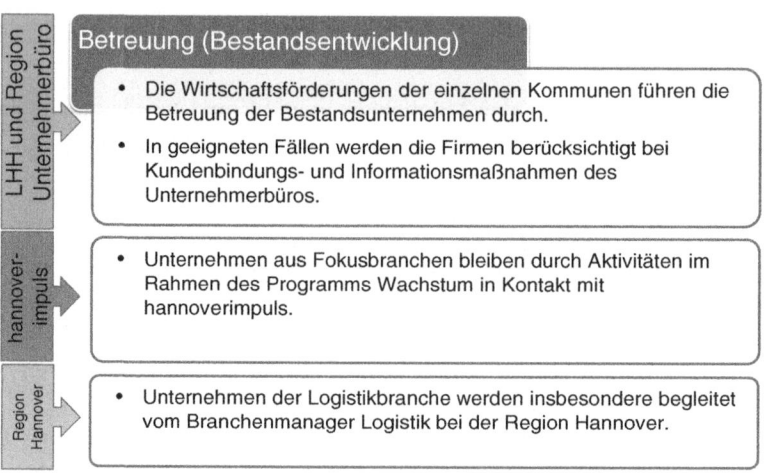

Abb. 3.7 Schema einer Institutionen übergreifenden Prozessorganisation

der jeweiligen Institution genauso um bestmögliche Gesamtleistung für das Unternehmen. Beide Seiten müssen die Rolle des Partners immer im Auge behalten, damit keine Unstimmigkeiten entstehen. Das Arbeitsfeld der Ansiedlungsberatung ist dabei der Bereich, bei dem die Leistungen der beiden Seiten am engsten aufeinander abgestimmt werden müssen.

Bei allem Wettbewerb um Ansiedlungen können so grundsätzlich im Kundeninteresse die Möglichkeiten am Standort bestmöglich ausgeschöpft werden.

Auch horizontal gibt es zahlreiche Kooperationen, also auf der Ebene von Kreisen oder Städten untereinander. Sie beschränken sich bisweilen auf wenige Themen wie z. B. eine überregionale Vermarktung, können aber auch wesentlich weiter gehen, bis zu regionalen Entwicklungskonzepten, wie z. B. das Regionalmanagement in Nordhessen, das vor über 20 Jahren als gemeinsame Vermarktung unter dem Label pro Nordhessen startete.

Ansätze einer Zusammenarbeit in großräumigeren regionalen Netzwerken beruhen auf einer zunehmenden Bedeutung der regionalen Ebene, die für bestimmte Themen eher zu kritischen Massen und damit entsprechender besserer Schlagkraft führen. Vor allem wissens- und humankapitalorientierte Standortfaktoren sind stärker regional verankert und lassen sich auf der regionalen Ebene auch am besten vernetzen und entwickeln (Blume 2009, S. 25). Regionen stellen vielfach tatsächlich wahrgenommene Verflechtungsräume für wirtschaftliche Beziehungen dar. Da sie gleichzeitig auch eine soziokulturelle Identifikationsebene abbilden, ist dies häufig der räumliche Maßstab, bei dem es auch zu dem vielfach beschriebenen Wettbewerb der Regionen kommt.

Dieses Regionsbild wird in der jüngeren Zeit besonders augenfällig auf der Ebene der sogenannten Metropolregionen bemüht. Gleichzeitig wird dieser Metropolraum zu einem neuen räumlichen Vernetzungsmaßstab. Hier treten eine mehr oder weniger große Zahl von Kommunen in einem abgegrenzten Bezugsraum zusammen, um gemeinsam Entwicklungen in diesem größeren regionalen Rahmen voranzutreiben. In Projekten sollen bestimmte Themen vorangetrieben werden, die die Verflechtungen in dem betreffenden Raum noch enger werden lassen und eine gemeinsame und eigenständige Identität in diesem Raum fördern. Diese Vernetzung fußt auf der Erkenntnis, dass die Lebenswirklichkeit in vielen Bereichen nicht an kommunalen Grenzen, Stadt- oder Kreisgrenzen halt macht und deshalb gilt es hier adäquate Lösungen zu entwickeln, um für die Zukunft besser aufgestellt zu sein. Der international wie auch national zunehmende Wettbewerb der Regionen fördert diese Entwicklung. In vielen Feldern geht es um rein kommunal zu tragende Projekte, wie z. B. ÖPNV, in der Wirtschaftsförderung um die gemeinsame Wirtschaftsentwicklung im größeren regionalen Maßstab. Hier kann in einzelnen Branchen dank größerer kritischer Massen, die den tatsächlichen wirtschaftlichen Verflechtungen ggfs. auch eher entsprechen, mehr erreicht werden. Eine aufwendige Abstimmung mit vielen kommunalen Partnern, die jeweils auch eigene Interessen verfolgen, und diese berücksichtigt sehen wollen, führt jedoch vielfach zu einer sehr schwierigen Zusammenarbeit in diesen interkommunalen Netzwerken. Je größer die Zahl der Netzwerkteilnehmer und je eigenständiger ggfs. Teilräume sind, umso schwieriger ist die

Zusammenarbeit. Bisweilen bleibt sie auf der Ebene kleinster gemeinsamer Nenner bei unverfänglichen Projekten stecken.

Die Zahl konkreter Projekte ist u. a. davon abhängig, inwieweit es gelingt Gemeinsamkeiten sowie eine eigene akzeptierte Identität für den Gesamtraum zu entwickeln und starkes intraregionales Wettbewerbsdenken einzudämmen.

> **Beispiele**
>
> Die Beispiele zeigen verschiedene Ansätze für regionale Zusammenarbeit, die mehr oder weniger breit, unterschiedliche Bereiche aufgreifen für gemeinsame Projekte und sonstige Formen der Kooperation. Die räumliche Größe sowie die gemeinschaftliche Identität spielen dabei jeweils eine wichtige Rolle für die Auswahl geeigneter Maßnahmen, die Zusammenhänge zu nutzen und zu stärken.
> - Metropolregion Rhein-Neckar, http://www.m-r-n.com/start.html, http://www.m-r-n.com/start/regionalplanung-und-entwicklung/gemeinschaftliche-regionalentwicklung.html
> - Metropolregion Hannover-Braunschweig, http://www.metropolregion.de/
> - Netzwerk erweiterter Wirtschaftsraum Hannover, http://de.netzwerk-ewh.de/de/index.php

> **Resümee**
>
> Netzwerke stellen in der operativen Umsetzung von Wirtschaftsförderung eine ganz zentrale methodische Grundlage oder Arbeitsgrundlage dar. Die Wirtschaftsförderung ist einerseits, für eine effiziente und effektive Umsetzung ihrer Tätigkeiten, auf Netzwerke angewiesen und andererseits sind Netzwerke Grundlage für die Gestaltung von Wirtschaftsförderung. Wirtschaftsförderung ist also in vielfacher Hinsicht von einer funktionierenden Vernetzung mit den unterschiedlichsten Partnern abhängig.
>
> Wirtschaftsförderung ist eine Querschnittsfunktion mit wenig abschließender Entscheidungskompetenz. Sie ist vielmehr Mittler und Moderator, Lotse und Kümmerer. Sie ist in gewisser Weise der Ombudsmann der Unternehmen und in der Beratung vermittelt und informiert sie zwischen dem Unternehmen und einer anderen Sphäre, z. B. der Verwaltung, der Kreditwirtschaft oder dem Wissenschaftsbetrieb. Die Qualität und der Erfolg der Beratung für das Unternehmen hängen dabei neben der eignen Leistungsfähigkeit maßgeblich von der Zusammenarbeit mit den Partnerinstitutionen ab, d. h. entscheidend ist eine gute Vernetzung mit den Partnern, um insgesamt eine gute Leistung erbringen zu können. Ein kongruentes und gegenseitigen Nutzen stiftendes Arbeiten verspricht den größten Erfolg.
>
> Eine weitere Form von Netzwerk besteht im Feld der Projekte. Hier ist die Grundlage ein mehr oder minder gleichgerichtetes Interesse zwischen der Wirtschaftsförderung und den Institutionen, die ebenfalls Unternehmen als Kunden sehen bzw. die Wirtschaft und ihre Entwicklung als zentrales Thema ihres eignen Tuns. Die Wirtschaftsförderung kann hier verstärkender Partner sein oder über das Netzwerk dieser

Institutionen geeignete Partner für die Umsetzung von Projekten finden. In der Vernetzung kann so für die meisten Projekte eine breitere Basis gefunden werden. So entsteht eine inhaltliche Stärkung. Durch die Einbindung werden aber auch institutionelle Konkurrenzen abgebaut. Die Wirtschaftsförderung ist hier ein gesuchter Partner, der einen besonders guten Zugang zu Fördermitteln herstellen und damit die Finanzierung maßgeblich voranbringen kann. Hier wird also auch auf eine gute Vernetzung der Wirtschaftsförderung im Feld der öffentlichen Einrichtungen gesetzt.

Eine ganz andere Ebene stellen Netzwerkstrukturen von Unternehmen als Grundlage für Aktivitäten von Wirtschaftsförderung dar. Der weitaus bekannteste Begriff diesbezüglich ist das sogenannte Cluster. Das Cluster ist eine Konzentration und Vernetzung von Unternehmen, Wissenschaft und Dienstleistern in einem bestimmten Feld, üblicherweise einer Branche. Funktionierenden Clustern wird eine besondere Relevanz für die regionale Entwicklung zugeordnet. Dabei wird bei derartigen Clustern eine sich selbst verstärkende Wirkung beobachtet. D. h. Innovationen in Unternehmen werden angestoßen und führen zu einem Wachstum der Unternehmen, zusätzliche Arbeitskräfte aber auch Unternehmen werden angezogen und in das Netzwerk integriert was zu einer weiteren Stärkung führt. Diese Branchencluster sind deshalb seit den 90er Jahren Ausgangspunkt von zahlreichen Wirtschaftsförderaktivitäten und der Regionalentwicklung. In der Konsequenz wird die lokale oder regionale Unternehmenslandschaft daraufhin untersucht, inwieweit hier Ansätze für eine Clusterbildung zu erkennen sind und wo es lohnt, durch gezielte Maßnahmen der Wirtschaftsförderung diese weiter zu entwickeln. Das Ergebnis sind sogenannte Clusterstrategien. Allein derartige Strategien zu entwickeln sind anspruchsvolle Projekte. Sie haben eine hohe Bindungskraft in der Wirtschaftsförderung, benötigen vielfach erhebliche finanzielle Ressourcen durch die Kommune und machen eine breite Unterstützung durch alle relevanten Akteure vor Ort erforderlich. Inhaltlich geht es darum die Vernetzung im Cluster zu unterstützen und zu fördern. Daraus sollen im Weiteren Projekte mit besonderer Strahlkraft für die Entwicklung in der Branche entwickelt werden. Die Aktivitäten erstrecken sich von der Existenzgründung über die Bestandsentwicklung bis hin zur Akquisition und Ansiedlung neuer Unternehmen am Standort.

Die Erfahrungen aus Clusterprojekten wurden in den letzten 10 Jahren verstärkt auch in weniger technologieaffine Bereiche übertragen, die einen breiteren und stärken lokalen bis regionalen Wirkungsradius haben. Die Entwicklung der Kreativwirtschaft oder der Gesundheitswirtschaft stehen für diese Entwicklung. In diesem Zusammenhang wird auch das sogenannte kreative oder innovative Milieu als wichtiger Nukleus bzw. Inkubator für bestimmte Wirtschaftsbereiche festgestellt. Hier wird auf eine Vernetzung gesetzt, in einer sehr, durch räumliche Nähe und Austausch geprägten Situation.

Ein weiterer Ansatz, der ebenfalls von einer Vernetzung von Unternehmen in räumlicher Nähe ausgeht, sind die lokale Ökonomie oder Stadtteilökonomie. Hier werden allerdings auch soziale Aspekte und Beschäftigungsaspekte aufgegriffen.

Ausgangssituation ist hier ein problembehaftetes Stadtviertel mit z. B. hoher Arbeitslosigkeit, Leerstand, Niedergang von Unternehmen. Hier werden in einem möglichst umfassenden Ansatz Maßnahmen ergriffen, um den Standort wieder zu stabilisieren und eine positive Entwicklung zu geben.

Insgesamt zeigt sich hiermit eine große Spannbreite von Wirtschaftsförderungsaktivitäten, die von sehr lokalen Ansätzen mit vorwiegend auch nur lokaler Reichweite bis hin zu Innovationsunterstützung international agierender Unternehmen in sogenannten High Tech Clustern.

Ein letzter Vernetzungsansatz, die interkommunale Zusammenarbeit greift diese Entwicklungen primär vor dem Hintergrund eines verstärkten regionalen Wettbewerbs auf. Hier gehen Kommunen gemeinsam den Weg, größere Räume, sogenannte Regionen, die gleichzeitig vielfach auch gelebten räumlichen Zusammenhängen entsprechen, mit gemeinsamen Aktivitäten zu entwickeln. Clusteransätze aber auch andere Themen wie z. B. Verkehr, Naherholung, Kultur spielen dabei eine Rolle. Es geht dabei um eine gemeinsame Identität nach innen, aber auch um ein Erhöhen der Strahlkraft und Wettbewerbsfähigkeit nach außen. Gerade letzteres wird im Wesentlichen im Wirtschaftssektor verankert und ist somit Thema gemeinsamer Wirtschaftsförderstrategien. Nach anfänglicher Euphorie müssen aber Themen und Projekte gefunden werden, die einen nachhaltigen Nutzen für alle Beteiligten stiften. Dies ist nicht immer einfach, da bei aller Gemeinsamkeit gleichwohl die Sicht auf den eignen Wirkungskreis nie vergessen wird und sich daraus vielfach die Frage „was bringt mir das?" entwickelt. Im Rahmen der Wirtschaftsförderung können vor allem für Clusteransätze in einem solchen größeren Rahmen besser kritische Massen für eine erfolgreiche Entwicklung realisiert werden, die gleichzeitig eine Win-win-Situation für alle Beteiligten entstehen lässt.

Kontroll- und Lernfragen

Fragen zum Lernkomplex Netzwerkarbeit
1. Welche grundsätzlich unterschiedlichen Netzwerkstrukturen kommen im Rahmen von Wirtschaftsförderung vor und lassen sie sich voneinander unterscheiden?
2. Welche Vorteile entstehen für die Wirtschaftsförderung im Rahmen der unterschiedlichen Netzwerkstrukturen?
3. Welche Vernetzungen leisten für bestimmte operative Bereiche der Wirtschaftsförderung einen positiven Beitrag? Geben Sie Beispiele.
4. Wie pflegen Sie unterschiedliche Netzwerkstrukturen? Welchen Stellenwert räumen Sie diesem Thema in der Tätigkeit ihrer Organisationseinheit ein?

Fragen zum Lernkomplex Partnernetzwerke in der Beratungsarbeit
1. Welche wesentlichen Aspekte müssen bei Partnernetzwerken in der Beratungsarbeit beachtet und abgestimmt werden?
2. Worin besteht die Relevanz von Vernetzung für die Beratungsarbeit der Wirtschaftsförderung?

3. Welche Erfahrungen haben Sie in Ihrer Organisationseinheit diesbezüglich gemacht? Wo sehen Sie konkreten Handlungsbedarf?

Fragen zum Lernkomplex Vernetzung in der Projektarbeit
1. Welche wesentlichen Aspekte bestimmen die Zusammenarbeit mit Partnern in der Projektarbeit?
2. Welche Rolle spielen Netzwerke bei Infrastrukturprojekten? Geben Sie Beispiele.
3. Welche Rolle nehmen Unternehmen bei der Projektentwicklung ein?
4. Wie würden Sie 2 unterschiedliche Formen beschreiben und gegeneinander abgrenzen? Worin unterscheiden sie sich im Verhältnis zum operativ funktionierenden Unternehmensnetzwerk?
5. Welche Erfahrungen haben Sie in Ihrer Organisationseinheit diesbezüglich gemacht? Wo sehen Sie konkreten Handlungsbedarf?

Fragen zum Lernkomplex Unternehmensnetzwerke.
1. Welche Bedeutung haben Unternehmensnetzwerke für die Wirtschaftsförderung und welches sind die wesentlichen Aspekte, die sie auszeichnen?
2. Sie wollen ein Clusterstrategie aufsetzen, welche wesentlichen Aspekte müssen Sie beachten?
3. Welche Rolle kann die Wirtschaftsförderung in einem funktionierenden Cluster wahrnehmen?
4. Was sind die Besonderheiten des Clusteransatzes für die Wirtschaftsförderung?
5. Warum haben die Clusterstrategien eine so große Bedeutung? Worin liegen ihre Grenzen und die Tücken?
6. Welche Gründe führen dazu, sich in der Wirtschaftsförderung mit der kreativen Milieus und lokaler Ökonomie zu beschäftigen?

Fragen zum Lernkomplex interkommunale Netzwerke?
1. Welche unterschiedlichen Formen interkommunaler Zusammenarbeit können Sie im Feld der Wirtschaftsförderung benennen?
2. Welche positiven Wirkungen werden grundsätzlich von interkommunaler Zusammenarbeit erwartet?
3. In welchen Bereichen können von interkommunalen Netzwerken für die Wirtschaftsförderung positive Effekte erwartet werden?
4. Welche sind typische Zusammenhänge, die durch interkommunale Netzwerke gestaltet werden? Was sind die wesentlichen Gründe dafür?
5. Wo liegen die Grenzen für interkommunale Zusammenarbeit?
6. Wie sieht es im Feld interkommunaler Zusammenarbeit in ihrem Bereich aus? Welches sind Ihre Erfahrungen? Welche Aspekte sind für Sie von besonderer Bedeutung interkommunale Zusammenarbeit voranzutreiben?

Literatur

Monografien

Bathelt, H., & Glückler, J. (2002). *Wirtschaftsgeographie*. Stuttgart: Ulmer.
Blume, T. (2009). *Die regionalen Effekte regionaler Kooperation*. Marburg: Metropolis.
Kiese, M. (2012). *Regionale Clusterpolitik, Bestandsaufnahme und interregionaler Vergleich im Spannungsfeld von Theorie und Praxis*. Marburg: Metropolis.
Klessmann, J. (2006). *Strategische Wirtschaftsförderung: Mögliche Verbindungen zwischen Clusterpolitik und lokaler Ökonomie*. Saarbrücken: VDM, Müller.
Richter, M. (1997). *Regionalisierung und interkommunale Zusammenarbeit*. Wiesbaden: Gabler.

Aufsatz, Beitrag in einem Sammelband

Franz, P. (1998). Innovative Milieus: Extrempunkte der Interpenetration von Wirtschafts- und Wissenschaftssystem. *Jahrbuch für Regionalwissenschaft, 19*(2), 107–130.
Habbel, F.-R., & Huber, A. (Hrsg.). (2010). *Wirtschaftsförderung 2.0 – Neue Formen der Zusammenarbeit von Wirtschaft, Verwaltung und Politik*. Boizenburg: Hülsbusch.

Sonstige Materialen, u. a. Graue Literatur

Difu, & Schuleri-Hartje, U.-K. (2006). Rolle, Funktion und Bedarfe ethnischer Ökonomie im Stadtteil.
Forschungs- und Entwicklungsgesellschaft Hessen mbH, & Boos-Krüger, A. (2003). Migrantenökonomien – Chancen und Grenzen einer stadtteilorientierten Wirtschaftsförderung (Vortragstext zur Jahrestagung Stadtteilarbeit 2003).

Sonstige Internetquellen

Wikipedia. (2013). Kreatives Milieu. https://de.wikipedia.org/wiki/Kreatives_Milieu.
Wikipedia. (2015). Industriedistrikt. https://de.wikipedia.org/wiki/Industriedistrikt.

Weiterführende Literatur

Region Hannover. (seit 2002). hannoverimpuls: diverse Papiere und Unterlagen zur regionalen Wirtschaftsförderung. Hannover: hannoverimpuls.
Regionomica. (2010). Organisation der Wirtschaftsförderung in den Regionalen Wachstumskernen (Endbericht) Brandenburg: Ministeriums für Wirtschaft und Europaangelegenheiten des Landes.
Springer Gabler Verlag. (Hrsg.), Gabler Wirtschaftslexikon, Stichwort: kreatives Milieu. http://wirtschaftslexikon.gabler.de/Archiv/7083/kreatives-milieu-v10.html.

Steuerung 4

Die Wirtschaftsförderung ist, unabhängig von ihrer Organisationsform ob als Amt oder GmbH, ein Bereich der öffentlichen Verwaltung und damit auch Teil des Gesamthaushaltes der Kommune. Auf dieser Basis wird sie auch in die strategische Gesamtdiskussion der Kommune um Ressourcenverwendung einbezogen. Hier erfolgt die Diskussion und Abwägung, mit welchen Ressourcen sie ausgestattet sein soll und kann, auch im Verhältnis zu anderen Aufgaben der Verwaltung. Grundsätzlich werden die verfügbaren Ressourcen, allen voran die finanziellen als begrenzt wahrgenommen, bzw. der Zwang zum Sparen wird in der öffentlichen Verwaltung vielerorts groß geschrieben. Gleichzeitig nehmen die Anforderungen an Wirtschaftsförderung im Sinne von Aufgabenvielfalt und qualitativen Niveaus zu. Steuerung und Erfolgskontrolle bei den Aufgaben erhalten vor diesem Hintergrund eine größere Bedeutung. Jede Einsparung erhöht den Handlungsspielraum an anderer Stelle. Der Haushalt wird somit zu einem zentralen Steuerungsinstrument in der öffentlichen Verwaltung. Die Umstellung auf den doppischen Haushalt mit der Definition von Produkten und Leistungen führt bei konsequenter Umsetzung zu einer erheblichen Konkretisierung in vielen Bereichen. Hiermit wird auch die Erfolgskontrolle konkreter.

Die Steuerung erfolgt primär immer unter dem Aspekt, den Ressourceneinsatz zu optimieren und zu rechtfertigen. Besondere Brisanz für die Wirtschaftsförderung ist, dass sie als freiwillige Aufgabe wahrgenommen wird und insofern finanziell grundsätzlich leichter steuerbar ist als Ausgaben im Bereich von Pflichtaufgaben der Verwaltung.

Zudem ist Wirtschaftsförderung ein teilweise heiß diskutiertes Aufgabengebiet. Hier geht es um Fragen der Ausrichtung und Ausstattung, um ordnungspolitische Korrektheit im wahrgenommenen Aufgabenspektrum, um Definition und Nachweis von Erfolg. Diese Fragestellungen werden auf mehreren Ebenen diskutiert, in der Verwaltung, mit der Politik aber auch mit ggfs. zahlreichen anderen Institutionen, die durch die Aktivitäten der Wirtschaftsförderung tangiert werden oder dieses so wahrnehmen sowie nicht zu letzt in der Öffentlichkeit über die Presse, was wieder zu entsprechenden Reaktionen bei Politik und Verwaltungsleitung führt.

Grundsätzlich folgt die Steuerung einem klaren Regelkreis, der mit der Zielsetzung einer Aufgabenwahrnehmung beginnt und nach der Umsetzung der Maßnahme mit der Erfolgskontrolle abschließt, Abb. 4.1 siehe unten. Auf Grundlage der gewonnenen Erkenntnisse kann dann die Steuerung für die Maßnahmen in der Folgeperiode erfolgen.

Die Steuerung wird strategisch auf verschiedenen Ebenen durch Zielsetzungen umgesetzt mit der Definition:

- von Zielen bzw. eines Zielsystems
- von geeigneten Kennzahlen bzw. Leistungsmerkmalen
- ggf. einer Strategie

In diesem Zusammenhang wird im Hinblick auf eine Steuerung auch der Aspekt Ressourcen zu betrachten sein, bezogen auf Personal und finanzielle Ausstattung.

Im Weiteren wird die Steuerung im Prozess als Erfolgskontrolle in unterschiedlicher Form nachgehalten, die als Oberbegriffe wie folgt benannt werden können:

- Zielerreichungskontrolle
- Wirkungskontrolle
- Planmäßigkeitskontrolle

Im Weiteren werden die Neuen Steuerungsmodelle mit ihrer Produktorientierung bezogen auf die Aspekte Zielsetzung und Controlling für die Wirtschaftsförderung vorgestellt, die eine neue Form der Steuerung in der öffentlichen Verwaltung ermöglichen. Sie greifen dabei wichtige Erkenntnisse von Zielsetzung und Kontrolle auf und bringen sie auf einer überschaubaren Größenordnung zu neuer Geltung.

Lernziele

Ein wesentliches Lernziel ist es, ein Verständnis zu entwickeln, in welcher Situation sich Wirtschaftsförderung als öffentliche Aufgabe grundsätzlich befindet. Welche Ansprüche und welche Ressourcen werden gestellt, welchen Stellenwert

Abb. 4.1 Regelkreis der Steuerung

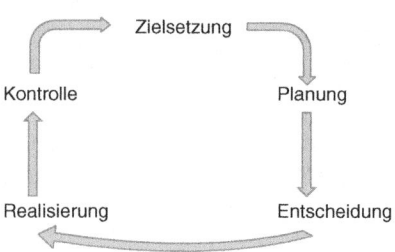

genießt diese Aufgabe und welche Gruppen wirken auf die Wirtschaftsförderung ein. Eine Analyse dieser Aspekte sowie der Zusammenhänge und Abhängigkeiten sollte ein Bild ergeben, das den grundsätzlichen Handlungsrahmen erkennen lässt. Diese Ist-Situation sollte definiert werden können als Ausgangspunkt aller weiteren Überlegungen.

Die unterschiedlichen Steuerungsansätze für die Wirtschaftsförderung sollen als Ganzes abgebildet werden können sowie einzelne Elemente unterschiedlicher Steuerungssysteme dargestellt und hinsichtlich ihrer Wirkung bewertet werden können. Für eine selbst definierte Soll-Situation sollte ein Steuerungssystem in groben Zügen gestalten werden können.

Im Weiteren sollte der Zusammenhang zwischen Steuerung mit Zielen und Strategie definiert und anhand von praktischen Beispielen veranschaulicht werden können. Alle Ebenen von Zielsystem, Zielsetzungen bis Kennzahlen bzw. Leistungsmerkmale sollten dabei spezifisch definiert werden können.

Nicht zuletzt sollte die Umsetzung von Controllingsystemen und -elementen angewandt werden können. Hier muss ein ggfs. jeweils adäquates Controlling für unterschiedliche Teile der Aufgabenwahrnehmung von Wirtschaftsförderung skizziert und nachvollzogen werden. Eine geeignete Zuordnung bestimmter Formen der Leistungsbewertung zu spezifischen Aufgabenbereichen in der Wirtschaftsförderung sollte gewählt und begründet werden können.

Insgesamt soll eine Haltung zum Thema Steuerung entwickelt werden, die eine neutrale und sachbezogene Herangehensweise ermöglicht. Im Weiteren soll eine kritische Diskussion zu bestimmten Erfolgskennzahlen sowie ihrer Erhebung auf der Basis einer gegebenen Situation durchgeführt werden können.

4.1 Steuerung durch Zielsetzung

Die Rolle der Wirtschaftsförderung in der Gesamtstrategie der Kommune ist im Gegensatz zu althergebrachten (Pflicht)Aufgaben – die natürlich auch einer steten Veränderung unterliegen – vielfach noch nicht ausdifferenziert festgelegt. Als freiwillige Aufgabe ist Wirtschaftsförderung zudem auch hinsichtlich der finanziellen Ausstattung stärker steuerbar als die Pflichtaufgaben. Mit Wirtschaftsförderung werden vielfach qualitative Erwartungen verbunden, die nicht näher definiert sind, z. B. wirtschaftsfreundliche Verwaltung, innovativer Standort, Stärken der Wirtschaftskraft. Auf der strategischen Steuerungsebene müssen diese Erwartungen oder wirtschaftspolitischen Ziele durch die Wirtschaftsförderung mit konkreten Strategien, Zielen und Erfolgskriterien bzw. Kennzahlen weiterentwickelt werden. Die Wirtschaftsförderung muss in dem ihr zur Verfügung stehenden Ressourcenrahmen diese Konkretisierung vornehmen. Beziehungsweise muss mit einem klar definierten Ziel- und Strategierahmen die Diskussion über eine zukünftige Aufstellung der Wirtschaftsförderung geführt werden. Die Bereitstellung von Ressourcen wird dabei von der Erwartung bestimmter Verbesserungen der Situation als Wirtschaftsstandort getragen. Die Wirtschaftsförderung ist auf dieser strategischen Steuerungsebene immer wieder gefordert, ihre Position zu rechtfertigen, ggfs. zu verändern oder zu entwickeln.

Grundsätzlich lässt sich die SMART-Regel als geeignete methodische Grundlage zur Festlegung von Zielen auch für die Verwaltung und somit für die Wirtschaftsförderung anwenden.

SMART ist ein Akronym für „Specific Measurable Accepted Realistic Timely" und dient z. B. im Projektmanagement, aber auch im Rahmen von Mitarbeiterführung und Personalentwicklung als Kriterium zur eindeutigen Definition von Zielen im Rahmen einer Zielvereinbarung (Wikipedia o. J.). Im Deutschen kann man SMART z. B. so übersetzen, wie in Tab. 4.1 dargestellt.

Fischer und Göbel weisen zu Recht auf Probleme der Wirtschaftsförderung bei der Festlegung von Zielen mit dieser SMART-Regel hin (Fischer und Göbel 2013, S. 10). Hier spielen bei der Definition von Zielen wirtschaftspolitische Aspekte eine Rolle, die vielfach zu plakativen Zielsetzungen reduziert werden (müssen), um diese besser kommunizieren zu können. Insbesondere wenn Ziele wie z. B. das Schaffen von Arbeitsplätzen definiert werden zeigt sich hier eine Diskrepanz zwischen den Zielen und Kennzahlen und den tatsächlichen Einwirkungsmöglichkeiten der Wirtschaftsförderung. Eines muss bei der Zieldefinition klar sein, die Wirtschaftsförderung schafft nur wenige Arbeitsplätze selbst, z. B. in der eigenen Organisation; es sind die Unternehmen, die diese schaffen. Der Beitrag, den die Wirtschaftsförderung für diesen Entscheidungsprozess der Unternehmen leisten kann, ist die Schaffung von geeigneten Rahmenbedingungen. Die Entscheidung kann aber durch die Wirtschaftsförderung nicht unmittelbar beeinflusst werden. Hier werden also falsche Erwartungen geweckt und teilweise mit hohem Aufwand derartige Ziele verfolgt und nachgehalten. Am Ende werden Diskussionen über Erfolg von Wirtschaftsförderung auf einer grundsätzlichen falschen Basis geführt. Gleichwohl können diese Ziele politisch getragen werden.

Tab. 4.1 SMART-Regel zur Festlegung von Zielen

Buchstabe	Bedeutung	Beschreibung
S	Spezifisch	Ziele müssen eindeutig definiert sein (nicht vage, sondern so präzise wie möglich)
M	Messbar	Ziele müssen messbar sein (Messbarkeitskriterien)
A	Akzeptiert	Ziele müssen von den Empfängern akzeptiert werden/sein (auch: angemessen, attraktiv, ausführbar oder anspruchsvoll)
R	Realistisch	Ziele müssen möglich sein
T	Terminiert	Zu jedem Ziel gehört eine klare Terminvorgabe, bis wann das Ziel erreicht sein muss

Weiterhin ist grundsätzlich festzustellen, dass Ziele quantitativer wie auch qualitativer Natur sein können und soweit operationalisiert werden müssen, dass eine messbare Größenordnung bestimmt werden kann (Seltsam 2001, S. 12).

4.1.1 Zielsystem – Strategiediskussion Gesamtverwaltung

Mit der strategischen Steuerungsebene wird zunächst der Rahmen für den Aufgaben- und Tätigkeitskanon der Wirtschaftsförderung gesetzt. Zunächst ist auf Ebene der Gesamtverwaltung zu sehen, welchen Stellenwert nimmt Wirtschaftspolitik überhaupt grundsätzlich ein. Wenn hier die wirtschaftliche Entwicklung und ihr Beitrag zur Daseinsvorsorge nicht abgebildet werden, ist auf dieser Ebene bereits zu hinterfragen, welchen Stellenwert wirtschaftspolitische Aktivitäten der Kommune haben und zukünftig haben sollen. Wirtschaftspolitische Zielsetzungen führen auf die Ebene gesellschaftlicher Grundwerte zurück. Dabei werden Freiheit, Gerechtigkeit und Sicherheit heute in den westlichen Industrieländern als zentrale gesellschaftliche Grundwerte angesehen (Klump 2011, S. 254). Sie schlagen sich in einem Oberziel, der Maximierung der gesellschaftlichen Wohlfahrt nieder, oder wie Tuchtfeldt definiert, dass jegliche Politik auf die Maximierung des gesellschaftlichen Wohls ausgerichtet sein sollte (Seltsam 2001, S. 11). Dies wird neben vielen anderen gesellschaftlichen Bereichen von der wirtschaftlichen Entwicklung getragen. Die ökonomische Wohlfahrt maximiert somit gleichermaßen die gesamtwirtschaftliche Wohlfahrt und stellt damit eine Konkretisierung des gesellschaftlichen Oberziels dar (Klump 2011, S. 255). Das Oberziel der gesellschaftlichen Wohlfahrt muss dann über das Ziel der ökonomischen Wohlfahrt auf der kommunalen Ebene auf die Entwicklung der lokalen Wirtschaft operationalisiert werden. Um eine Erfolg versprechende Wirtschaftsförderung umsetzen zu können, muss auf dieser Ebene ein klares Bekenntnis erfolgen.

In den meisten Kommunen, vor allem den größeren, darf heute vorausgesetzt werden, dass Wirtschaftsförderung als eine relevante Aufgabe der Verwaltung wahrgenommen wird.

In entsprechenden Strategiediskussionen für die Gesamtverwaltung werden zum einen die Wirkungszusammenhänge verdeutlicht und zum anderen Oberziele definiert, die in viele Bereiche der Verwaltung ausstrahlen. Es sind generelle Ziele der Verwaltung, z. B. Finanzziele oder Qualitätsziele sowie nicht zuletzt politische Ziele, vgl. Abb. 4.2.

Auf einer nächsten Ebene werden sachliche Ziele definiert. Hier können dann, analog zu der grundsätzlichen Aufgabengliederung und Organisation der Verwaltung, Ziele für die Bereiche bereits grundsätzlich aufgeführt werden. Diese sind auf dieser Ebene sehr global formuliert und zeigen insofern nur eine grundsätzliche Verankerung der betreffenden Bereiche im Gesamtkontext der Verwaltung auf. Sie betreffen z. B. die Bereiche wie Soziales, Gesundheit, Planung, öffentliche Sicherheit, Verkehr. Hier muss die Wirtschaftsförderung als Zielbereich anerkannt und mit einem oder mehreren Zielen hinterlegt sein, vgl. Abb. 4.3.

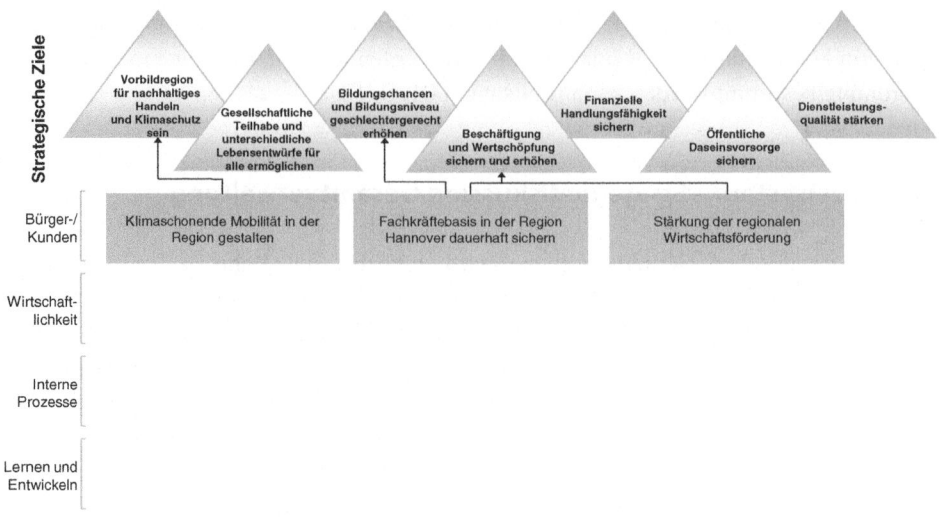

Abb. 4.2 Strategiediskussion in der Region Hannover, Bsp. Dezernat 4 – in der Gesamtverwaltung

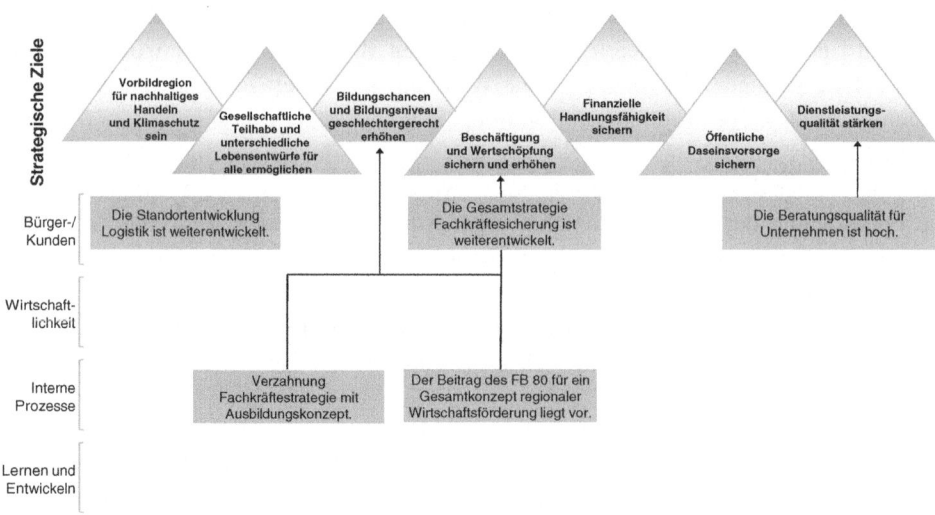

Abb. 4.3 Strategiediskussion in der Region Hannover, Fachbereich 80 Wirtschaft

Die Konkretisierung dieser Oberziele und die Umsetzung in entsprechende Strategien erfolgt dann auf der nächsten Ebene durch die betreffende Organisationseinheit.

Insgesamt ist das der Rahmen, in dem ggf. auf mehreren Ebenen die Auseinandersetzung um die Ressourcenausstattung für die Wirtschaftsförderung geführt wird, natürlich in Abhängigkeit mit der wirtschaftlichen Leistungsfähigkeit der Kommune und den sonstigen Verpflichtungen in den anderen Aufgabengebieten.

4.1.2 Ziele der Wirtschaftsförderung

Die Wirtschaftsförderung muss sich grundsätzlich mit ihren Zielen in das Zielsystem der Gesamtverwaltung einordnen. Die Wirtschaftsförderung leistet somit einen abgestimmten Beitrag für die Gesamtverwaltung. Sie kann je nach Aufstellung Beiträge in unterschiedlichen Zielbereichen der Gesamtverwaltung liefern. Dies spiegelt die Vielfalt der Wirkungszusammenhänge der unterschiedlichen Zielbereiche und Zielsetzungen in einer Verwaltung. Aber auch die Querschnittsfunktion der Wirtschaftsförderung, die ggfs. in unterschiedliche Bereiche hineinreicht, ist hierbei zu berücksichtigen. Wirtschaftsförderung ist auch auf ein Zusammenspiel mit anderen Akteuren angewiesen, auch innerhalb der Verwaltung.

Die definierten Ziele der Wirtschaftsförderung bilden ihrerseits ein eigenes Zielsystem und ein grundsätzliches Bild inhaltlicher Festlegung. Hiermit wird die Entscheidung getroffen, welche Aufgabenbereiche als wichtig bzw. als weniger wichtig erachtet werden, bzw. in welchen Bereichen die kommunale Wirtschaftsförderung primär tätig sein soll. Vielfach werden nur Aufgaben und Aufgabenbereiche der Wirtschaftsförderung definiert. Einer vielfach vorgenommenen reinen Angebotsorientierung fehlt dann jedoch eine Ausrichtung auf bestimmte Ziele. Dies macht es später schwierig zu bewerten, ob diese Aufgabenwahrnehmung sinnvoll, Nutzen bringend und erfolgreich ist. Sie sollte jedoch kein Selbstzweck sein!

Grundlage für die Definition von Zielen ist dabei die Situation der Kommune hinsichtlich ihrer Wirtschaftsstruktur und Wirtschaftskraft einerseits sowie der vorhandenen Ressourcen für die Wirtschaftsförderung andererseits. Auch das politische Element bei der Zieldefinition darf nicht vergessen werden. Politik muss in der Zieldefinition unterstützt werden, um hier sachgerechte und sinnvolle Zielsetzungen aufzustellen bzw. mitzutragen, die sich an realistisch Erreichbarem und nicht am Wünschenswerten orientieren, ohne dass hierfür hinreichende Ressourcen vorhanden wären.

Die Ziele können dabei auf unterschiedlichen Konkretionsebenen definiert werden. Oberziele und abgeleitete Unterziele konkretisieren die Zielrichtung der Arbeit der Wirtschaftsförderung.

Als typische Oberziele werden von zahlreichen Wirtschaftsförderungseinrichtungen nachfolgende, exemplarisch herausgegriffen benannt (Internetpräsentationen diverser Wirtschaftsförderungseinrichtungen):

- Wirtschaftsstandort attraktiv ausgestalten und stärken,
- Strukturwandel unterstützen,
- Wirtschaftskraft stärken,
- Impulse für Erhalt und Erhöhung der Wirtschaftskraft geben,
- Standort wettbewerbsfähig weiterentwickeln,
- Verbesserung der Grundlagen der Wirtschaftsentwicklung,
- wirtschaftliche Basis erhalten,

- Unternehmen am Standort erhalten,
- Strategien für Wettbewerbsfähigkeit entwickeln,
- Unterstützung der Wirtschaft vor Ort,
- Unternehmen bei der marktgerechten Umsetzung ihrer Vorhaben unterstützen und ihre Innovationen beschleunigen,
- Arbeitsplätze schaffen,
- Arbeitsplätze und Einkommen der Einwohner sichern,
- Schaffung von Arbeitsplätzen durch Ansiedlungen,
- Abbau von Arbeitslosigkeit,
- wirtschaftsfreundliche Stadt,
- Lebensqualität/Attraktivität verbessern,
- Stärkung der weichen Standortfaktoren,
- Stärkung der Identifikation mit der Kommune/eines regionalen Bewusstseins,
- Profilierung des Standortes im In- und Ausland,
- Kommunikation der Stärken des Standortes,
- Erhöhung des Bekanntheitsgrades des Wirtschaftsstandorts,
- Schaffung/Förderung eines innovationsfreundlichen Klimas,
- Vernetzung aller relevanten Akteure aus Wirtschaft, Wissenschaft und Politik/Netzwerke etablieren,
- effektive Bestandspflege durch Austausch und intensive Kontakte.

Wenn man diese Ziele inhaltlich zusammenfasst, dann reduzieren sie sich auf drei wesentliche inhaltliche Ziele, die typische Oberziele sind und sich aus der allgemeinen Zielstellung der Verwaltung ableiten lassen:

- Wirtschaftskraft des Standorts erhalten und stärken,
- Arbeitsplätze sichern und schaffen,
- Attraktivität als Lebensraum weiterentwickeln und vermarkten.

Grundsätzlich muss zunächst auch immer die Frage gestellt werden, ob die benannten Ziele mit dem Wirken der Kommune, konkret der Wirtschaftsförderung, zu verbinden sind. Sie können als politische Ziele, die immer auf kurze plakative Formeln gebracht werden müssen, gelten. Allerdings müssen sie dann noch deutlich konkretisiert und mit den eigenen Wirkungsmöglichkeiten verbunden werden.

Etliche der von Wirtschaftsförderungseinheiten benannten Ziele sind in diesem Sinne schon konkreter und nehmen einen Bezug zu den Aufgaben der Wirtschaftsförderung. Teilweise beschreiben sie eine konkrete Vorgehensweise.

Ergänzend soll nochmals eine größere Zahl von Zielsetzungen zahlreicher Wirtschaftsförderungseinrichtungen ein Bild über die Vielfalt von Zielstellungen vermitteln, die eine relative Nähe zu den Aufgaben herstellen (Internetpräsentationen diverser Wirtschaftsförderungseinrichtungen):

4.1 Steuerung durch Zielsetzung

- Kernkompetenzen in bestimmten Branchen ausbauen,
- Standort überregional positionieren und vermarkten,
- Kompetenzfelder identifizieren,
- Bereitstellung von Gewerbestandorten,
- Wirtschaftsförderung als Partner der Unternehmen,
- Verbesserung und Erweiterung des Beratungsangebots für Unternehmen,
- Transparenz über bestehende Beratungsangebote verbessern,
- Stärkung der Zusammenarbeit in der Region,
- Effizienter Ressourceneinsatz durch Synergieeffekte,
- Verbesserung des Zugangs zu Fremdfinanzierung,
- Generieren von Fördermitteln,
- Reduzierung der Insolvenzquote,
- stärkere Vernetzung von Unternehmen untereinander und mit der Wissenschaft,
- Entwicklung und Vermarktung von Gewerbeflächen für Betriebserweiterung und Ansiedlungen mit der Folge zusätzlicher Arbeitsplätze und Steuereinnahmen,
- Netzwerke und Kooperationen fördern,
- wirtschaftsrelevante Informationen vermitteln, Kommunikation und Beratung anbieten,
- neue Konzepte und Innovationen entwickeln und fördern,
- Service für Unternehmen anbieten.

Den Oberzielen nachgeordnete Unterziele geben grundsätzlich einen konkreteren Bezug zu bestimmten Aufgabenfeldern der Wirtschaftsförderung. Vielfach werden direkt relativ konkrete und operative Ziele für die Wirtschaftsförderung definiert. Hier wird dann zumeist eine enge Verknüpfung mit den Aufgabenbereichen vorgenommen, teilweise wird eine Ausrichtung erkennbar. Überwiegend wird hier jedoch noch keine konkrete Ausrichtung benannt. In den meisten Fällen ist also eine weitere Konkretisierung erforderlich, um tatsächlich steuern zu können. Bei den Zielsetzungen muss ein enger Zusammenhang zwischen den Aufgaben der Wirtschaftsförderung und dem konkreten Handeln erkennbar oder nachvollziehbar sein. Ziele müssen auf der operativen Ebene zudem so definiert werden, dass sie eine gewünschte und benannte Veränderung beschreiben.

Insofern muss also das Oberziel „Wirtschaftskraft des Standorts erhalten und stärken" auf der nächsten Ebene im Zusammenhang mit dem Aufgabenportfolio der Wirtschaftsförderung konkretisiert werden. Konkrete Unterziele könnten also sein:

- Verbesserung der Grundlagen der Wirtschaftsentwicklung,
- Unterstützung der Wirtschaft vor Ort,
- Kompetenzfelder identifizieren,
- Kernkompetenzen in bestimmten Branchen ausbauen,
- Netzwerke und Kooperationen fördern,
- Service für Unternehmen bieten.

Auch wenn all diese Ziele Konkretisierungen des Oberziels darstellen, und dies bereits in einer unterschiedlichen Konkretion, so wird doch deutlich, dass auch diese Ziele noch relativ abstrakt sind. Es wird also eher grundsätzlich erkennbar welche Aufgabe oder Funktion die Wirtschaftsförderung übernimmt oder welche Leistung sie erbringt. Bezug nehmend auf die oben genannten Ziele ist noch nicht klar in welcher Form und mit welcher konkreten Zielsetzung die einzelnen Bereiche verfolgt werden. Zum Beispiel kann die Verbesserung der Grundlagen der Wirtschaftsentwicklung auf sehr viele unterschiedliche Weisen erfolgen. Soll darunter z. B. der Ausbau von Infrastrukturen verstanden werden und wenn ja welcher. Oder wie soll die Unterstützung der Wirtschaft vor Ort erfolgen, durch den Ausbau von Infrastrukturen, durch besseren Service oder durch die Förderung von Netzwerken und Kooperationen oder durch einen Mix all dieser Möglichkeiten. Es wird deutlich, dass diese immer noch recht allgemein gehaltenen Ziele weiter konkretisiert werden müssen, wenn die Arbeit der Wirtschaftsförderung mit Zielen ausgestattet werden soll, die auch Grundlage für eine Steuerung sind.

Ziele mit einer Steuerungsfunktion für die konkrete Arbeit müssen sich also im Rahmen von Wirtschaftsförderung auf eine Aufgabe beziehen. Ziele müssen durch die Arbeit der Wirtschaftsförderung erreicht werden können. Sie müssen bezogen auf die Aufgabe eine Veränderung beschreiben, die nach Möglichkeit auch durch eine Zielhöhe und einen Maßstab belegt sind. Ziele müssen so definiert werden, dass messbar oder erkennbar wird, dass bzw. in welchem Maß beabsichtigte Wirkungen erreicht oder eingetreten sind.

Ziele können (sich) dabei u. a.:

- an Kennzahlen orientieren, z. B.
  - eine bestimmte Zahl von Beratungsgesprächen oder Ansiedlungen zu realisieren.
  - eine bestimmte Zahl von zusätzlichen Arbeitsplätzen bei ihrer Schaffung zu unterstützen
  - eine bestimmte Quote von Fördermitteln zu akquirieren
- definierte Maßnahmen beschreiben, die in einem bestimmten Zeitraum umgesetzt werden sollen, z. B.
  - ein bestimmtes Konzept erarbeiten, eine Untersuchung durchführen
  - eine Aufgabe restrukturieren
  - ein Netzwerk aufbauen
- eine Qualitätsverbesserung beschreiben, z. B.
  - Durchlaufzeiten in bestimmten Beratungsbereichen verkürzen
  - Bearbeitungsstandards definieren und einführen
  - einzelne Prozesse überarbeiten oder einen gesamten Prozess in Schritte einteilen und definieren, welche Schritte für eine bestimmte Qualität zu erbringen sind
- eine bestimmte Ausrichtung in einem Aufgabenfeld definieren, z. B.
  - Konkretisierung der Arbeit auf eine bestimmte Branche
  - Ausrichtung auf bestimmte Zielgruppen
  - Einbindung von bestimmten Partnern

Bei den Zielsetzungen kann man Fischer und Göbel folgend außerdem auch unterscheiden in (Fischer und Göbel 2013, S. 7):

- Wirkungsziele (Outcomeorientierung – was wollen wir erreichen?),
- Leistungsziele (Output Orientierung – was leisten wir dafür?),
- Finanzziele (Inputorientierung – was setzen wir ein?).

Im Sinne einer Steuerung mit Zielen müssen die Zielsetzungen mit geeigneten Kennzahlen hinterlegt sein. Hierauf kann dann das Controlling von Maßnahmen und Strategien aufgesetzt werden. Dies entspricht auch den Neuen Steuerungsmodellen.

4.1.3 Kennzahlen

Kennzahlen oder andere Formen von Leistungsmerkmalen sind erforderlich, wenn man den Grad der Zielerreichung, der Effektivität oder Effizienz von definierten Maßnahmen oder Strategien messen will. Sie spielen im Controlling eine wesentliche Rolle. Sie müssen für jedes Ziel bzw. für jede Maßnahme passgenau definiert werden. Sie werden deshalb gemeinsam mit der Zielsetzung entwickelt, da man sich in dieser Phase bereits darüber klar werden muss, welche Zielhöhe man konkret festlegen will, bzw. wie konkret man sie festlegen kann oder will.

Dies nimmt Bezug auf die SMART-Regel, die für die Zieldefinition auch die Messbarkeit als ein wesentliches Kriterium definiert. In engem Zusammenhang damit stehen des Weiteren die Beeinflussbarkeit sowie die Realisierbarkeit. Das heißt, dass die gewählten Kennzahlen durch die Wirtschaftsförderung konkret beeinflussbar und unter realistischen Rahmenbedingungen auch realisierbar sein müssen.

Zudem wird meist eine Quantifizierbarkeit angenommen. Die Messbarkeit orientiert sich also überwiegend an zählbaren Kennzahlen, bzw. an einer Kennzahl, für die ein messbarer Wert entwickelt worden ist. Dies ist naheliegend wird aber den Aufgaben in der Wirtschaftsförderung nicht immer gerecht.

In der Praxis werden für die Wirtschaftsförderung immer wieder Kennzahlen gewählt, die kaum von ihr direkt beeinflussbar sind. Dies trifft vor allem auch auf die Kennzahl geschaffener Arbeitsplätze zu. Hiermit werden jedoch falsche Erwartungen geweckt.

Eine Kennzahl wie die Zahl geschaffener bzw. gesicherter Arbeitsplätze orientiert sich an Oberzielen der Wirtschaftsförderung und diese sind nicht mit konkreten Maßnahmen in der Umsetzung verbunden. Die so reduzierte Gesamtwirkung lässt sich dann nur zu einem nicht näher zu definierenden Teil auf die Aktivitäten der Wirtschaftsförderung zurückführen.

- Die Zahlen zusätzlicher Arbeitsplätze, die statistsch für eine Kommune in einem bestimmten Zeitraum ermittelt werden, haben kaum einen Zusammenhang mit den Aktivitäten der Wirtschaftsförderung.

- Die Zahl zusätzlicher Arbeitsplätze, die z. B. in einer bestimmten Branche, die Zielgruppe der Aktivitäten der Wirtschaftsförderung ist, ermittelt werden, gehen ebenfalls nur zu einem nicht bestimmbaren Teil auf Aktivitäten der Wirtschaftsförderung zurück.
- Die Zahl zusätzlicher Arbeitsplätze ist das Ergebnis einer betriebswirtschaftlich fundierten Entscheidung des jeweiligen Unternehmens, die viele Aspekte berücksichtigt. Die aktive Tätigkeit der Wirtschaftsförderung kann dazu im Einzelfall nur mit einem sehr begrenzten Umfang tatsächlich beitragen. Dieser Beitrag kann z. B.:
  – die Zurverfügungstellung oder Vermittlung einer passenden Fläche oder Immobilie sein,
  – die Vermittlung einer öffentlichen Förderung im Rahmen einer Gesamtfinanzierung sein

  Diese Beiträge mögen am Ende sogar ausschlaggebend gewesen sein, gleichwohl leisten sie nur einen Beitrag zur Entscheidungsfindung.

Alle anderen Aspekte, die die unternehmerische Entscheidung beeinflusst haben, liegen außerhalb des Einflussbereichs der Wirtschaftsförderung, z. B. Marktentwicklung, Produktentwicklung, Wettbewerbsposition des Unternehmens, innerbetriebliche Entwicklung. Die Kennzahl weckt vor diesem Hintergrund deutlich falsche Erwartungen, was die Aktivitäten der Wirtschaftsförderung bewirken könnten. Sie werden, wenn sie vorgegeben werden, kaum erfüllbar sein und wenn sie nur periodisch ermittelt werden, nur relativ wenig mit der operativen Arbeit der Wirtschaftsförderung zu tun haben.

Noch schwieriger ist eine Kennzahl, die sich auf eine Reduzierung der Arbeitslosenzahl oder -quote bezieht. Hier wird schnell ersichtlich, dass viele andere Einflüsse die positiven Wirkungen auf den Arbeitsmarkt, die durch die Aktivitäten der Wirtschaftsförderung beeinflusst wurden, sehr schnell überkompensieren können. Im Zweifel reicht nur eine Entscheidung eines größeren Betriebes in der Kommune aus, um hier durch erheblichen Arbeitsplatzabbau die Zielzahlen im Bereich Arbeitslosigkeit nachhaltig zu beeinflussen, ohne das Wirtschaftsförderung einwirken kann.

Wenn die Wirtschaftsförderung sehr eng an Zahlen wie geschaffenen Arbeitsplätzen als Kennzahlen in der Beurteilung ihrer Erfolgswirkung festgemacht wird, führt dies darüber hinaus in der Konsequenz ggfs. zu einer Fehlsteuerung.

- Es wird sehr viel Aufwand in die Erreichung der Zielzahlen gesteckt,
- es erfolgt eine Konzentration auf Maßnahmen, die zum Erreichen der Zielzahl einen Beitrag liefern können, unabhängig davon wie sinnvoll, effizient oder nachhaltig dies ist,
- es werden aufwendige Berechnungen vorgenommen, um aus vielen Aktivitäten einen Beitrag zu dieser Zielzahl abzuleiten.

Mittelfristig führt dies dazu, dass andere positive Effekte der Arbeit der Wirtschaftsförderung unbeachtet bleiben und in der Weiterentwicklung vernachlässigt werden, gegenüber weniger effizienten und effektiven Maßnahmen, die jedoch einen Zielbeitrag liefern. Insbesondere die Nachhaltigkeit von Wirtschaftsförderungsaktivitäten wird wegen geringer kurzfristig wirksamer Zielbeiträge nicht hinreichend bewertet.

Um die Arbeit der Wirtschaftsförderung nach der SMART-Regel richtig bewerten zu können, müssen den Zielen auch entsprechende, sinnige Kennzahlen zugeordnet werden. Auch qualitative Aspekte müssen dabei adäquat beurteilt werden.

Es zeigt sich, dass für die Wirtschaftsförderung vielfach noch kein klares Bild existiert oder sich im Lauf der Jahre gefestigt hat, dass der SMART-Regel entsprechend aufgebaut wäre. Vielmehr erfolgt erst eine vorsichtige Annäherung an derartige Zielsysteme. Viele Wirtschaftsförderungsorganisationen arbeiten nach wie vor mit wenig geeigneten Zielen und Kennzahlen.

Fischer und Göbel definieren gemäß SMART-Regel als Beispiel für die Bestandsentwicklung (Fischer und Göbel 2013, S. 15):

Beispiele für Wirkungsziele in der Bestandsentwicklung
Was wollen wir erreichen?
- X % der Bestandsunternehmen sind mit dem Wirtschaftsstandort insgesamt sehr zufrieden oder zufrieden
- X % der Unternehmen bewerten den Standortfaktor Internet/Breitband am Standort mindestens mit gut/befriedigend.
- X % der Unternehmen bewerten den Standortfaktor Gewerbeflächen am Standort mindestens mit gut.
- X % der Bestandsunternehmen mit Kontakt zu Verwaltung/Wirtschaftsförderung in den letzten 3 Jahren bewerten die Leistungen der Verwaltung/Wirtschaftsförderung als sehr gut oder gut.

Indikator: Unternehmenszufriedenheit nach Befragung (regelmäßig).
Was tun wir dafür?/Wie müssen wir es tun?
- Der Anteil der gewerblich genutzten Grundstücke mit einer Breitbandversorgung >xx Mbit/s beträgt Y %.
- Der Gewerbeflächenvorrat beträgt am 31.12. X m^2 je Bestandsunternehmen
- X % der Bestandsunternehmen nehmen jährlich mindestens an einer Veranstaltung der Wirtschaftsförderung teil. X der teilnehmenden Bestandsunternehmen bewerten die Veranstaltung mindestens mit gut.
- X % der Bestandsunternehmen abonnieren den Newsletter.
- Mit X % der Bestandsunternehmen (der Kategorie A, mit >Y Mitarbeitern) gibt es im Jahr einen persönlichen/telefonischen Kontakt.
- Bis zum 31.12. sind X % der Bestandsunternehmen (mit E-Mail-Kontakt/persönlichen Ansprechpartner) in der Unternehmensdatenbank erfasst.

Instrumente: Datenbank CRM-System/Abfrage Netzbetreiber.

Hier werden also Ziele „was wollen wir erreichen" definiert, die konkret mit dem Aufgabenspektrum der Wirtschaftsförderung verknüpft werden können. Auch die konkreten Aktivitäten können damit beschrieben werden. Es werden für qualitative Merkmale quantifizierbare Kennzahlen aufgestellt.

Dieses kann auch weiter spezifiziert werden, wenn man z. B. die Beratungsqualität der Wirtschaftsförderung weiterentwickeln will, sind geeignete Kriterien:

- Zahl der Beratungsgespräche,
- Zufriedenheit mit der Beratungsqualität.

Hierzu muss die Beratungsarbeit in Prozessschritte bzw. Leistungsbausteine aufgegliedert werden sowie das Interesse der Kunden untersucht werden. Es muss Klarheit bestehen darüber, welches Ergebnis für den Kunden in den einzelnen Prozessschritten erreicht werden kann. Dann können gezählt werden:

- Zahl der Inanspruchnahme einzelner Prozessschritte,
- Zahl der Inanspruchnahme mehrerer Prozessschritte,
- Zufriedenheit mit der Ergebnisqualität – hat geholfen,
- Zufriedenheit mit anderen Beratungskriterien, wie Kompetenz, Schnelligkeit, Freundlichkeit.

Mit den ermittelten Werten kann dann die weitere inhaltliche Entwicklung gesteuert werden.

Um die Reichweite der Wirtschaftsförderung zu erhöhen, kann u. a. auch die Vernetzungsintensität eine Kennzahl sein. Hier kann erhoben werden:

- die Zahl von Präsentationen der Leistungen der Wirtschaftsförderung in spezifischen Unternehmensnetzwerken,
- die Zahl der Multiplikatorengespräche,
- die Zahl aufgebauter Netzwerke als Plattformen für die Vermarktung der Leistungen.

Dieses Vorgehen lässt sich auf andere Bereiche der Wirtschaftsförderung übertragen. So definieren Fischer und Göbel einen Ziel-Kennzahlen-Zusammenhang für die Akquisition, Clustermanagement wie auch Existenzgründungsförderung (Fischer und Göbel 2013, S. 17).

Beispiele für Wirkungs- und Leistungsziele in der Akquisition
Was wollen wir erreichen?
- X auswärtige Unternehmen werden im Jahr durch Verkauf/Vermittlungen von Gewerbeflächen/Immobilien am Standort/in der Region angesiedelt.
- X auswärtige Unternehmen interessieren sich im Jahr für den Standort/die Region (Standortanfragen).

4.1 Steuerung durch Zielsetzung

Indikator/Kennzahl: angesiedelte Unternehmen bzw. Standortanfragen.
Was tun wir dafür?/Wie müssen wir es tun?
- X auswärtige Unternehmen werden im Jahr kontaktiert.

Indikator/Kennzahl: kontaktierte auswärtige Unternehmen.
Instrumente: CRM-System, eigene Aufzeichnungen.

Beispiele für Wirkungs- und Leistungsziele für den Bereich Clustermanagement/Netzwerke

Was wollen wir erreichen?
- Das Netzwerk akquiriert innerhalb von X Jahren Fördermittel/private Mittel in Höhe von Y Euro.
- Im Cluster werden im Jahr X auswärtige Unternehmen angesiedelt.
- Die in Netzwerken organisierten Unternehmen bewerten den Standort besser als die anderen Unternehmen.

Was tun wir dafür?/Wie müssen wir es tun?
- X % der Bestandsunternehmen/Hochschulen nehmen im Jahr an mindestens einem Netzwerktreffen teil.
- Das Netzwerk spricht im Jahr X auswärtige Unternehmen an.

Instrument: CRM-System eigene Aufzeichnungen.

Beispiele für Wirkungs- und Leistungsziele in der Existenzgründungsförderung

Was wollen wir erreichen?
- Die Anzahl der Existenzgründungen wird auf X je 1000 Einwohner erhöht.
- Hilfsweise: Die Anzahl der Gewerbeanmeldungen wird auf X je 1000 Einwohner im Jahr erhöht.

Was müssen wir dafür tun?
- Die Wirtschaftsförderung berät im Jahr X Gründungsinteressierte.
- Die Wirtschaftsförderung führt im Jahr X Veranstaltungen für Existenzgründungsinteressierte durch.
- X % der Gewerbeanmeldungen (ohne...) waren vorher bei der Wirtschaftsförderung.

Instrumente: eigene Aufzeichnungen, Gewerbemeldeverfahren.

Wie bei der Bestandsentwicklung lassen sich für das Clustermanagement oder die Existenzgründung wie auch zu weiteren Aufgabenbereichen der Wirtschaftsförderung zahlreiche zusätzliche Spezifizierungen definieren.

> **Beispiel**
> Auch für weitere Aufgabenbereiche der Wirtschaftsförderung wie die Beschäftigungsförderung mit zahlreichen Projekten lassen sich Kennzahlen auf mehreren Ebenen definieren, mit denen diese Projekte nachgehalten, ausgewertet und gesteuert werden können.

Aber auch die Kennzahl geschaffene Arbeitsplätze bzw. angesiedelte Unternehmen lässt sich sinnvoll anwenden. Hierzu ist es erforderlich, dass sie bezogen werden auf die Ansiedlungsflächen, die in kommunalem Eigentum sind. So lassen sich konkrete Wirkungszusammenhänge herstellen. Folgende Werte lassen sich dann weiterverwenden:

- Zahl angesiedelter Unternehmen,
- Zahl dort angesiedelter Arbeitsplätze,
- nachgefragte Flächengrößen,
- Investitionsvolumen,
- inhaltliche Nutzungsstruktur.

Diese können dann genutzt werden, um im Abgleich mit einer Vollerhebung der Branche(n) den Entwicklungsanteil, der durch die Kommune unmittelbar beeinflusst wurde, festzustellen. Weiterhin kann diese Erkenntnis genutzt werden für weitergehende Aktivitäten der Flächenentwicklung und -bereitstellung für die Wirtschaftsentwicklung.

Grundsätzlich lässt sich feststellen, dass die Aufgaben der Wirtschaftsförderung in einzelne Leistungen zerlegt werden müssen, um eine sinnvolle Leistungsbewertung im Sinne der SMART-Regel durchführen zu können. Für eine zielführende Leistungsbewertung müssen einzelne prägende Leistungsmerkmale herausgearbeitet werden, die durch bestimmte Kennzahlen bewertet werden. In vielen Fällen müssen erstmalig Einzelleistungen und Kennzahlen erarbeitet werden. Auch der einzelne Wert ist bisweilen noch wenig aussagekräftig. Erst im Vergleich der Kennzahlenwerte über mehrere Perioden kann ein konkretes Bild entstehen, welche Zielwerte eine realistische Erwartung an eine Zielerreichung im Sinne einer Veränderung bzw. Steuerung darstellen.

4.1.4 Strategien als Steuerungsinstrument in der Wirtschaftsförderung

Strategie (von altgriechisch stratēgós „Feldherr, Kommandant") ist ein längerfristig ausgerichtetes Anstreben eines Ziels unter Berücksichtigung der verfügbaren Mittel und Ressourcen (Wikipedia 2015c). Unter Strategie werden klassisch die (meist langfristig) geplanten Verhaltensweisen der Unternehmen zur Erreichung ihrer Ziele verstanden (Wikipedia 2015d).

4.1 Steuerung durch Zielsetzung

Strategien stellen im Bereich der Wirtschaftsförderung vielfach eine Zielsetzung dar, in einem bestimmten Bereich mit einem Bündel von Maßnahmen über einen längeren Zeitraum eine Verbesserung der Situation zu erreichen. Damit folgt sie klassischen Begriffsdefinitionen.

Strategien stellen somit auch im Bereich der Wirtschaftsförderung grundsätzlich ein sehr gutes Steuerungsinstrument dar. Damit sich dies auch so positiv wie gedacht umsetzt, müssen einige Punkte berücksichtigt werden.

Grundlage für eine Strategie ist eine Analyse der Ist-Situation, für einen bestimmten Wirtschaftsbereich bis hin des gesamten Wirtschaftsstandortes. Dies kann z. B. bei bestimmten Bereichen wie Servicedienstleistungen auch durch Befragungen erfolgen, mit denen die Erwartungen und Bewertungen zu bestimmten Angeboten oder einer aktuellen Situation abgefragt werden. Auf dieser Basis werden dann einzelne Teilbereiche identifiziert, die einer besonderen Verbesserung bedürfen. Die Verbesserung muss in Teilzielen formuliert werden. Weiter werden Maßnahmen definiert, die zur Zielerreichung erfolgen sollen. Sie liefern jeweils einen Zielteilbeitrag. Die Strategie besteht somit aus einem Maßnahmenbündel, das über einen definierten Zeitraum realisiert werden soll. Dementsprechend muss für jede Maßnahme ein Ziel und eine Kennzahl definiert werden. Somit muss eine Strategie auch mit einem Zielbündel verbunden sein, hinter dem ein passendes Kennzahlenbündel liegt. Die Komplexität einer Strategie muss sich grundsätzlich auch in einem entsprechend komplexen Steuerungsbild abbilden.

Dies erfolgt vielfach nicht und eine komplexe wirtschaftspolitische Strategie wird mit einem Globalziel zusammengefasst. Wenn dieses Globalziel und damit die gesamte Strategie dann nur mit einer plakativen aber verkürzenden Kennzahl in seiner Wirkung zu prüfen ist, ist dies problematisch. Mit einer einzigen Kennzahl als Zielwert für eine ganze Wirtschaftsförderungsstrategie wird vielfach eine politische Begründung für die Entscheidung für eine bestimmte Vorgehensweise oder eine bestimmte Strategie, die mit einem entsprechenden finanziellen Aufwand verbunden ist, gewählt. Hiermit soll sehr plakativ ein positives Aufwand-Nutzen-Verhältnis abgebildet werden. Damit kann jedoch eine Strategie operativ nicht sinnvoll gesteuert und überprüft werden.

- Es werden falsche Erwartungen erweckt,
- eine Fehlsteuerung in der Umsetzung einer Strategie wird unterstützt,
- damit ist auch die Nachhaltigkeit der Maßnahmen gefährdet,
- dadurch werden viele gute Ansätze nicht entsprechend gewürdigt und unterstützt.

In der Konsequenz heißt das, die Strategie muss für eine adäquate Steuerung in die operativen Einzelteile, z. B. auf Ebene der Maßnahmen zerlegt werden. Die Einzelergebnisse, die in vielen Einzelteilen der Strategie gewonnen werden, müssen dann zu einem Gesamtbild der Zielerreichung zusammengesetzt werden. Sicher macht es Sinn, dieses Gesamtziel auch auf einen kurzen Nenner zu bringen. Aber gleichzeitig muss klar sein, dass dahinter ein komplexes Ziel- und Kennzahlenbündel abzuarbeiten ist, um tatsächlich steuern zu können.

> **Beispiel: Hannover Projekt – eine Strategie zur Stärkung der Wirtschaftskraft der Region Hannover**
>
> Hier bestimmte sehr schnell die Zielzahl zu schaffender Arbeitsplätze den Fokus der öffentlichen und politischen Diskussion. Trotz eines grundsätzlich komplexen Steuerungsbildes für ein großes Maßnahmenbündel beeinflusste die Zielzahldiskussion die Zielverfolgung stark. Die Erfolgsbewertung wurde teilweise sehr stark auf die Erreichung der Zielzahl fokussiert. Viele andere Ergebnisse traten dadurch zu Unrecht in den Hintergrund. Ständig viele quantifizierbare (Teil) Ergebnisse liefern zu müssen fördert Aktionismus und beeinträchtigt die Nachhaltigkeit. Erst jetzt nach über zehn Jahren Laufzeit hat man sich von der monodimensionalen Zielzahl „geschaffene Arbeitsplätze" getrennt und diese durch ein Zielbündel ersetzt.

4.2 Steuerung durch Erfolgskontrolle

Die Erfolgskontrolle ist der wichtige Schlussstein in einem Regelkreis der Steuerung. Es geht auch bei der Wirtschaftsförderung um den effizienten und effektiven Einsatz knapper Ressourcen im Gesamtsystem der Verwaltung bzw. des Haushalts. Erfolgskontrollen sind notwendig, damit geprüft werden kann, ob die Mittel effektiv und effizient eingesetzt werden (Seltsam 2001, S. 29). Es stellt sich die Frage, ob mit den eingesetzten Mitteln aus dem öffentlichen Haushalt die gesetzten Ziele erreicht wurden. Selbst wenn das Kriterium der Effizienz nicht immer oberstes Ziel ist, so kann es nicht nur um die Erfüllung von Aufgaben gehen. Es muss auch geprüft werden, ob die Erfüllung der Aufgaben einen gewünschten Effekt hatte. Dies ist wichtig, da die Reaktionen des Marktes im Verhältnis zu der Aufgabenerfüllung vielfach nur eingeschränkt als Kriterium der Erfolgskontrolle wahrgenommen werden. Um einen Erfolg feststellen zu können, muss der Erfolgsmaßstab vorher festgelegt werden, d. h. ein konkretes Ziel nebst Kennzahlen. Im Wirkungskreislauf ist nach der Zielsetzung und anschließenden Durchführung einer Maßnahme auch die Erfolgskontrolle wichtig, um die Arbeit der Wirtschaftsförderung beurteilen und steuern zu können. Erst mit den Ergebnissen der Erfolgskontrolle kann die Steuerung für die nächste Periode sinnvoll vorgenommen werden, bezogen auf die einzelne Maßnahme bis hin zur gesamten Organisationseinheit. Die Erfolgskontrolle sollte dabei auf mehreren Ebenen erfolgen, um ein möglichst breites Beurteilungsspektrum hinsichtlich Effizienz und Effektivität wie auch zukünftiger Ausrichtung und Weiterentwicklung zu erhalten.

4.2 Steuerung durch Erfolgskontrolle

Die Erfolgskontrolle sollte dazu folgende Funktionen erfüllen (Seltsam 2001, S. 30 f.):

- Erkenntnisfunktion,
- Kontrollfunktion,
- Dialogfunktion,
- Legitimitätsfunktion.

Alle diese Ebenen der Erfolgskontrolle sind zu beachten im Sinne einer wirkungsvollen Steuerung. Im Hinblick auf eine effektive Leistungserbringung ist zunächst die Erkenntnisfunktion von größter Relevanz. Hier werden alle Daten rund um eine bestimmte Maßnahme gesammelt und ausgewertet, Zielgruppenerreichung, zusätzlicher oder veränderter Bedarf der Zielgruppe, Relevanz und Veränderungen der Rahmenbedingungen, Effektivität. Im Hinblick auf die Effizienz der Leistungserbringung bringt vor allem die Kontrollfunktion klassische Informationen über Ressourcenbedarf und quantifizierte Zielabweichung. Im Hinblick auf die Weiterentwicklung ist zunächst die Dialogfunktion wichtig, bei der mit den gewonnenen Ergebnissen der Dialog mit Partnern im Prozess und den Entscheidungsebenen geführt wird. Ergänzt wird diese im Hinblick auf Entscheidungsebenen und Öffentlichkeit durch die Legitimationsfunktion von weiter bearbeiteten Teilen der Ergebnisse. Bereits für den Dialog werden für unterschiedliche Partner und Entscheidungsebenen ggfs. selektive bzw. weiter bearbeitete Ergebnisse verwendet.

Der Aspekt einer Selektion von Ergebnissen und einer noch selektiveren Verwendung derselben zeigt das vielfach eher ambivalente Verhältnis von Politik und Verwaltung hinsichtlich der Etablierung von Maßnahmen der Erfolgskontrolle auf (Seltsam 2001, S. 33). Seltsam weist in seinen Ausführungen auf die Problematik hin, dass sehr konkrete Zielformulierungen mit einer direkten Messbarkeit nicht immer im Interesse von Politik sind, da die Spielräume politischen Agierens dadurch eingeschränkt werden (Seltsam 2001, S. 12). Die rein sachliche Betrachtungsweise einer sehr konkreten zielorientierten Steuerung und die Rahmenbedingungen durch politische Steuerung passen nicht immer deckungsgleich zusammen. Seltsam sieht das Interesse der Politik an Erfolgskontrolle als begrenzt, da diesem immer wieder Gestaltungs-, Machterhaltungs- und Karriereinteressen gegenüber stehen (Seltsam 2001, S. 33). Dem widerspricht das Neue Steuerungsmodell der Verwaltung hinsichtlich potenzieller Gestaltungsinteressen der Politik, die regelmäßig eine enge Verknüpfung mit den zur Verfügung stehenden Ressourcen haben. Dieses Steuerungsinteresse macht eine Erfolgskontrolle erforderlich, um von Periode zu Periode Entscheidungen über die Ressourcenverwendung treffen zu können.

Bei der Erfolgskontrolle geht es also um die Betrachtung der Ergebnisse des Wirkens, hier der Wirtschaftsförderung. Auf unterschiedlichen Ebenen erfolgt diese Kontrolle. Zum einen ist festzustellen in wie weit die gesetzten Ziele erreicht wurden, das heißt welche Effekte wurden erzielt, bzw. wie die Effektivität der Maßnahmen der Wirtschaftsförderung zu beurteilen ist. Dies setzt die Definition geeigneter Ziele voraus. Eine weitere Ebene geht der Frage nach, inwieweit der Erfolg tatsächlich auf das Wirken der Wirtschaftsförderung zurück zu führen ist. Dies wird auch als die Kausalitätsbewertung bezeichnet. Nicht zuletzt wird auch die Frage der Effizienz gestellt, also wie ist das Verhältnis aufgewendeter Ressourcen zum Ertrag zu bewerten.

4.2.1 Zielerreichungskontrolle

Auf der ersten Ebene geht es bei der Erfolgskontrolle um eine schlichte Zielerreichungskontrolle oder Ergebniskontrolle auf der Basis gesetzter Ziele. Diese Form der Kontrolle kann auch regelmäßig im Lauf einer Maßnahmenumsetzung angewandt werden, um nachsteuern zu können. Typische Ausprägung sind u. a. Quartalsziele, über die geprüft wird inwieweit z. B. eine Maßnahme oder allgemeiner die Geschäftsentwicklung auf dem richtigen Weg ist, um das gesetzte Jahresziel zu erreichen. Dieses Vorgehen setzt voraus, dass es eine zeitliche Vorgabe genauso wie quantifizierte inhaltliche Zielsetzungen gibt, die eine Überprüfung in dieser Form ermöglichen. Insgesamt ist diese Form der Überprüfung recht schnell und einfach zu realisieren nachdem die Vorarbeiten – die adäquate Zielformulierung – gemacht wurden.

> **Beispiel**
>
> Die Veränderungsrate absolut oder in Prozent, bezogen auf einen Zeitraum, z. B. ein Jahr, lässt sich dann auf vier gleiche oder begründet unterschiedliche Teilbeträge unterteilen.
>
> Diese Form der Zielerreichungskontrolle lässt sich z. B. in einer „Projektampel" umsetzen, die plakativ den Status eines Projekts jederzeit unterjährig abbildet und Handlungsbedarf aufzeigt. http://www.ikmt.de/public/homepage.htm#de/service/management-forum.htm#showthread.php@&tid=343&pid=#pid.
>
> Eine Zielabweichung macht ggfs. weitere Analyseschritte erforderlich, um den Grund oder die Gründe für die Zielabweichung zu erfahren. Im Weiteren ist zu prüfen, ob Zielerreichung noch, ggfs. bis zu welchem Grad möglich ist und welcher zusätzliche Aufwand dazu notwendig ist. Hierzu sind weitere Informationen erforderlich. Eine Wirkungskontrolle kann das inhaltliche Ergebnis messen und Anhaltspunkte liefern, inwieweit dieses auf die Arbeit der Wirtschaftsförderung zurückzuführen ist.

4.2.2 Wirkungskontrolle

Bei der Wirkungskontrolle ist der Frage nachzugehen, ob ein Angebot, Projekt oder Programm eine gewünschte Wirkung zeigt und ob darüber hinaus diese Wirkung auf das Wirken der Wirtschaftsförderung zurückzuführen ist.

Es geht um eine inhaltliche Überprüfung einer Zielformulierung. Im Weiteren geht es dann um die Frage, ob die eingesetzten Maßnahmen und Instrumente wirksam waren und damit der erreichte Effekt auf die Wirtschaftsförderung zurück zu führen ist. Dies ist eine komplexe Fragestellung, die schwierig zu beantworten ist, da Ergebnisse meist durch eine Vielzahl von Einflüssen gekennzeichnet sind und somit überwiegend nicht auf eine Stellschraube zurückzuführen sind. Für diese Prüfung eines Wirkungszusammenhangs wird in der Produkt- oder Wirkstoffforschung gerne mit Vergleichsgruppen gearbeitet, d. h. eine Gruppe, auf die eine Maßnahme angewendet wurde und eine zweite, die ohne diese Maßnahme beobachtet wird. Im Ergebnis des Vergleichs der beiden Gruppen wird der Unterschied und somit die Wirkung sichtbar. Dieses lässt sich auf die Wirtschaftsförderung so nicht übertragen. Insofern stellt sich die Frage der Wahrscheinlichkeit eines Zusammenhangs zwischen bestimmten Maßnahmen der Wirtschaftsförderung und erwarteten Wirkungen. Hier eine höhere Wahrscheinlichkeit anzunehmen bedarf grundsätzlich einer Analyse der Randbedingungen einer typischen Ergebnissituation und der potenziellen Wirkungszusammenhänge bei der Entstehung dieses Ergebnisses. Da dieses teilweise sehr aufwendig ist, werden vielfach sehr einfache monokausale Zusammenhänge mit einer relativ hohen Wahrscheinlichkeit angenommen zwischen dem Wirken der Wirtschaftsförderung und der Wirkung im Ergebnis.

Die Wirkungskontrolle liefert ein Ergebnis wie wirksam eine bestimmte Maßnahme war. Dies ist eine Grundlage zu entscheiden, ob eine bestimmte Maßnahme, ein Projekt oder ein Programm fortgesetzt oder auch angehalten werden soll, bzw. welchen Stellenwert eine bestimmte Maßnahme z. B. im Rahmen eines gesamten Programms hat, hochwirksam oder wenig wirksam. Die Reduzierung auf einen einfachen Zusammenhang im Rahmen einer Maßnahme macht es grundsätzlich leichter, einen Wirkungszusammenhang festzustellen. Wenn ein Programm dann mehrere Maßnahmen bzw. ein Maßnahmenbündel umfasst, müssen auf der Ebene der Maßnahme jeweils einzelne Entscheidungen getroffen werden, die dann auf der Ebene des Programms zusammengeführt werden für eine Aussage zum Programm. Um eine Steuerungsentscheidung treffen zu können, sind ggfs. noch weitere Informationen erforderlich. Diese können durch einen Vergleich der Realität mit dem Plan gewonnen werden.

4.2.3 Planmäßigkeitskontrolle

Neben der Wirkungskontrolle lässt sich auch die Planmäßigkeit prüfen, d. h. inwieweit ein Plan sich planmäßig umsetzen ließ bzw. welche Gründe eine planmäßige Umsetzung verhindert haben. Dies setzt voraus, dass ein recht detaillierter Plan aufgestellt wurde, Rahmenbedingungen benannt und Annahmen getroffen wurden und dieses dokumentiert wurden. Auf dieser qualifizierten Basis lässt sich auch die Fragestellung prüfen und beantworten, inwieweit die Planung tatsächlich realistisch war und welche Annahmen und Bedingungen zutreffend waren und welche nicht. Bei diesen Prüfungsschritten erfolgt eine Analyse des Ist-Standes bezogen auf bestimmte Planwerte im Vergleich zum Sollwert der Planung.

Das Ergebnis dieser Planmäßigkeitskontrolle ist ein wichtiger Erkenntnisgewinn, der die Abweichungen von bestimmten Planparametern benennt, nachvollziehbar macht und damit auch im besten Fall definiert, wie mit den betreffenden Planparametern im weiteren umzugehen ist bzw. welche Konsequenzen daraus zu ziehen sind. Auf Grundlage dieser umfangreichen Analyse kann dann über die Fortsetzung eines Angebotes, Projekts oder Programms qualifiziert entschieden werden.

4.2.4 Evaluation

Unter Evaluation wird meist die Bewertung von Projekten, Prozessen und Organisationseinheiten verstanden. Dabei können Kontext, Struktur, Prozess, Aufwand und Ergebnis einbezogen werden. Im Allgemeinen lässt sich als Evaluation auch die grundsätzliche Untersuchung begreifen, ob und inwieweit etwas geeignet erscheint, einen angestrebten Zweck zu erfüllen. Im Sprachgebrauch werden auch Evaluation, Untersuchung und Analyse gleichbedeutend im Sinne einer Bestandsaufnahme ohne besondere Zweckorientierung gebraucht.

Für eine Evaluation werden Daten methodisch erhoben und systematisch dokumentiert, um die Untersuchung, das Vorgehen und die Ergebnisse nachvollziehbar und überprüfbar zu machen. Standardverfahren zur internen und externen Datenerfassung sind Befragung, Beobachtung, Test, Fragebogen, und Materialanalyse. Die Bewertung erfolgt durch den Vergleich der ermittelten Ist-Werte mit vorher explizit festgelegten, operationalisierten und begründeten Sollwerten anhand festgelegter Indikatoren.

Evaluation dient der rückblickenden Wirkungskontrolle, der vorausschauenden Steuerung und dem Verständnis von Situationen und Prozessen. Anhand der Evaluationsdaten können untersuchte Prozesse angepasst und optimiert werden (Wikipedia 2015a). Evaluation als differenzierte Betrachtung ermöglicht es, Schwächen und Defizite aufzudecken und nachzugehen und damit Potenziale zur strategischen Optimierung zu identifizieren und so zu einer besseren Ausschöpfung der Potenziale beizutragen (Warsewa 2010, S. 6).

Die Evaluierung kann also vor allem im Hinblick auf die Wirkungskontrolle weitgehend synonym mit der Erfolgskontrolle verwendet werden. Auch in einem komplexem Programm wird im Rahmen der Evaluation analysiert, welcher Fortschritt erreicht wurde und welchen Schlussfolgerungen daraus für das weitere Vorgehen abzuleiten sind; es handelt sich also um eine Bestandsaufnahme des Standes der Programmumsetzung und eine Überprüfung der Zielerreichung (RWI 2007, S. 6).

Beispiel: Evaluierung Unternehmerbüro
Hier handelt es sich um eine Unternehmensbefragung durch einen externen Gutachter, die sich auf die Kunden des Unternehmerbüros konzentriert und eine Wirkungskontrolle darstellt. Sie wurde über mehrere Jahre immer wieder durchgeführt, um

4.2 Steuerung durch Erfolgskontrolle

auch eine Entwicklung abbilden zu können und Veränderungen von Maßnahmen und Ergebnissen wahrnehmen zu können.

1. Ziele und Umfang der Befragung
- Ziel:
  - die Wahrnehmung des Angebotes: als Teil einer wirtschaftsfreundlichen Verwaltung?
  - weitere Ausrichtung der Arbeitsinhalte auf die Bedarfe der Kunden
- Befragungsumfang:
  - Alle Unternehmen, die seit 2008 nachhaltig Leistungen im Bereich Fördermittelberatung oder Lotse/Moderation in Anspruch genommen haben
- Insgesamt 137 Interviews von 245 Fällen (56 %)
  - 105 Fördermittel
  - 32 Lotse und Moderation
2. Abgefragte Beratungsinhalte
- Unterstützung Fördermittelberatung (siehe Abb. 4.4)
- Unterstützung Lotse und Moderation (siehe Abb. 4.5)
3. Befragungsergebnisse und Bewertungen im Einzelnen
- Bearbeitungsdauer (siehe Abb. 4.6) Gutachterbewertung: Völlig unkritisch, widerspricht dem Behördenimage
- Beratungsumfang insgesamt (siehe Abb. 4.7)
- Servicequalität (siehe Abb. 4.8) Gutachterbewertung: Servicequalität auf hohem Niveau
- Weiterempfehlung? (siehe Abb. 4.9) Gutachterbewertung: Quote extrem gut, auch von Kunden, denen nicht geholfen werden konnte

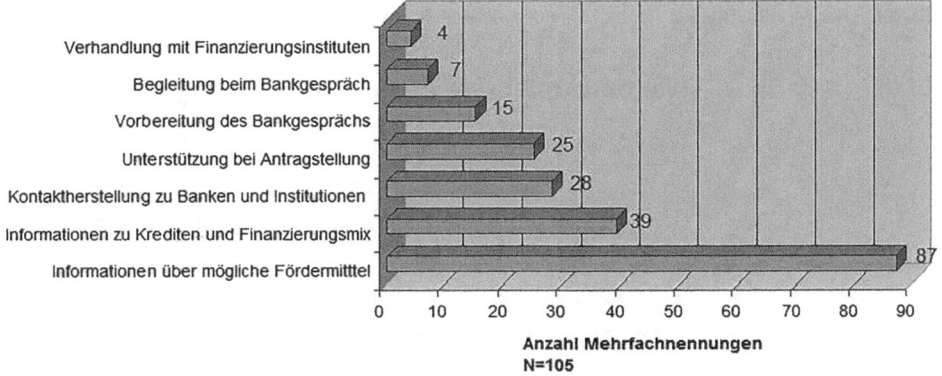

Abb. 4.4 Beratungsinhalte

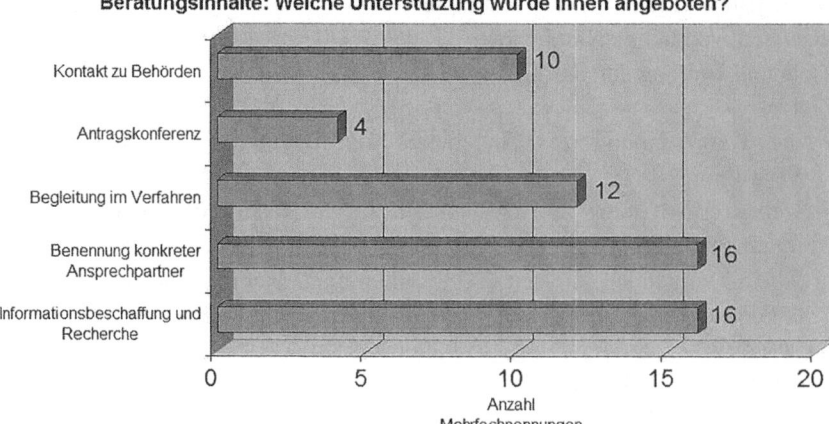

Abb. 4.5 Beratungsinhalte

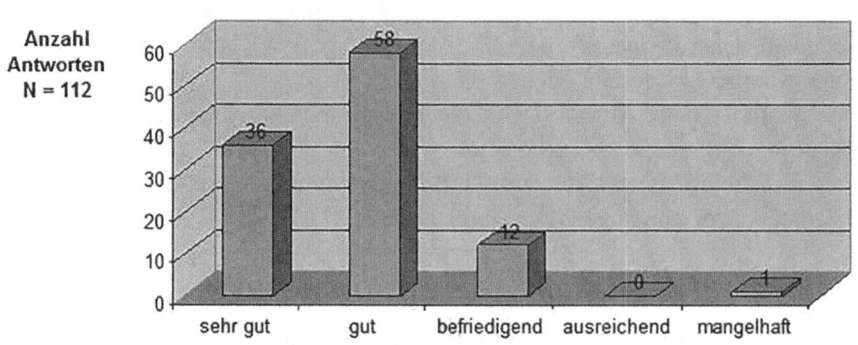

Abb. 4.6 Bearbeitungsdauer

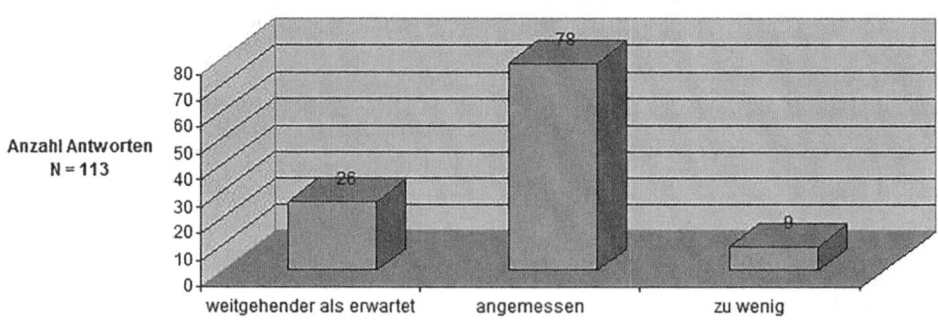

Abb. 4.7 Beratungsumfang

4.2 Steuerung durch Erfolgskontrolle

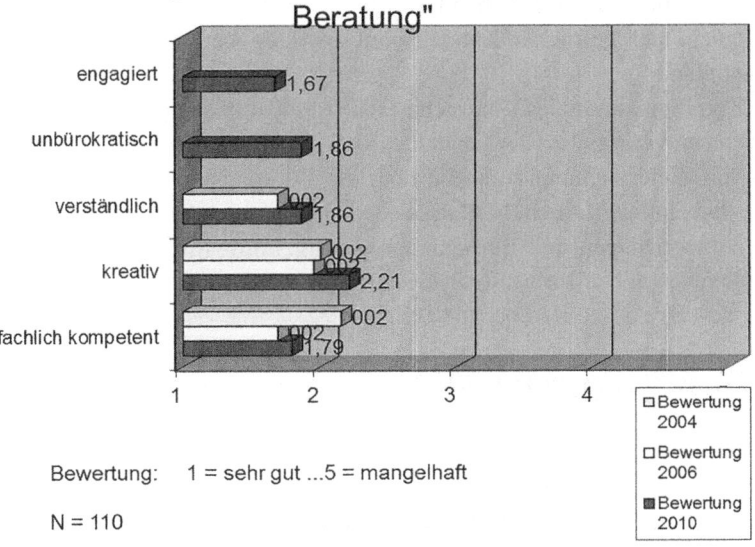

Abb. 4.8 Servicequalität

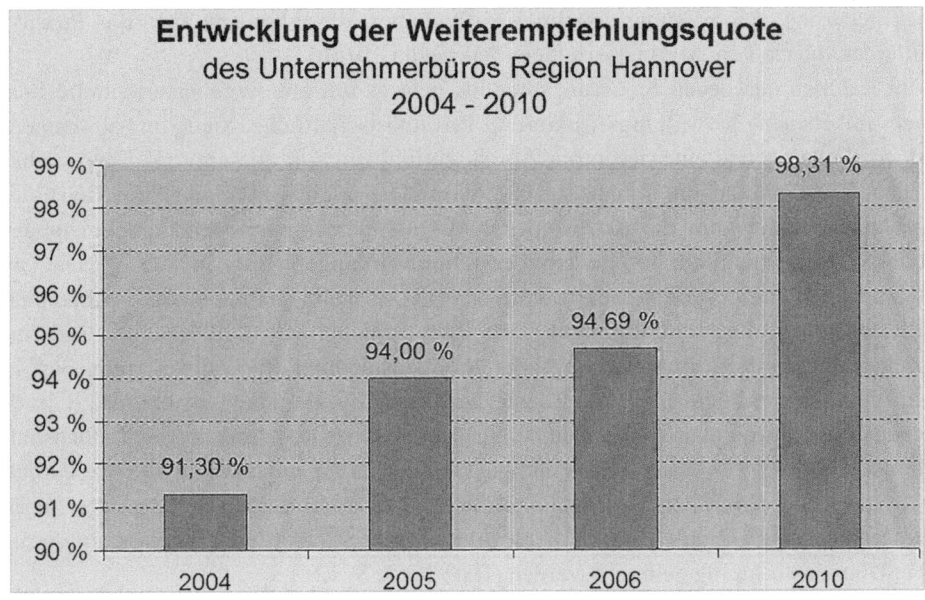

Abb. 4.9 Weiterempfehlung

4. Ergebnisse des Gutachters zusammengefasst
- Ergebnisse der Evaluierung 2010: Insgesamt ausgesprochen positiv
- Die Weiterempfehlungsquote hat sich nochmals auf höchstem Niveau verbessert.
- Servicequalität kann sich sehen lassen.
- Aus Sicht der befragten Kunden sind spürbare und messbare positive Effekte aufgetreten.
- Die Kommunikation des Unternehmerbüros selbst kann verbessert werden.

Evaluation hannoverimpuls: Hier handelt es sich um eine umfangreiche Analyse, die alle Elemente von Zielerreichungskontrolle über die Wirkungskontrolle bis zur Planmäßigkeitskontrolle beinhaltet. Auch die Rahmenbedingungen werden analysiert. Dazu wurden zahlreiche Auswertungen und Befragungen durchgeführt. Im Ergebnis wurden zahlreiche Anregungen gegeben zur weiteren Gestaltung und Ausrichtung der Strategie.

4.3 Neues Steuerungsmodell

Der Begriff Neues Steuerungsmodell (NSM) bezeichnet in der Organisationslehre öffentlicher Verwaltungen ein Modell zur strategischen Steuerung von Verwaltungen, insbesondere im kommunalen Bereich. In Ergänzung dazu beschreibt die Doppik (in einigen Ländern auch als Neues kommunales Finanzmanagement bezeichnet) die finanzwirtschaftlichen Instrumente und Verfahren, die dem zukünftigen Einsatz der doppelten Buchführung in den öffentlichen Verwaltungen dienen. Beiden Modellen ist gleich, dass eine Steuerung der Leistungserstellung öffentlicher Verwaltungen über die Produkte stattfindet, die sich am Markt ausrichten (Wikipedia 2015b).

Im Rahmen des neuen Steuerungsmodells geht es um eine ergebnisorientierte Steuerung mit neuen Verwaltungsstrukturen. Privatwirtschaftliche Steuerungsinstrumente und -methoden sowie eine dezentrale Verantwortlichkeit sind wesentliche Kennzeichen. Es geht nicht alleine um Finanzergebnisse sondern gleichzeitig auch um Leistungsergebnisse. Es geht um die Art, Menge und Qualität der bereitgestellten Leistungen/Produkte und letztendlich um die damit erzielten Wirkungen (Bals 2014, S. 2). Die budgetverantwortlichen Verwaltungsstrukturen sind verwaltungsintern die Fachbereiche und extern die Konzerneinrichtungen. Dies lässt sich auch auf die Wirtschaftsförderung beziehen, die als Verwaltungslösung oder in eigenständiger Rechtsform organisiert ist. Dazu gehören natürlich auch kongruente politische Entscheidungsstrukturen, d. h. die Fachausschüsse sind analog den Fachbereichsbudgets bzw. entsprechender Teilhaushalte gebildet. Dies bezieht auch eigenständige Gesellschaften mit ein, für die wesentliche Entscheidungen durch den Gesellschafter Kommune durch Beschlussfassung erfolgen. Insgesamt muss die Haushaltsstruktur mit der Organisations- und Verantwortungsstruktur in Übereinstimmung gebracht werden (Bals 2014, S. 13).

4.3 Neues Steuerungsmodell

Grundlage des Neuen Steuerungsmodells ist der Haushalt als das zentrale Steuerungsinstrument. Dies folgt einer Bewertung, die bereits Richelieu aufstellte: Der Haushalt ist der Nerv des Staates. Bals und Fischer (Bals 2014, S. 9) definieren analog: von keinem anderen Steuerungsinstrument gehen solch starke Auswirkungen auf die Entscheidungen und das Verhalten sowohl der Politiker als auch der Führungskräfte und der Beschäftigten in der Verwaltung aus. Die gesamte Führungs- und Organisationsstruktur jeder öffentlichen Verwaltung wird maßgeblich durch die Finanzorganisation geprägt. Das hat zur Folge, dass im Haushalt die notwendigen Informationen enthalten sein müssen, die für die Planungen, Entscheidungen und Kontrollen wichtig sind.

Gerade in Zeiten knapper öffentlicher Kassen mit hohem Konsolidierungsdruck einerseits und zahlreichen Anforderungen an die öffentliche Hand andererseits ist eine gute Steuerung unverzichtbar. Das Neue Steuerungsmodell bietet hierfür erheblich verbesserte Möglichkeiten als in der Vergangenheit. Dies löst auch eine neue Form und Konkretisierung der Zieldefinition für das Verwaltungshandeln aus.

Grundsätzlich tritt an die Stelle bisheriger Haushaltspläne der produktorientierte Haushaltsplan. Auf Ebene der Produkte werden Finanz- und Leistungsvorgaben getroffen. Der Haushalt wird so auch zu dem zentralen inhaltlichen Steuerungsinstrument für die Kommune. Der Haushalt soll Grundlage für die Planung, Steuerung und Kontrolle der jeweiligen Verwaltung durch Politik und Verwaltungsführung sein (Bals 2014, S. 12). Dies bezieht sich nicht nur auf die Kernverwaltung sondern bindet auch Eigenbetriebe und Beteiligungsgesellschaften mit ein, siehe Abb. 4.10 und 4.11.

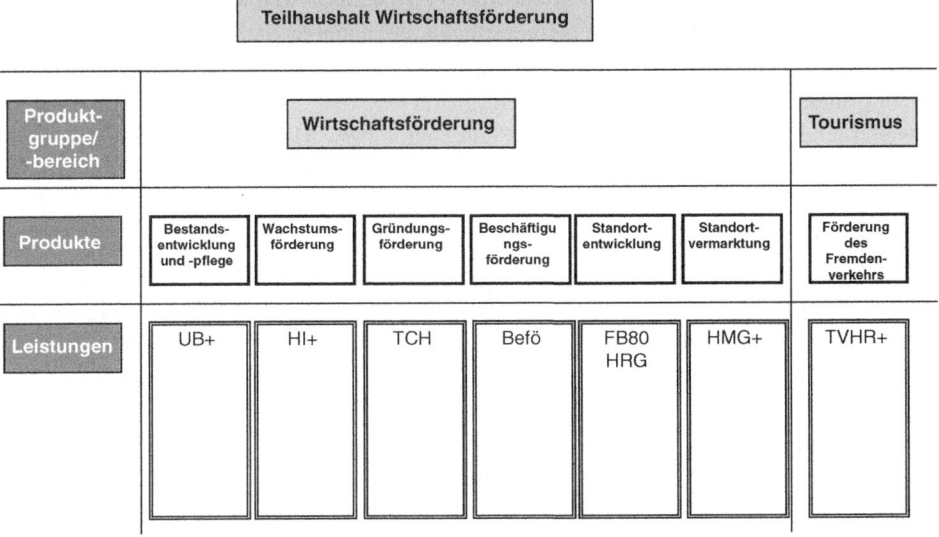

Abb. 4.10 Teilhaushalt Produkte Wirtschaftsförderung Region Hannover

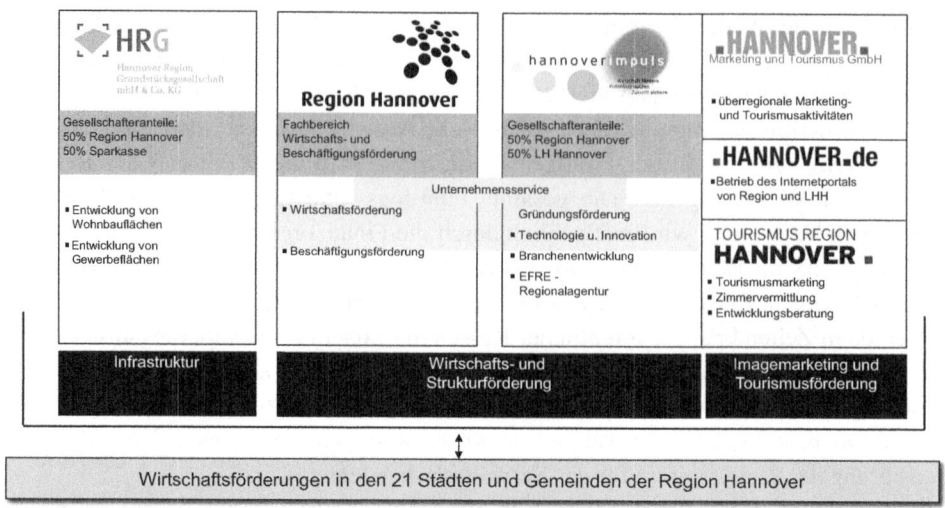

Abb. 4.11 Organisationsmodell Regionale Wirtschaftsförderung Region Hannover

Die Finanzvorgaben für die Organisationseinheiten, unabhängig davon ob Fachbereich oder Beteiligungsgesellschaft, erfolgen in Form von Budgets. Die Budgets sind zumeist eine Summenbudgetierung, bezogen auf Aufwand und Ertrag, oder eine Ergebnisbudgetierung, für die Wirtschaftsförderung zumeist als Zuschussbudgets. Die Ergebnis- bzw. Zuschussbudgetierung ermöglicht einen hohen Handlungsspielraum, auch in der Verwaltung. Überschreitungen in einzelnen Haushaltsstellen können im Zuge gegenseitiger Deckungsfähigkeit durch Minderungen an anderer Stelle im eigenen Budget ausgeglichen werden. Selbst Aufwandsmehrungen insgesamt können durch Ertragsmehrungen grundsätzlich ausgeglichen werden.

Weitergehende Möglichkeiten, sogenannte Bonus bzw. Malus-Regelungen sind durch die Doppik bzw. die Neuen Steuerungsmodelle grundsätzlich machbar:

- Mehrerträge verbleiben im Budget,
- Eingesparte Aufwendungen können für Investitionen verwendet werden,
- Eingesparte Aufwendungen können je nach Haushaltslage in das nächste Jahr übertragen werden (Budgetrücklagen),
- Überschreitungen müssen im nächsten Jahr erwirtschaftet (nachgespart) werden.

Für die Steuerung gibt es zwei Ansätze:

- Steuern mit Produkten, als sogenannter Bottom-up-Ansatz beginnt dieser bei den Produkten.
- Steuern mit Budgets, als Top-down-Ansatz beginnt dieser bei der Organisationseinheit.

4.3 Neues Steuerungsmodell

Vorteile des Steuerns mit Budgets (Bals 2014, S. 37):

- Fortschreibungen von Ansätzen sind möglich, die Änderungen im Mengengerüst der Leistungen und bei der Qualität pauschal berücksichtigen.
- Es werden nicht von Anfang an alle Produkte und ihre Kosten im Detail benötigt.

Grundsätzlich jedoch basiert das Neue Steuerungsmodell auf Produkten, mit der sogenannten Produktorientierung. Grundidee ist es dabei, dass die Verwaltung ihre Leistungen systematisch zu Produkten zusammenfasst.

Informationen über Mengen und Qualitäten sowie den entsprechenden Ressourcenverbrauch, den Aufwand, werden auf der Ebene Produkt erhoben und machen das Handeln transparent. Das Produkt wird zum Steuerungsobjekt und damit Anknüpfungspunkt für (Bals 2014, S. 79 f.):

- Prozesssteuerung und Reorganisation,
- Aufgabenkritik und ggf. Haushaltskonsolidierung,
- Kosten- und Leistungsrechnung,
- Interkommunale Vergleiche,
- Qualitätsmanagement,
- Personalwirtschaftliche Maßnahmen wie z. B. eine leistungsabhängige Entlohnung,
- Marketingmaßnahmen wie Bürgerbefragungen oder Öffentlichkeitsarbeit.

Bei der Steuerung über Produkte wird im Zuge der Haushaltsplanaufstellung nicht mehr nur über Finanzdaten sondern auch über Ziele, Ausprägungen, Qualitäten und Wirkungen der Produkte beraten und entschieden. Die Dichte und Tiefe der Informationen über das Produkt als Entscheidungsgrundlage muss grundsätzlich von den betreffenden Entscheidungsgremien vorgegeben werden. Die Informationen müssen für die Entscheider verständlich, nachvollziehbar, konkret und insgesamt überschaubar sein, Wechselwirkungen müssen erkennbar sein.

Um diese Steuerung wahrnehmen zu können, kann das Produkt, siehe Abb. 4.12, beschrieben werden mit:

- Kurzbeschreibung
- Zielgruppen
- Auftragsgrundlage
- Ziele/Wirkungen

sowie

- Leistungsumfang/-daten
- Kennzahlen

Produktbeschreibung Produkt 805711 Bestandspflege und -entwicklung

Produktbereich: 57 Wirtschaft und Tourismus **Produktgruppe:** 571 Wirtschaftsförderung **Produkt:** 805711 Bestandspflege und -entwicklung		
Verantwortliche Organisationseinheit: Fachbereich Wirtschafts- und Beschäftigungsförderung		
Pflichtaufgabe: ☒ **Rechtsbindungsgrad:** muss ☒ soll ☐ kann ☐		**Freiwillige Aufgaben:** freiwillig ☐
Kurzbeschreibung Dienstleistung für ansässige und anzusiedelnde Unternehmen: - Begleitung und Moderation von Verwaltungsverfahren - Standortinformationen und Vermittlung von Ansprechpartnern und Kontakten - Flächen- und Immobilienberatung, Ansiedlungsmanagement - Kreditmediation, Finanzierungs- und Fördermittelberatung - Krisenkontaktstelle: Sanierungsberatung + Koordination/Vermittlung von Kontakten für Unternehmen in Krisensituationen - Konzeption und Umsetzung profilbildender Maßnahmen wirtschaftsfreundlicher Verwaltung - Veranstaltungen für Unternehmen		
Allgemeine Ziele Umsetzung einer wirtschaftsfreundlichen Verwaltung durch Erhöhung der Transparenz und Verbesserung der Kommunikation		
Künftige Entwicklung Im Zuge der Weiterentwicklung der regionalen Wirtschaftsförderung kann es zu Veränderungen bei Leistungsumfang und -tiefe kommen		
Zielgruppen Bestandsunternehmen, ansiedlungswillige Unternehmen, regionsangehörige Kommunen Produktgruppe Wirtschaftsförderung, Regionsverwaltung, Institutionen		
Erläuterungen: Hier sind zusätzliche Erläuterungen einzutragen		
Auftragsgrundlage: Gesetz über die Region Hannover, § 8 (3)		
Zugeordnete Kostenträger 80571100 Bestandspflege und –entwicklung 80571101 Beratung, Behördenmanagement 80571102 Aniedlungsmanagement, Standortberatung und Standortinformation 80571103 Finanzierungs- und Fördermittelberatung 80571104 Sanierungsberatung und Krisenkontaktstelle 80571105 Einheitlicher Ansprechpartner		

Abb. 4.12 Formblatt Projekterfassung Region Hannover

Als typische Ziele wurden im Rahmen eines KGSt-Vergleichsrings diskutiert (KGSt, 2012, S. 6 f.):

- X % der Bestandsunternehmen mit Kontakt zur Wirtschaftsförderung bewerten die Leistungen der Wirtschaftsförderung bei der nächsten Unternehmensbefragung mindestens mit gut.
- X % der Bestandsunternehmen bewerten den Standortfaktor Y bei der nächsten Unternehmensbefragung mindestens mit gut.
- Die Netzwerke akquirieren bis zum Jahresende 20xx Fördermittel/private Mittel in Höhe von X Euro.
- Die Anzahl der Existenzgründungen wird im Jahr 20xx auf X je 1000 Einwohner gesteigert.
- Im Jahr 20xx veröffentlicht die Wirtschaftsförderung X elektronische Newsletter.
- Bis zum Jahresende 20xx abonnieren X % der Bestandsunternehmen den Newsletter.
- Im Jahr 20xx führt die Wirtschaftsförderung X Veranstaltungen für Unternehmen durch.
- Mindestens X % der Bestandsunternehmen besuchen im Jahr 20xx eine Veranstaltung der Wirtschaftsförderung.
- Bei mind. X % der Bestandsunternehmen wird 20xx ein persönliches Gespräch mit dem Geschäftsführer geführt.
- Bis zum Jahresende 20xx wird ein Programm zur Qualifizierung von Mitarbeitern der Branche X erarbeitet.
- Bis zum Jahresende 20xx wird ein Konzept zur Vorstellung der Netzwerkbranche in X weiterführenden Schulen erarbeitet.

Sinnvoll und erforderlich ist es die Produkte weiter auf die Ebene der Leistungen, die das Produkt operativ ausmachen, zu operationalisieren. Auf der Ebene der Leistungen lassen sich dann gut konkrete, operative Ziele definieren. Neben Zielen, die sich auf einzelne Leistungen beziehen, können dann auch recht gut ergänzende „gemeinsame" Ziele auf der Ebene Produkt definiert werden.

Bei den Leistungsdaten werden primär Produktmengen, z. B. Zahl der Kunden angegeben. Durch Kennzahlen sollen im Weiteren Qualität, Kundenzufriedenheit und Wirtschaftlichkeit mit entsprechenden Indikatoren abgebildet werden.

Aber auch politische Ziele sowie Kennzahlen der Zielerreichung können im Produkthaushalt abgebildet werden. Typische politische Ziele sind z. B. strategische Zielsetzungen, die mit bestimmten Projekten verbunden werden und sich somit auch in dem betreffenden Produkt wiederfinden. Beispiel: die Verbesserung der Unterstützung von Existenzgründungen, ggfs. von bestimmten Zielgruppen.

Input- bzw. Ressourcenziele können relativ leicht definiert werden, z. B. Aufwandreduzierungen, Einsparquoten, Kostendeckungsgrade. Output- bzw. Leistungsziele lassen sich noch relativ gut beschreiben, z. B. Teilnehmer an bestimmten Maßnahmen, akquirierte Fördermittel. Deutlich schwieriger ist es, Outcome- bzw. Wirkungsziele von

Maßnahmen zu definieren, da auch die Wirkungsmessung selbst relativ schwierig ist. Hierzu sind z. B. Befragungen erforderlich.

Insgesamt haben die Beschreibungen zu den Produkten, auch wenn es sich um Ziele und Kennzahlen handelt, bislang vielfach noch einen eher informatorischen Charakter. Auf dieser so vorbereiteten Grundlage lässt sich das jedoch relativ schnell ändern, wenn ein unmittelbarer Zusammenhang zwischen der Ressourcenverfügbarkeit bzw. -gewährung und den Produkten scharf gestellt wird. Damit würden bindende und wirksame Leistungsvereinbarungen entstehen und der Haushalt würde tatsächlich zum stärksten Steuerungsinstrument.

Eine wichtige Grundlage wäre dann wiederum ein funktionierendes Controlling in der Verwaltung. Die wesentlichen Elemente, die Controlling beschreiben sind:

- Informationsbeschaffung und -bereitstellung als Basis,
- Koordination von Planungs- und Kontrollprozessen.

Die Informationsbeschaffung und -bereitstellung werden im Berichtswesen verarbeitet. Hier sind alle wesentlichen Daten zum Stand der Zielerreichung, Begründung der Abweichungen sowie deren weitere Entwicklung einschließlich erforderlicher Maßnahmen der Steuerung festgehalten (Bals 2014, S. 214). Das Berichtswesen nimmt somit eine zentrale Funktion im fortlaufenden Prozess des Controllings ein.

Im Rahmen des Controllings werden alle relevanten Daten den Erfordernissen der Steuerung angepasst. Die Ansprüche an die Qualität der Daten, sowohl bei z. B. Zielsetzungen oder Kennzahlen, werden zunehmen, bis eine hinreichende Schärfe erreicht ist, um hiermit tatsächlich steuern zu können. Um diese Qualitäten nachhalten zu können, werden entsprechende Berichtspflichten eingesetzt.

Beispiel: Berichtspflichten der Beteiligungsgesellschaften der Sparkasse Hannover
Die Berichtsinhalte orientieren sich dabei in weiten Strecken an typischen betriebswirtschaftlichen Berichtsinhalten. Diese sind z. B.:
- Ergebnisübersicht, betriebswirtschaftliche Auswertung,
- aktuelle Lage/Entwicklungen in den einzelnen Bereichen/Projekten,
- Abweichungen, ihre Gründe und potenzieller Fortgang,
- Vermögens- und Liquiditätslage,
- Risiken,
- Zielerreichung/Forecast – Prognose zum Jahresende.

Auch die Beteiligungsgesellschaften von Kommunen sind im Rahmen des Jahresabschlusses gefordert, bestimmten Berichtspflichten Rechnung zu tragen und ein Bild ihrer Lage zu vermitteln.

Anbei das Beispiel der hannoverimpuls GmbH im Rahmen des Beteiligungsberichts der Landeshauptstadt Hannover, S. 107 ff. des folgenden Dokuments https://e-government.hannover-stadt.de/lhhSIMwebdd.nsf/4E4816E11284E523C1257BD50025D7FB/$FILE/1881-2013_Anlage1.pdf.

Diese lassen sich durch verwaltungstypische Begrifflichkeiten ersetzen bzw. ergänzen. Auch in der Verwaltung werden zunehmend Jahresberichte erstellt. Hier ist allerdings zu unterscheiden in tatsächlich zu Controllingzwecken erstellten Berichten und typischen Arbeitsberichten, die klassisch politik- und öffentlichkeitsorientiert aufgebaut sind und primär die Aufgaben und deren Bearbeitung durch die Wirtschaftsförderung beschreiben.

> **Beispiel**
> Beispiele für öffentlichkeitsorientierte Berichte der Verwaltung sind Jahresberichte, die ein Bild über das Leistungsspektrum der Wirtschaftsförderungseinrichtung sowie alle wesentlichen Maßnahmen vermitteln.
> Jahresbericht der Wirtschaftsförderung Offenbach:
> https://www.offenbach.de/wirtschaft/aktuell/jahresbericht-der-wirtschaftsfoerderung-2015.php.

Neben einer laufenden verwaltungsinternen Berichtspflicht gibt es immer wieder Berichtspflichten gegenüber der Politik. Hier geht es in besonderer Weise um eine inhaltliche Darstellung und Bewertung eines Projektstatus.

Hierzu sei noch an das plakative Instrument der sogenannten Projektampel erinnert. Mit der typischen Farbkennung wird auf einen Blick eine große Zahl von Projekten in ihrem aktuellen Status erkennbar und vergleichbar gemacht. Hierzu müssen die Ampelfarben mit bestimmten Kriterien hinterlegt sein. Soll eine Vergleichbarkeit unmittelbar gewährleistet werden können, sind an die zu vergleichenden Maßnahmen entsprechende Maßstäbe anzusetzen, die den Vergleich möglich machen. Im Übrigen entsteht auch bei nicht direkter Vergleichbarkeit gleichwohl ein Bild, z. B. wie ein ganzes Programm in seinen Einzelteilen hinsichtlich seines aktuellen Status der Planerfüllung in etwa einzuschätzen ist.

Dabei wird auf unterschiedliche Daten, für unterschiedliche Controllingzwecke, zugegriffen. Es ist zu unterscheiden in (Bals 2014, S. 218):

- operatives Controlling, eher kurzfristig und effizienzorientiert und
- strategisches Controlling, eher strategisch, mittel- bis langfristig sowie effektivitätsorientiert

Diese Unterscheidung nimmt auch Bezug auf die unterschiedlichen Zielstellungen, die strategischer Natur sein können und z. B. als Oberziele oder politische Ziele definiert sind oder sehr operative Ziele auf der Ebene der Produkte bzw. einzelner Maßnahmen, die einen Beitrag leisten. Durch das Controlling auf mehreren Ebenen werden diese auch in Verbindung gehalten und Wirkungszusammenhänge kontrolliert.

Neben den selbst aufgestellten Daten, seien es Zielformulierungen, Kennzahlen oder Abweichungen, die in ihren absoluten Höhen und Größenordnungen verarbeitet werden, spielt auch der Vergleich eine große Rolle. Beim Vergleich stellt sich die Frage nach der Entwicklung im Zeitvergleich aber auch im Quervergleich, dem Vergleich mit ähnlichen Organisationseinheiten anderer Kommunen.

Der Zeitvergleich, auch Längsschnitt genannt, gibt ein Bild über die Entwicklung bestimmter Werte. Die Zeitreihe ermöglicht Veränderungen bei einzelnen Aspekten unter sonst gleichen Bedingungen, wie in den Vorjahren in ihrer Wirkung zu erkennen, stellt sich eine Veränderung ein oder nicht. So lässt sich eine veränderte Zielformulierung in ihrer Wirkung feststellen. Zum Beispiel wird ein Wert für Kundenfreundlichkeit über mehrere Jahre beobachtet. Nun werden bestimmte Maßnahmen ergriffen, die sich auf die Kundenfreundlichkeit auswirken sollen. Mit dem neuen Wert lässt sich feststellen, ob die Maßnahme eine Wirkung hat und sich der Wert der Kundenfreundlichkeit in der aktuell überprüften Periode verändert hat. Wenn dies auch in der folgenden Periode beobachtet wird, kann unter gleichen Bedingungen eine gewisse Stabilität des vermuteten Wirkungszusammenhangs angenommen werden. Dann kann eine weitere Veränderung vorgenommen werden, die ebenso verfolgt und überprüft wird.

Eine völlig andere Information liefert der Vergleich mit anderen Kommunen. Im Sinne eines kommunalen Benchmarking gibt es eine gute Einschätzung wo man als Kommune im Vergleich mit anderen steht. Die KGSt führt seit Jahren sogenannte Vergleichsringe für Kommunen durch. Dies betrifft grundsätzlich alle Leistungsbereiche der Kommunen, so auch die Wirtschaftsförderung. Grundlagen für einen aussagefähigen Vergleich sind, einerseits die Vergleichbarkeit der Kommunen, d. h. in ihrer Größe und Leistungsfähigkeit, und andererseits müssen sich die Kommunen auf einen abgestimmten Ziel- und Kennzahlenrahmen festlegen. So wurden in einem Vergleichsring Wirtschaftsförderung der KGSt im Jahr 2010 Projektziele definiert (KGSt 2012, S. 4):

- Rechtsform, Organisation und personelle Ausstattung kommunaler Wirtschaftsförderung miteinander zu vergleichen.
- Unterschiedliche Formen der Zusammenarbeit mit den kreisangehörigen Kommunen zu beschreiben und zu vergleichen.
- (mögliche) operationalisierte Ziele für die Wirtschaftsförderung zu beschreiben (die konkrete Festlegung der Ziele erfolgt durch die Kommune selbst).
- Ein fortschreibungsfähiges Kennzahlensystem für Produkte der kommunalen Wirtschaftsförderung zu entwickeln und anzuwenden, mit dem die Zielerreichung gemessen werden kann.
- Durch die Formulierung von (möglichen) Zielen und Kennzahlen eine Optimierung der Steuerung zu ermöglichen und,
- den interkommunalen Austausch zu fördern.

Hier können die teilnehmenden Kommunen zahlreiche Informationen rund um das Thema Neue Steuerungsmodelle in der praktischen Anwendung auf die Wirtschaftsförderung erhalten, ihre eigene Positionierung bewerten und sich über Möglichkeiten der Verbesserung austauschen.

In einem weiteren Vergleichsring Wirtschaftsförderung wird gemeinsam mit der Hochschule Harz der Frage nachgegangen, mit welchen Kennzahlen die Effektivität und Effizienz kommunaler Wirtschaftsförderung messbar gemacht werden können (KGSt, Produkte und Leistungen).

4.4 Steuerung mit Standards

Eine weitere Steuerungsmöglichkeit kann für konkrete Sachinhalte eine Festlegung von Standards sein. Es werden für bestimmte Dienstleistungen der Verwaltung bzw. der Wirtschaftsförderung Standards der Bearbeitung definiert. Diese Standards sollen eine bestimmte Qualität der Leistungserbringung absichern. Damit soll die positive Wirkung einer Dienstleistung, die die Wirtschaftsförderung oder auch eine andere Verwaltungseinheit erbringt, dauerhaft sichergestellt werden. Sie entspricht dabei z. B. einer durch eine Befragung erhobenen Erwartung von Unternehmen an die Verwaltung bzw. die Wirtschaftsförderung.

Grundlage ist die Erkenntnis, dass eine wirtschaftsfreundliche Verwaltung heute einen nicht zu vernachlässigenden Stellenwert genießt. Dies gilt als ein wichtiger weicher Standortfaktor, der das Gesamtprofil eines Standortes abrundet und im Wettbewerb der Standorte zu einem Alleinstellungsmerkmal werden kann. Dies bedeutet, dass die Qualität des Verwaltungshandelns nachhaltig abgesichert werden muss, um entsprechende positive Wirkungen dauerhaft zu erzielen. Dies wird durch die Definition entsprechender Standards für bestimmte Arbeitsprozesse umgesetzt.

Derartige Standards des Verwaltungshandelns werden zumeist als Serviceversprechen bezeichnet. Sie stellen nach außen aber auch nach innen ein hohes Maß an Verbindlichkeit dar. Die Einhaltung dieser Verbindlichkeit ist für alle im Prozess der Leistungserbringung beteiligten Organisationseinheiten eine wichtige Zielgröße. Diese Verbindlichkeit bestimmt das Arbeitsverhalten in der Leistungserbringung. Sie wirkt dabei entsprechend der Querschnittsfunktion der Wirtschaftsförderung teilweise auch in andere Bereiche hinein, die anteilig die Gesamtleistung gegenüber einem Unternehmen erbringen. Dementsprechend muss eine übergreifende Lösung nachhaltig abgesichert werden. Die grundsätzliche Entscheidung für Servicestandards durch eine Verwaltung ist erforderlich, auch wenn nur Teile der Verwaltung davon operativ direkt betroffen sind.

Grundlage für die Definition von Standards ist ein umfassendes und transparentes Bild über die spezifische Leistungserbringung. Dieses kann durch eine entsprechende Prozessaufnahme realisiert werden. Der Arbeitsprozess wird dabei in einzelne Arbeitsschritte zerlegt. Anschließend werden die zur Leistungserbringung sinnvoll abzugrenzenden Prozessschritte gebildet. Für diese werden dann die qualitativ gewünschte Form des Ergebnisses sowie realistische Bearbeitungszeiten festgelegt. Der Bearbeiter, die Bearbeiterin erhalten somit eine klare Arbeitsanweisung, die den festgelegten Qualitätsanspruch erreichen lässt.

Die Prozessorientierung in der Verwaltung wurde im Zuge der EU-Dienstleistungsrichtlinie zu einem Thema in vielen Verwaltungen. Bereichsübergreifend mussten Standards innerhalb der Verwaltung organisiert und abgesichert werden. Durch die EU-Dienstleistungsrichtlinie wurden die Leistungsstandards für die Kommunen zu Verpflichtungen, die gegenüber dem Kunden sicherzustellen sind.

Um Wirtschaftsfreundlichkeit abzusichern und darzustellen, gehen etliche Kommunen und Wirtschaftsförderungseinrichtungen eine entsprechende Selbstverpflichtung ein. Dabei gilt es definierte Qualitäten abzusichern. Hierzu kann sich eine Verwaltung zertifizieren lassen. Dieses ist mit einigem Arbeitsaufwand verbunden und einer regelmäßigen externen Kontrolle. Eine Zertifizierung erhöht die Verbindlichkeit erheblich. Die Kommunen können sich Unterstützung einholen bei der Gütegemeinschaft mittelstandsorientierte Kommunalverwaltungen e. V. (www.gmkev.de 2014). Hier können z. B. Güte- und Prüfkriterien wie auch Dokumentationsanforderungen der mittelstandsorientierten Kommunalverwaltungen bezogen werden, aber auch der Austausch mit anderen vergleichbar ausgerichteten Verwaltungen wird unter den Mitgliedern organisiert. Die Zertifizierung erfolgt nach RAL-Gütezeichen.

Alternativ lassen sich Servicestandards auch im Sinne eines Qualitätsmanagement der öffentlichen Verwaltung nach DIN ISO 9001 zertifizieren. Diese Norm, die seit über 25 Jahren in der Industrie angewendet wird, wurde im Jahr 2000 überarbeitet und damit ausgerichtet auf Prozess- und Kundenorientierung. Damit ist diese Norm auch für die öffentliche Verwaltung anwendungsfähig (www.olev.de 2014) und kann das Neue Steuerungsmodell ergänzen.

Die verschiedenen Zertifizierungsmöglichkeiten werden nebeneinander gestellt und in definierten Bereichen bewertet, siehe Abb. 4.13. Die unterschiedlichen Verfahren zeigen auch unterschiedliche Möglichkeiten und Notwendigkeiten auf. Für die jeweilige konkrete Konstellation lässt sich ein Verfahren finden, dass für die eigene Situation am besten geeignet ist.

Es geht dabei um eine Form der Output-Steuerung von Prozessen in der Verwaltung, die die Produktorientierung abrunden kann.

> **Resümee**
>
> Die Steuerung ist eine grundsätzlich wichtige Funktion für jede Organisationseinheit. Auch in der öffentlichen Hand hat Steuerung im Lauf der letzten Jahre eine zunehmende Relevanz erhalten. Davon ist natürlich auch die Wirtschaftsförderung, unabhängig von ihrer Organisationsform, als Teil der Verwaltung betroffen. Verschärfte Anforderungen an inhaltliche Positionierung im Wettbewerb sowie vor allem die Ressourcenverfügbarkeit rücken die Steuerung in den Fokus.
>
> Klassische Managementregelkreise werden zur besseren Ressourcensteuerung auf die Verwaltung und damit auch auf die Wirtschaftsförderung übertragen. Eine Überprüfung von Ergebnissen durchgeführter Aktivitäten gibt wichtige Anhaltspunkte für die Fortführung von Aktivitäten in der nächsten Periode. Auf der Grundlage von Erkenntnissen aus der aktuellen Periode wird die Zukunft der Aufgabenwahrnehmung geplant und gesteuert.
>
> Die Ressourcenverfügbarkeit für die Wirtschaftsförderung, die zudem als freiwillige Aufgabe ausgeführt wird, ist im Gesamtzusammenhang der Wahrnehmung aller Aufgaben der Verwaltung Ergebnis einer Willensbildung von Verwaltungsleitung und Politik. Die Entscheidung in welchem Umfang Wirtschaftsförderung umgesetzt

4.4 Steuerung mit Standards

Vergleich von NPM mit den QM-Konzepten

Kriterium	NSM / WoV	QM nach ISO 9000/9001	TQM (EFQM / CAF)
berücksichtigte Interessen	Auftraggeber / Finanzgeber Kunden/Bürger, Mitarbeitende	Kunden/Bürger	Auftraggeber Kunden/Bürger, Mitarbeitende, Partner, Gesellschaft
Ergebnisorientierung	ja	nein (keine Prüfung)	ja
Potenzialorientierung	bedingt	ja / konsequent	ja / umfassend
Prozessorientierung	nein	ja, Schwerpunkt des Konzepts	ja, TQM integriert ISO 9000/9001
Überprüfung	der Ergebnisse durch Controlling, (soweit vorhanden und nicht auf Kosten beschränkt), keine systematische Überprüfung der Prozesse und Potenziale vorgesehen	der Ergebnisse nicht vorgesehen, aber Fehler / Mängel fließen ein in Audit. Prozesse und Potenziale: Audit intern/extern regelmäßig	umfassend der Ergebnisse, Prozesse und Potenziale durch Selbstbewertung, Überprüfung durch Externe möglich (EFQM: höhere Stufen der Excellence; CAF: in Vorbereitung)
Gesamtkonzept	fehlt bzw. viele unterschiedliche und oft unvollständige Konzepte	Gesamtkonzept, mit anderen Management-Konzepten kombinierbar (z. B. Umweltmanagement, BSC)	Gesamtkonzept, mit anderen Management-Konzepten kombinierbar (z. B. Umweltmanagement, BSC)
Einführung	nicht systematisiert	systematisiert	systematisiert, Stufenmodelle
Evaluation der Einführung / Wirksamkeit	nicht systematisiert, es sei denn, strategisches Controlling existiert	in Audit / Zertifizierung enthalten	in Verwendung enthalten
Führung	Keine klare Führungs-verantwortung für Qualität, Prozesse, Potenziale	eindeutig geregelt	eindeutig geregelt
Wettbewerb	vorgesehen, aber nur partiell verwirklicht (Benchmarking, z. T. Qualitätspreise)	nicht vorgesehen (Ja-Nein-Entscheidung über Zertifizierung, zwischen zertifizierten Einheiten keine Unterschiede erkennbar)	vorgesehen durch Punktvergabe auch nach Abschneiden im Vergleich zu Wettbewerbern, vergleichbares Gesamturteil
Nachhaltigkeit	unklar / nicht definiert	kein Kriterium	auf Nachhaltigkeit angelegt (mehrjährig gute Ergebnisse sind Voraussetzung für hohe Punktzahl)

Version 1.3 - © Krems – olev.de – 2009-10-29 – Online-Quelle: http://www.olev.de/q/qm.htm#Vergleich

Abb. 4.13 Vergleich von NPM mit den QM-Konzepten

wird, ist primär von Erwartungen auf positive Effekte der Tätigkeit getragen, die Entwicklung als Wirtschaftsstandort vorantreiben zu können. Die Anerkennung von Wirtschaftsförderung als einen Teil von Daseinsvorsorge und die Wirkungszusammenhänge von Unternehmensentwicklung zu vielfältigen anderen Verwaltungsaufgaben müssen Grundlage sein. Auf dieser Basis muss sich Wirtschaftsförderung auch in den Zielsetzungen der Verwaltung wiederfinden.

Bei den Zielsetzungen für die Wirtschaftsförderung ist im Sinne einer Steuerungsfähigkeit darauf zu achten, dass Ziele nicht nur auf einer strategischen Ebene, politisch motiviert gesetzt werden, sondern soweit operationalisiert werden, wie sie mit der konkreten Tätigkeit der Wirtschaftsförderung im Zusammenhang stehen. Entsprechend der SMART-Regel müssen Ziele spezifisch definiert, messbar, akzeptiert im Sinne von angemessen und ausführbar, realistisch und terminiert sein. Erst wenn Ziele so konkret gefasst sind und auf die Arbeit der Wirtschaftsförderung zu beziehen sind, kann mit ihnen auch sinnvoll gesteuert werden. Bleiben Ziele nur vage und auf einer hohen strategischen Ebene abstrakt, können damit verbundene Erwartungen durch die Tätigkeit der Wirtschaftsförderung vielfach nicht erfüllt werden. Auf die Definition von Zielen der Wirtschaftsförderung muss vor diesem Hintergrund eine große Aufmerksamkeit gelegt werden. Strategische Ziele müssen durch konkrete operative Ziele, im Sinne eines Zielsystems, ergänzt werden. Eine immer noch relativ weit verbreitete Beschreibung von Aufgaben bzw. Instrumenten ist keine Zielbestimmung. Es muss dann herausgearbeitet werden, was kann Wirtschaftsförderung mit ihrem Tun tatsächlich bewegen. Diese Frage muss aufgegliedert werden in die Teilfragestellungen, was für eine Wirkung wollen wir erzielen, welche Leistung erbringen wir dafür mit welchem Ressourceneinsatz. Nur so kann eine den Gegebenheiten der Wirtschaftsförderung aber auch des Wirtschaftsstandortes entsprechend sinnvolle Zielsetzung erfolgen.

Ziele müssen darüber hinaus mit geeigneten Kennzahlen hinterlegt sein, die es ermöglichen das konkrete Niveau der erbrachten Tätigkeit festzustellen. Die Tätigkeiten müssen immer wieder in quantifizierbare Größen aufgeteilt werden. Diese Zielzahlen können dann nachgehalten werden. Die eine Zielzahl für das gesamte Wirken einer Wirtschaftsförderungseinheit, geschaffene Arbeitsplätze in einem bestimmten Zeitraum, ist dabei wenig hilfreich, da sie von vielen Einflüssen bestimmt wird und insofern wenig Aussagekraft über die Tätigkeit der Wirtschaftsförderung hat. Vielmehr kann sie auch zu einer Fehlsteuerung führen, da die Aktivitäten auf das Erreichen einer Zahl gesetzt werden und nicht auf eine nachhaltig erfolgreiche Tätigkeit der Wirtschaftsförderung.

Wenn eine Erwartung für eine ganze Strategie formuliert werden soll – was erforderlich sein kann im politischen Raum, um einen Aufwand-Wirkung-Zusammenhang plakativ darzustellen – muss dies mit Bedacht erfolgen, um keine falschen Erwartungen zu wecken. Zudem muss diese in jedem Fall mit einem der Vielfalt der Maßnahmen in der Strategie entsprechenden Bündel von Zielen und Kennzahlen hinterlegt sein, über die dann die Kontrolle erfolgen kann.

Nach der Definition von Zielen und Kennzahlen ist die Erfolgskontrolle ein wichtiges Element im Regelkreis von Steuerung. Sie hat vor allem eine Erkenntnis- und Kontrollfunktion. Dies wird umgesetzt durch die Zielerreichungskontrolle, die Wirkungskontrolle und die Planmäßigkeitskontrolle. Auf allen drei Ebenen lassen sich die durchgeführten Maßnahmen, Projekte, Programme oder Strategien prüfen und bewerten. Diese Kontrolle, Erhebung oder auch Evaluation wird in unterschiedlicher Form, Tiefe und Ausrichtung durchgeführt. Wird über eine Befragung nur die Wirkung der Aufgabenwahrnehmung kontrolliert oder wird ein ganzes Programm auf erreichte Kennzahlen, Planmäßigkeit, Rahmenbedingungen untersucht. Die Ergebnisse werden für die Fortführung und Festlegung neuer Ziele und Kennzahlen in der nächsten Periode genutzt.

Neben dieser klassischen Steuerungskreislaufmethode, die primär auf Wirkung des Tuns ausgerichtet ist, steht zusätzlich das Neue Steuerungsmodell in der Verwaltung, das primär auf Ressourcensteuerung ausgerichtet ist. Der Haushalt ist das zentrale Steuerungsinstrument. Die Verantwortlichkeiten für die Ressourcen werden auf bestimmte Teile festgelegt und in diesem Rahmen auch Steuerungsfreiheiten eingeräumt. Die relevante Einheit ist das Produkt, das heißt das Verwaltungshandeln insgesamt wird in Produkte zerlegt und beschrieben. Eine Organisationseinheit wie die Wirtschaftsförderung muss ihre Tätigkeit, die sich aus einzelnen Leistungen zusammensetzt, in Produkten abbilden. Die Tätigkeit der Organisationseinheit wird somit mit einem oder mehreren Produkten beschrieben. Auf dieser Ebene sind dann auch Ziele und geeignete Kennzahlen zu definieren. Damit werden die Elemente des klassischen Steuerungsregelkreises auf dieser Ebene aufgegriffen. Der Organisationseinheit Wirtschaftsförderung kann dann im Haushalt ein Budget oder Teilhaushalt, je nach Verwaltungsgliederung, zur Umsetzung der bzw. des Produkte(s), zugeordnet werden.

Mit dem Neuen Steuerungsmodell zieht das Thema Steuerung, Controlling, Berichtswesen auf breiter Front in die Verwaltung ein. Entscheidungen über Ressourcenverwendung sollen so auf einer besser aufgearbeiteten Grundlage erfolgen können und eindeutiger mit einem Nutzen verbunden werden. Es geht dabei sowohl um Effizienz- als auch um Effektivitätssteuerung.

In diesem Zusammenhang gewinnt auch das Thema des Vergleichs an Bedeutung, um die eigene Position besser beurteilen zu können. Vergleichsringe der KGSt bieten hierfür einen abgesicherten Rahmen. Das Benchmarking, das durch zahlreiche externe Untersuchungen auf der Grundlage von statistischem Material durchgeführt wird, ist hier wenig hilfreich, zeigt aber die Stimmungslage des Wettbewerbs der Standorte.

Eine Form der Effektivitätssteuerung für bestimmte Leistungsbereiche der Wirtschaftsförderung ist die Festlegung von Leistungsstandards, die dann z. B. über sogenannte Serviceversprechen ausgedrückt und kommuniziert werden können. Extern kontrolliert und ggfs. zertifiziert muss diese Verbindlichkeitsqualität jedoch für die Verwaltung insgesamt getroffen werden. Die Bedeutung und Arbeitsweise von Wirtschaftsförderung wird damit in der Gesamtverwaltung deutlicher erkennbar und gestärkt. Ein typisches abstraktes Oberziel einer wirtschaftsfreundlichen Verwaltung kann so abgesichert und nachgehalten werden.

Kontroll- und Lernfragen

Fragen zum Lernkomplex Steuerung
1. Warum bekommt Steuerung für die Wirtschaftsförderung eine zunehmende Bedeutung? Wo steht ihre Organisationseinheit diesbezüglich aktuell?
2. Inwiefern spielt die Tatsache, dass Wirtschaftsförderung eine freiwillige Aufgabe ist eine Rolle im Zusammenhang mit Steuerung? Ist diese Frage bei Ihnen relevant?
3. Welche Einflussfaktoren bzw. Gruppen wirken auf die Steuerung der Wirtschaftsförderung ein? Wie sieht das bei Ihnen konkret aus?
4. Auf welcher Ebene muss die Frage um Ausgestaltung der Wirtschaftsförderung in der Gesamtverwaltung geführt werden und warum? Welche Auswirkungen hat das auf die Steuerung? Wie läuft das bei Ihnen ab?

Fragen zum Lernkomplex Ziele und Kennzahlen
1. Auf welcher Ebene werden welche Ziele gesetzt, die die Wirtschaftsförderung betreffen? Warum ist dies so wichtig? Welche Ziele werden für Ihre Organisationseinheit gesetzt?
2. Wie beschreiben Sie die SMART-Regel konkret für die Wirtschaftsförderung? Wird dies bei Ihnen praktiziert? Wie müsste das an einem konkreten Beispiel aus Ihrem Alltag formuliert aussehen?
3. Wie verhalten sich politische Ziele und operatives Tun der Wirtschaftsförderung zueinander? Wie können sie verbunden werden? Wie bewerten Sie dieses Verhältnis in Ihrer Verwaltung bzw. für Ihren Bereich?
4. Welche Ziele definieren Sie für eine Wirtschaftsförderungseinheit? Warum haben Sie diese gewählt?
5. Was wollen Sie mit Kennzahlen für bestimmte Ziele erreichen? Wie müssen Kennzahlen demzufolge aussehen? Wie sieht das für bestimmte Aufgaben in Ihrer Organisationseinheit konkret aus?
6. Wie gehen Sie mit der Kennzahl „geschaffene Arbeitsplätze" um?
7. Worin liegen die Probleme einer einzigen Kennzahl für das gesamte Arbeitsprogramm einer Wirtschaftsförderung und wie lösen Sie diese Problemsituation?

Fragen zum Lernkomplex Erfolgskontrolle
1. Wozu dient die Erfolgskontrolle?
2. Wie grenzen Sie Effektivitäts- und Effizienzkontrolle gegeneinander ab?
3. Welche unterschiedlichen Schritte einer Erfolgskontrolle können Sie mit welchen Ergebniserwartungen durchführen? Wie würde das an einem konkreten Beispiel aus Ihrem Arbeitsalltag aussehen?
4. Wie kann das Anforderungsprofil einer externen Evaluation aussehen? Geben Sie ein Beispiel für Ihre Wirtschaftsförderungseinrichtung bzw. eine bestimmte Aktivität.

Fragen zum Lernkomplex Neues Steuerungsmodell
1. Inwiefern ergänzt das Neue Steuerungsmodell klassische betriebswirtschaftliche Steuerungsfunktionen? Was rückt in den Vordergrund? Wann kommen die klassischen Steuerungselemente wieder zum Einsatz?
2. Was verstehen Sie unter der sogenannten Produktorientierung im Rahmen des Neuen Steuerungsmodells? Wird dieses in Ihrer Verwaltung praktiziert?
3. Wie beschreiben Sie eine bzw. Ihre Wirtschaftsförderungseinheit mit einer Produktdefinition?
4. Worin liegen die Vorteile einer Budgetierung? Was hat das für eine Auswirkung auf die Steuerung ihrer Wirtschaftsförderungseinheit?
5. Welche Rolle spielen Berichtspflichten und wofür dienen sie in Ihrer Organisationseinheit?

Fragen zum Lernkomplex Vergleich
1. Warum bekommt das Thema Vergleich einen höheren Stellenwert? Wie gehen Sie in Ihrer Organisationseinheit damit bislang um?
2. Wie sollte ein Vergleich angelegt sein, damit er einen konkreten Nutzen bringt? Wie müsste eine Struktur für Ihre Organisationseinheit aussehen?
3. Wie gehen Sie mit allerorts publizierten Benchmarks zu Wirtschaftsstandorten um? Wo liegt ihr Wirkungspotenzial?

Fragen zum Lernkomplex Standards
1. Welcher Zielsetzung und Controllingfunktion dienen Standards?
2. Auf welcher Ebene muss eine Entscheidung für Leistungsstandards getroffen werden und warum?
3. Worin liegt der Wert der Definition von Leistungsstandards in der Verwaltung allgemein und insbesondere für die Wirtschaftsförderung? Wie gehen Sie in Ihrer Organisationseinheit mit dieser Frage um?
4. Wie würden Sie Standards beispielhaft für bestimmte Leistungen aus Ihrem Arbeitsalltag beschreiben?
5. Wie würden Sie die gesetzten Standards kontrollieren? Welche Möglichkeiten bestehen, die Standards zu kontrollieren? Worin liegen Vor- und Nachteile einer Zertifizierung?

Literatur

Monografien

Bals, H., & Fischer, E. (2014). *Finanzmanagement im öffentlichen Sektor*. Heidelberg: Jehle.
Klump, R. (2011). *Wirtschaftspolitik – Instrumente, Ziele und Institutionen*. München: Pearson.
Seltsam, C. (2001). *Kommunale Wirtschaftsförderung: Ziele, Instrumente, Erfolgskontrolle*. Bayreuth: Verlag PCO.

Aufsatz, Beitrag in einem Sammelband

Warsewa, G. (Hrsg.). (2010). *Evaluation und Optimierung institutioneller Praktiken der Beratung und Förderung von Existenzgründerinnen, Schriftenreihe Institut für Arbeit und Wirtschaft.* Bremen: Universität/Arbeitnehmerkammer Bremen.

Sonstige Materialen, u. a. Graue Literatur

Fischer, R., & Göbel, A. (2013). Controlling in der Wirtschaftsförderung – Ziele und Kennzahlen, Tagungsskript der gleichnamigen Veranstaltung 28.–29.05.2013.
KGST. (2012). *Vergleichsring Wirtschaftsförderung für Landkreise – Zusammenfassung der Ergebnisse.* Köln.
RWI Essen. (2007). Im Rahmen der Evaluation wird durch ausgewählte Fallstudien vertiefend analysiert, welcher Fortschritt in zentralen Handlungsfeldern des Programms erreicht wurde und welche Schlussfolgerungen daraus für das weitere Vorgehen abzuleiten sind.

Sonstige Internetquellen

GMKEV.DE. (2014). Gütegemeinschaft mittelstandsorientierte Kommunalverwaltungen. www.gmkev.de.
KGSt.DE. (2014). https://www.kgst.de/produkteUndLeistungen/arbeitsergebnisse/?rmtparams=cm10YWM9cHJvZHVrdGUmcm10YXU9aHR0cCUzQSUyRiUyRmxvY2FsaG9zdCUzQTU3ODgwJTJGa2dz_dC13ZWJhcHAlMkZzaG9wJTJGc2hvd0RvY3VtZW50JTJGNzg5MTcyMjM0MQ–. Wirtschaftsförderung Städte.
KGSt – Produkte und Leistungen. https://www.kgst.de/produkteUndLeistungen/arbeitsergebnisse/?rmtparams=cm10YWM9cHJvZHVrdGUmcm10YXU9aHR0cCUzQSUyRiUyRmxvY2FsaG9zdCUzQTU3ODgwJTJGa2dz_dC13ZWJhcHAlMkZzaG9wJTJGc2hvd0RvY3VtZW50JTJGNzg5MTcyMjM0MQ–.
WIKIPEDIA – Evaluation. (2015a). https://de.wikipedia.org/wiki/Evaluation.
WIKIPEDIA – Neues Steuerungsmodell. (2015b). https://de.wikipedia.org/wiki/Neues_Steuerungsmodell,
WIKIPEDIA – Strategie. (2015c). https://de.wikipedia.org/wiki/Strategie.
WIKIPEDIA – Strategie Wirtschaft. (2015d). https://de.wikipedia.org/wiki/Strategie_%28Wirtschaft%29.

Weiterführende Literatur

Region Hannover. (seit 2002). *hannoverimpuls: diverse Papiere und Unterlagen zur regionalen Wirtschaftsförderung,* Hannover.

Gesamtresümee und Abschlusskontrolle 5

5.1 Gesamtresümee

Mit dem Modul Methoden, Netzwerke, Steuerung werden Grundlagen gelegt für die Ausgestaltung einer Wirtschaftsförderungstätigkeit. Gleichzeitig werden zahlreiche Rahmenbedingungen erkennbar, die auf die Ausgestaltung einwirken bzw. berücksichtigt werden müssen.

Wesentliche Grundlage ist zunächst, Wirtschaftsförderung ist ein Teil der öffentlichen Verwaltung, unabhängig davon ob die Organisationseinheit in der Verwaltung geführt wird oder als Beteiligungsgesellschaft. Selbst die Beteiligung von externen Dritten in einer Wirtschaftsförderungsgesellschaft verändert dieses Bild einer Verankerung in der öffentlichen Hand nur unwesentlich. Damit ist eine maßgebliche Rahmenbedingung, dass Wirtschaftsförderung finanziell abhängig ist von öffentlichen Haushalten und im Gesamtkonzept einer Kommunalverwaltung eine Rolle zugewiesen bekommt. Damit ist auch eine wesentliche grundsätzliche Rahmenbedingung hinsichtlich der Steuerung klar. Wirtschaftsförderung in ihrer Ausprägung ist nicht nur abhängig von der wirtschaftsstrukturellen Situation vor Ort sondern auch von der Ressourcenausstattung der Kommune. Das Neue Steuerungsmodell der Verwaltung, das den Haushalt zum zentralen Steuerungsinstrument erhebt, zeigt diese Ausrichtung sehr deutlich auf. Wirtschaftsförderung kann sich dem nicht grundsätzlich entziehen. Sie ist vielmehr darauf angewiesen, wie die Entscheidungsgremien von Verwaltungsleitung und Politik, Wirtschaftsförderung innerhalb der Verwaltungstätigkeiten grundsätzlich verankern und welche Ressourcen welchen Erwartungen entsprechend zur Verfügung gestellt werden. Hier ist auch eine Wechselwirkung möglich.

Die Wirtschaftsförderung ist zumindest zu einem gewissen Teil in der Lage ihre Entwicklung selbst mitzubestimmen, indem sie entsprechend den gegebenen wirtschaftsstrukturellen Grundlagen in der Kommune, Maßnahmen und Strategien der Verbesserung der Situation entwickelt und zur Entscheidung vorlegt. Hier besteht ein direkter Zusammenhang zwischen den methodischen Grundlagen, konkret der Regionalanalyse, und der Steuerungsverantwortung in der Kommune. Angesichts der Tatsache, dass Wirtschaftsförderung grundsätzlich als freiwillige Aufgabe wahrgenommen wird bestehen hier größere Steuerungsmöglichkeiten. Gleichzeitig wird damit aber auch deutlich, dass die Ausgestaltung einer Wirtschaftsförderungseinheit stark von der Steuerung abhängig ist. Auf der Steuerungsebene besteht die Möglichkeit einer starken Beeinflussung durch die Erwartungen an Maßnahmen und Strategien der Wirtschaftsförderung. Die entsprechenden Informationen erhält die Steuerungsebene zunächst wiederum durch die Fachverwaltung, hier also die Wirtschaftsförderung. Die Qualität der Information entscheidet also ein Stück weit über die Weiterentwicklung. In der inhaltlichen Aufstellung einer Wirtschaftsförderung darf dieser Punkt nicht übersehen werden bzw. muss er immer im Auge behalten werden.

Die inhaltliche Aufstellung der Wirtschaftsförderung wird neben der Ressourcenausstattung von den Anforderungen und Erwartungen bestimmt. Die Wirtschaftsförderung befindet sich hier in einer Situation begrenzter Mittel und steigender Anforderungen durch die Unternehmen, wie auch im Wettbewerb der Standorte. Eine Intensivierung der Steuerungsbemühungen ist ein nachvollziehbarer Reflex, diesem Spannungsfeld möglichst effizient und effektiv gerecht zu werden. Zur Ausgestaltung eines Instrumentenmix bzw. Leistungskataloges der Wirtschaftsförderung sind nur wenige methodische Grundlagen hinreichend. Hiermit lassen sich alle Leistungen in den Feldern Beratung, Projekte, Grundlagenarbeit und Marketing definieren. Abhängig von der Ressourcenausstattung werden Basisinstrumente oder auch ein spezifiziertes Angebot ausgestaltet.

Die Beratungsarbeit geht stark auf Anforderungen seitens der Wirtschaft zurück. Sie muss einen konkreten Nutzen für die Unternehmen stiften, wenn sie effektiv sein soll. Ihre Leistungsbreite hängt von der Ressourcenausstattung ab, im Beratungsbereich sind dies vor allem Personalressourcen, der Sachaufwand hält sich demgegenüber in vergleichsweise in Grenzen. In allen Feldern, vom Verwaltungsmanagement über Standortberatung, Finanzierungs- und Fördermittelberatung, Technologie- und Innovationsberatung bis hin zur Krisen- und Sanierungsberatung muss Wirtschaftsförderung ihre Position und ihre eigene Leistung klar bestimmen können. Es handelt sich bei Beratungsangeboten um Prozesse, die gut analysiert werden müssen, um den Anteil der Wirtschaftsförderung exakt definieren zu können. Wirtschaftsförderung leistet im Regelfall nur einen bestimmten Leistungsabschnitt in einem Thema, denn für andere Leistungsabschnitte sind andere Akteure zuständig. Sehr deutlich wird dies bereits bei Verwaltungsverfahren. Hier hat die Wirtschaftsförderung im Wesentlichen eine Informations- und Moderationsfunktion. Die Verwaltungsentscheidung wird an anderer Stelle getroffen. Dies ist auch in den anderen Beratungsfeldern häufiger der Fall. Die angenommene Wirkung durch die Arbeit der Wirtschaftsförderung muss sich dann auch wiederfinden in entsprechenden Zielen und Kennzahlen zur Erfolgskontrolle für die einzelnen Leistungen. Im Produkthaushalt gemäß der Neuen Steuerungsmodelle werden die Beratungsleistungen zu einem Produkt zusammengefasst. In besonderer Weise hebt die Steuerung über Standards auf die Exaktheit der Prozessbetrachtung ab. Nur wenn allen Beteiligten

5.1 Gesamtresümee

in einer Gesamtleistung klar ist, was sie leisten, kann ein Serviceversprechen für eine einzelne Leistung abgegeben werden.

Auch bei den Projekten, die grundsätzlich konkrete Zielsetzungen verfolgen, muss die beabsichtigte Wirkung klar sein. Hier geht es zumeist um einen größeren Ressourcenverbrauch im Sachkostenbereich, konkret Zuschüsse zu definierten Projektmaßnahmen. Dies macht die Wirtschaftsförderung und die öffentliche Verwaltung insgesamt zu einem interessanten Partner für Dritte, die ähnlich gelagerte Ziel haben und den Standort mit bestimmten Maßnahmen vorantreiben wollen. Angesichts des erheblichen Sachaufwands gibt es hier ein hohes Steuerungsinteresse. Hohe Erwartungen an bestimmte Wirkungen des betreffenden Projekts stehen dem gegenüber. Eine Erfolgskontrolle setzt hier an, die eingetretenen Wirkungen zu messen. Eine exakte Grundlagenarbeit, die das Projekt inhaltlich maßgeblich stützt, muss ergänzt werden um eine exakte Definition von Zielen und Kennzahlen, die mit dem Projekt verbunden werden. Dies bremst ungerechtfertigte Erwartungen und macht auch die interne Steuerung des Projekts deutlich leichter.

Darüber hinaus wird die Wirtschaftsförderung in ihrer Ausgestaltung auch von Querschnittsfunktionen bestimmt, der Grundlagenarbeit, dem Marketing und in besonderer Weise von der Netzwerkarbeit.

Die Grundlagenarbeit verbindet die lokale bzw. regionale Standortanalyse mit der Trend- und Themenanalyse, um damit die richtigen Akzente für eine Entwicklung als Wirtschaftsstandort setzen zu können. Das Marketing muss die Leistungen der Wirtschaftsförderung den Zielgruppen bekannt machen und im Rahmen des Standortmarketing auch den Standort mit den richtigen Argumenten bestimmten Zielgruppen vorstellen. Mit der Marktforschung z. B. durch Befragungen wird der Kreis geschlossen, indem mit den Ergebnissen die Leistungen der Wirtschaftsförderung zielgenau weiterentwickelt werden. Hier bildet sich auch ein typischer Steuerungskreislauf ab.

Eine besondere Rolle nimmt die Netzwerkarbeit der Wirtschaftsförderung ein. Die Wirtschaftsförderung muss auf mehreren Ebenen vernetzt sein, um eine effiziente und effektive Leistungserbringung realisieren zu können. Vernetzung mit den Partnern in den Beratungsprozessen, Vernetzung und Netzwerke, um Projekte mit Partnern zielgruppengerecht gestalten und finanzieren zu können. Gleichzeitig wird mit der Betrachtung des Aspektes Vernetzung deutlich, dass die Arbeit der Wirtschaftsförderung von vielen externen Strukturen und Akteuren abhängig ist. Hieraus erwächst die Notwendigkeit einer sehr klar definierten eignen Position und Kenntnis der Positionen und Bedürfnisse der anderen Akteuren, um eine für alle Seiten befriedigende Arbeits- und Ergebnissituation zu realisieren.

Aber auch inhaltlich sind, bezogen auf Vernetzung, die Übergänge fließend, denn Netzwerkstrukturen in der Wirtschaft bilden heute eine wichtige Grundlage für neue Strategien der Wirtschaftsförderung. Hier sind insbesondere Clusterprojekte zu nennen, die für viele Wirtschaftsförderungen zu einem zentralen Eckpfeiler des Tätigkeitsprofils geworden sind oder gar zur zentralen Entwicklungsstrategie ausgebaut wurden. Sie berühren, benötigen oder integrieren auch die methodischen Felder wie Beratung, Projekte, Grundlagenarbeit und Marketing. Zudem erfordern sie vielfach auch einen außerordentlichen finanziellen Aufwand. Vor diesem Hintergrund bedürfen sie einer besonders guten und kritischen Vorbereitung, um nicht falschen Erwartungen mit einem hohen Aufwand hinterher zu laufen. Auch an die Steuerung werden hier hohe Erwartungen gestellt. Die Zielformulierung muss adäquat sein und darf sich nicht in einer Zielzahl, wie geschaffene Arbeitsplätze in einem bestimmten Zeitraum, erschöpfen. Zahlreiche Einflüsse wirken auf breit angelegte Projekte bzw. Strategien. Deshalb müssen Zielsetzungen mit dem konkreten Wirken der Wirtschaftsförderung in diesem Umfeld verbunden werden können, um den Effekt solcher Projekte und Strategien tatsächlich beurteilen zu können. Ein Bündel an Zielen und entsprechenden Kennzahlen ist erforderlich, um dies zu gewährleisten. Auch die Evaluation ist entsprechend aufwendig. Das Ziehen von Konsequenzen kann in so einer Situation schnell zum Politikum werden, so dass im Zweifel, typisch für politisch gesteuerte Organisationseinheiten, eine vorsichtige Veränderungspolitik gefahren wird.

Insgesamt zeigt sich in allen Bereichen, dass die Ansprüche und Anforderungen an Wirtschaftsförderung in den letzten Jahren weiter gewachsen sind. Die Arbeit der Wirtschaftsförderung wird methodisch und inhaltlich immer weiter ausgefeilt. Dazu wird ein immer höheres Maß an Kompetenz benötigt und erwartet, um diesen Anforderungen gerecht werden zu können. Gleichzeitig wird Wirtschaftsförderung immer stärker im Gesamtportfolio der Leistungen der öffentlichen Hand verankert. Wirtschaftsentwicklung wird als Teil der Daseinsvorsorge immer mehr anerkannt und die Verflechtungen mit anderen Bereichen öffentlichen Handels werden wahrgenommen. Wirtschaftsförderung rückt damit inhaltlich und in der Folge mit größerem Ressourcenbedarf immer stärker in das Bewusstsein der Kommune. Damit wird Wirtschaftsförderung aber auch mit den verschärften Anforderungen an Ressourcensteuerung konfrontiert. Die Budgetierung im Rahmen des Neuen Steuerungsmodells bringt Handlungsfreiheiten. Der Produkthaushalt und die dahinterliegende Steuerung über Ziele und Kennzahlen wird Wirtschaftsförderung einer deutlich schärferen Erfolgskontrolle unterziehen.

5.2 Abschließende Kontrollfragen

1. Wie würden Sie den gesamten Steuerungskreislauf inhaltlich am konkreten Beispiel unter Abbildung aller methodischen Ansätze für eine Wirtschaftsförderung beschreiben?
2. Wie wirkt sich der Produkthaushalt im Rahmen des Neuen Steuerungsmodells auf den Instrumentenmix der Wirtschaftsförderung aus? Wie wirkt sich dabei der klassische Steuerungskreislauf auf den Instrumentenmix aus?
3. Welche Veränderungen einer methodisch klar gegliederten Wirtschaftsförderungseinheit ergeben sich wenn diese zusätzlich ein Clusterprojekt betreiben wird?
4. Wie definieren Sie Ziele und Kennzahlen in einem Beratungsprozess, der durch eine enge Zusammenarbeit mit Partnern gekennzeichnet ist, was wiederum eine intensive Vernetzungsarbeit erforderlich macht? Beschreiben Sie dies an einem konkreten Beispiel.

5.2 Abschließende Kontrollfragen

5. Wie gehen Sie unter Steuerungsgesichtspunkten mit einem Clusterprojekt um, das in einer eigenständigen Beteiligungsgesellschaft organisiert ist? Was ist vor Projektstart bereits fest zu legen, um Fehlsteuerungen zu vermeiden?
6. Wie kann eine Fehlsteuerung in einem Clusterprojekt konkret aussehen und wie wirkt sie sich aus? Wie kommt es dazu und kann dies korrigiert werden?

 springer-gabler.de

Das Gabler Wirtschaftslexikon – aktuell, kompetent, zuverlässig

Springer Fachmedien
Wiesbaden, E. Winter (Hrsg.)
Gabler Wirtschaftslexikon
18., aktualisierte Aufl. 2014. Schuber, bestehend aus 6 Einzelbänden, ca. 3700 S. 300 Abb. In 6 Bänden, nicht einzeln erhältlich. Br.
* € (D) 79,99 | € (A) 82,23 | sFr 100,00
ISBN 978-3-8349-3464-2

- Das Gabler Wirtschaftslexikon vermittelt Ihnen die Fülle verlässlichen Wirtschaftswissens
- Jetzt in der aktualisierten und erweiterten 18. Auflage

Das Gabler Wirtschaftslexikon lässt in den Themenbereichen Betriebswirtschaft, Volkswirtschaft, aber auch Wirtschaftsrecht, Recht und Steuern keine Fragen offen. Denn zum Verständnis der Wirtschaft gehört auch die Kenntnis der vom Staat gesetzten rechtlichen Strukturen und Rahmenbedingungen. Was das Gabler Wirtschaftslexikon seit jeher bietet, ist eine einzigartige Kombination von Begriffen der Wirtschaft und des Rechts. Kürze und Prägnanz gepaart mit der Konzentration auf das Wesentliche zeichnen die Stichworterklärungen dieses Lexikons aus.

Als immer griffbereite „Datenbank" wirtschaftlichen Wissens ist das Gabler Wirtschaftslexikon ein praktisches Nachschlagewerk für Beruf und Studium - jetzt in der 18., aktualisierten und erweiterten Auflage. Aktuell, kompetent und zuverlässig informieren über 180 Fachautoren auf 200 Sachgebieten in über 25.000 Stichwörtern. Darüber hinaus vertiefen mehr als 120 Schwerpunktbeiträge grundlegende Themen.

€ (D) sind gebundene Ladenpreise in Deutschland und enthalten 7% MwSt; € (A) sind gebundene Ladenpreise in Österreich und enthalten 10% MwSt. sFr sind unverbindliche Preisempfehlungen. Preisänderungen und Irrtümer vorbehalten.

Jetzt bestellen: springer-gabler.de

The manufacturer's authorised representative in the EU is Springer Nature Customer Service Centre GmbH, Europaplatz 3, 69115 Heidelberg, Germany. If you have any concerns regarding our products, please contact ProductSafety@springernature.com

Printed and bound by CPI Group (UK) Ltd, Croydon, CR0 4YY
25/03/2026
02078218-0008